AVALIAÇÃO E PERÍCIA AMBIENTAL

Leia também de Sandra B. da Cunha
&
Antonio José Teixeira Guerra:

Erosão e Conservação dos Solos
Geomorfologia: Exercícios, Técnicas e Aplicações
Geomorfologia e Meio Ambiente
Geomorfologia: Uma Atualização de Bases e Conceitos
Geomorfologia do Brasil
Impactos Ambientais Urbanos

de Antonio José T. Guerra:

Coletânea de Textos Geográficos de Antonio Teixeira Guerra
Novo Dicionário Geológico-Geomorfológico (com Antonio T. Guerra)

de Kenitiro Suguio:

Dicionário de Geologia Sedimentar e Áreas Afins

Sandra Baptista da Cunha
Antonio José Teixeira Guerra
(organizadores)

Avaliação e Perícia Ambiental

19ª EDIÇÃO

Rio de Janeiro | 2025

Copyright © 1998, Sandra Baptista da Cunha e Antonio José Teixeira Guerra

Capa: Leonardo Carvalho

Editoração eletrônica: DFL

2025
Impresso no Brasil
Printed in Brazil

CIP-Brasil. Catalogação-na-fonte
Sindicato Nacional dos Editores de Livros, RJ.

A963 19ª ed.	Avaliação e perícia ambiental / Sandra Baptista da Cunha, Antonio José Teixeira Guerra (organizadores) – 19ª ed. – Rio de Janeiro: Bertrand Brasil, 2025.
	Inclui Bibliografia ISBN 978-85-286-0698-0
	1. Avaliação de impacto ambiental. 2. Perícia ambiental. I. Cunha, Sandra Baptista da. II. Guerra, Antonio José Teixeira.
99-0093	CDD – 363.7 CDU – 504.064.2

Todos os direitos reservados pela:
EDITORA BERTRAND BRASIL LTDA.
Rua Argentina 171 – 2º andar – São Cristóvão
20921-380 – Rio de Janeiro – RJ
Tel.: (21) 2585-2070

Não é permitida a reprodução total ou parcial desta obra, por quaisquer meios, sem a prévia autorização por escrito da Editora.

Atendimento e venda direta ao leitor:
sac@record.com.br

Sumário

Apresentação 9
Prefácio 11
Autores 15

Capítulo 1   Agentes e Processos de Interferência, Degradação e Dano Ambiental   17
                Anna Christina Saramago Bastos
                Antonio Carlos de Freitas

1. Introdução   17
2. Interferências nos Sistemas Ambientais   18
    2.1. Sistemas Climáticos (Gradientes no Ar)   19
    2.2. Sistemas Aquáticos (Gradientes na Água)   24
    2.3. Sistemas Terrestres (Gradientes na Terra)   28
    2.4. Sistemas Biológicos (Gradientes na Vida)   34
3. Ação dos Agentes de Interferência nos Sistemas Ambientais   39
    3.1. Caracterização do Fenômeno Poluição   39
4. Bibliografia   75

Capítulo 2 Licenciamento Ambiental Brasileiro no Contexto
   da Avaliação de Impactos Ambientais 77
   Anna Christina Saramago Bastos
   Josimar Ribeiro de Almeida

1. Introdução 77
2. Histórico da Legislação Ambiental 78
   2.1. AIA como Instrumento da Política Nacional do Meio Ambiente 80
3. Instrução Normativa para Condução dos Estudos de Impacto Ambiental 83
   3.1. Estudos de Impacto Ambiental 86
   3.2. Metodologias de Avaliação de Impactos Ambientais 88
   3.3. Procedimentos para Monitoramento dos Impactos Ambientais 97
4. Licenciamento Ambiental 98
5. Procedimentos no Pedido de Licenciamento Ambiental 103
6. Fases do Licenciamento Ambiental 105
   6.1. Mecanismos de Efetivação da Participação Social no Processo de AIA: Realização de Audiências Públicas 108
   6.2. Procedimentos para Realização de Audiências Públicas 109
7. Bibliografia 110

Capítulo 3 Diagnose dos Sistemas Ambientais:
   Métodos e Indicadores 115
   Josimar Ribeiro de Almeida
   Marcos Faria Tertuliano

1. Introdução 115
2. Análise Ambiental por Abordagem Sistêmica 116
   2.1. Equilíbrio dos Sistemas Ambientais 116
   2.2. Características de Fluxo dos Sistemas Ambientais 117
   2.3. Ajuste entre os Elementos dos Sistemas Ambientais 118
   2.4. Composição de Arranjos Espaciais 121

2.5. Contexto Espacial 123
   2.6. Equilíbrio Biogeocenótico 123
   2.7. Equilíbrio em Populações e Comunidades Bióticas 126
   2.8. Equilíbrio nos Ecossistemas 133
   2.9. Vulnerabilidade Ambiental 144
   2.10. Sensibilidade e Vulnerabilidade a Ações Antrópicas 148
   2.11. Diretrizes Gerais para Elaboração de Planos de Monitoramento 161
3. Análises de Conjuntura e de Multiperspectivas 168
   3.1. Análise de Conjuntura 168
   3.2. Análise de Multiperspectivas 170
4. Bibliografia 170

CAPÍTULO 4 PERÍCIA AMBIENTAL EM AÇÕES CIVIS PÚBLICAS 173
    Lilian Alves de Araújo

1. Introdução 173
2. Perícia Judicial 174
   2.1. Perito 179
   2.2. Assistente Técnico 182
   2.3. Juiz 182
   2.4. Quesitos e Laudo Pericial 183
   2.5. Prática Forense da Perícia 185
3. Perícia Ambiental 188
   3.1. Direito Ambiental 188
   3.2. Meios Processuais de Proteção Ambiental 190
   3.3. Legislação Ambiental 190
4. Ação Civil Pública e Demanda por Perícias Ambientais 201
   4.1. Ministério Público e Ação Civil Pública 201
   4.2. Ações Civis Públicas e Perícia Ambiental no Município do Rio de Janeiro 202
5. Bibliografia 213

CAPÍTULO 5 SUBSÍDIOS PARA AVALIAÇÃO ECONÔMICA
DE IMPACTOS AMBIENTAIS 217
Pedro Paulo de Lima-e-Silva
Antonio José Teixeira Guerra
Luiz Eduardo Duque Dutra

1. Introdução 217
2. Impactos Ambientais no Presente 219
3. Danos Ambientais Causados pela Exploração dos Recursos Naturais 227
    3.1. Danos nas Encostas 227
    3.2. Danos nos Corpos Líquidos 229
    3.3. Danos nas Áreas Urbanas 231
    3.4. Danos nas Áreas Rurais 232
4. Formas de Degradação Ambiental, Manejo Adequado e Recuperação de Áreas Degradadas 234
5. Impactos Ambientais de Projetos 236
    5.1. Impactos Ambientais do Ciclo de Vida do Produto 238
    5.2. Impactos Ambientais do Ciclo de Vida da Instalação 240
    5.3. Impactos Ambientais de Acidentes — Papel da Análise de Risco Ambiental 242
6. Estimativa das Conseqüências Ambientais 248
    6.1. Critério do Valor Mínimo 248
    6.2. Operações Normais 249
    6.3. Acidentes 251
7. Modelos de Valoração 253
8. Conclusões 257
9. Bibliografia 259

Apresentação

É com grande satisfação que mais uma vez lançamos no mercado editorial brasileiro uma obra voltada para as questões ambientais. Desta vez trata-se de AVALIAÇÃO E PERÍCIA AMBIENTAL, escrito por uma equipe interdisciplinar, onde cada um dos autores, com experiência comprovada, vem trabalhando em temas ambientais há vários anos. O projeto de criação deste livro é do professor Josimar Ribeiro de Almeida.

Levando em conta a escassez de uma publicação que reúna conceitos e critérios de avaliação e perícia ambiental, a obra tem como meta suprir tal demanda. Dessa forma, o livro está direcionado para as necessidades dos profissionais envolvidos com a Engenharia Ambiental, Ciências do Ambiente, Auditoria Ambiental, Perícia e Avaliação de Impactos Ambientais, Biologia, Geografia, Economia e Direito Ambiental.

O livro aborda temas de relevância, desde os agentes de degradação, passando pelo licenciamento e diagnose dos sistemas ambientais, até perícia em ações civis públicas e subsídios para a avaliação econômica dos impactos ambientais.

AVALIAÇÃO E PERÍCIA AMBIENTAL reveste-se de grande importância em face da entrada do terceiro milênio, onde estão previstas mudanças globais que podem causar impactos sem precedentes na história das civilizações, devendo, portanto, fazer parte da literatura ambiental de professores, pesquisadores, consultores e bibliotecas.

Os organizadores

Prefácio

Neste final de milênio e comemoração (?) dos 500 anos do (des)cobrimento do Brasil, a questão ambiental emerge juntamente com a ampliação da miséria humana, gestada por um mundo globalizado, como um dos mais difíceis desafios a serem enfrentados pelas futuras gerações.

Com um quadro definido como de *crise ambiental*, o tema Ecologia, que conquistou definitivamente, neste fim de milênio, um amplo espaço no âmbito nacional e internacional, penetra em quase todos os setores da atividade humana. As preocupações ecológicas atravessam toda a sociedade, atingindo desde os cidadãos comuns até os partidos políticos, os meios de comunicação de massa, as instituições governamentais e não-governamentais. Nas universidades e instituições de pesquisa, a dimensão ambiental reorienta articulações acadêmicas, induz à criação de novos programas e novos cursos.

Muito mais do que um modismo, a difusão atual da ecologia demonstra que esta questão concentra ao mesmo tempo problemas de cunho ético, político, econômico, social e cultural. Ecologia significa, hoje, não só um setor científico próprio da Biologia, mas toda uma forma de pensar a relação do homem com a natureza e dos homens com os homens. Significa, principalmente, questionar e propor formas de desenvolvimento que estejam efetivamente voltadas para a melhoria da qualidade de vida dos seres humanos, ao mesmo tempo que comprometidas com a preservação da natureza e com o respeito ao meio ambiente.

No atual estágio do capitalismo, de uma economia globalizada em escala mundial, os problemas ambientais também passaram a ser globalizados. Países do Terceiro Mundo, incluindo o Brasil, que já tiveram sua natureza espoliada com a colonização e os desdobramentos da história do capitalismo, são agora ameaçados por problemas ambientais em escala global, que tiveram origem no padrão de consumo dos países industriais do Primeiro Mundo.

As mudanças climáticas e a conseqüente elevação contemporânea do nível relativo do mar, relacionadas ao *Efeito Estufa*, causada pela acumulação de gases na atmosfera, serão drásticas para os países do Terceiro Mundo, que têm a maior parte de suas populações alijadas do mercado de consumo. Países pobres, endividados, aprisionados como dependentes na teia do capital internacional, sem recursos financeiros e técnicos para enfrentarem estes eventos de escala global, serão duramente atingidos.

"*O desmantelamento dos sistemas naturais apresenta muitos aspectos, mas o que caracteriza o homem moderno e o distingue das sociedades não industriais é a sua agressão total. Enquanto os estragos causados pelas culturas primitivas (anteriores) eram limitados e localizados, permanecendo a maior parte do Globo intacta, hoje nada escapa. A crise ecológica que atualmente abala o Planeta não mais se resume na morte deste ou daquele rio, no desaparecimento de um ou outro bosque, na perda desta ou daquela espécie ou no envenenamento do ar das grandes cidades. O mal afeta a Ecosfera como um todo*" (Lutzemberg, 1978).

O modelo vigente de desenvolvimento é o responsável pela crise ecológica. Há quatro séculos todas as sociedades mundiais são reféns de um mito: o mito do "*progresso*" e do crescimento ilimitado.

Os arautos do desenvolvimento a qualquer preço ou de sua forma pretensamente "*pós-moderna*", consubstanciada no pseudo "*desenvolvimento sustentado*", desvinculam o quadro da crise ambiental, atualmente em sua escala planetária, da trajetória da história da acumulação capitalista, numa tentativa de sonegar as raízes dos problemas. As misérias humanas e ambientais do mundo, agora já em escala globalizada, não são assumidas por quem as produziu. Tentam passar uma borracha no passado, como se o presente não fosse dele apenas desdobramento.

"*(...) a restauração da Terra como meio ambiente humano não é apenas uma idéia romântica, estética, poética, que só diz respeito a privilegiados: é uma questão de sobrevivência (...) é indispensável mudar os modos de produção e de consumo... Não se trata de converter a abominação em beleza, de esconder a miséria, de desodorizar o mau cheiro, de florir as prisões, os bancos, as fábricas; não se trata de purificar a sociedade existente, mas de a substituir*

PREFÁCIO

(...) a verdadeira ecologia vai dar um combate militante por uma política socialista" (Mansholt *et al.*, 1979).

Neste quadro de escalada da crise ambiental proliferam, nas universidades, centros de pesquisa, órgãos ambientais e ONGs, os estudos e o desenvolvimento de instrumentos que visam a controlar, equacionar ou amenizar as agressões ambientais. Com a edição deste livro escrito por muitas mãos habilidosas, dando continuidade à linha editorial dos organizadores, são colocados à disposição de estudiosos, profissionais e militantes que atuam na área ambiental, valiosos instrumentos de análise e diversas metodologias.

Em seus cinco capítulos, o livro aborda questões há muito demandadas, que compreendem desde os agentes de degradação, passando pelo licenciamento e diagnose dos sistemas ambientais, até perícia em ações civis públicas e subsídios para a avaliação econômica dos impactos ambientais.

O primeiro capítulo, *"Agentes e Processos de Interferência, Degradação e Danos Ambientais"*, de Anna Christina Saramago Bastos e Antonio Carlos de Freitas, analisa as interferências e danos produzidos nos sistemas ambientais (ar, água, terra e vida).

No capítulo segundo, *"Licenciamento Ambiental Brasileiro no Contexto da Avaliação de Impactos Ambientais"*, Anna Christina Saramago Bastos e Josimar Ribeiro de Almeida debruçam-se sobre as metodologias, mecanismos e procedimentos de avaliação de impactos ambientais e de licenciamento ambiental, formulando um bem-estruturado e prático roteiro de análise.

Em *"Diagnose dos Sistemas Ambientais: Métodos e Indicadores"*, Josimar Ribeiro de Almeida e Marcos Tertuliano produzem, através de abordagem sistêmica, um exaustivo roteiro de análise ambiental, onde são também discutidos conceitos como o de equilíbrio e vulnerabilidade de sistemas ambientais.

No quarto capítulo, *"Perícia Ambiental e Ações Civis Públicas"*, Lilian Alves de Araújo apresenta os principais conceitos e normas jurídicas que orientam a prática da Perícia Ambiental e revela os resultados de uma investigação desta prática no Município do Rio de Janeiro, no âmbito da Ação Civil Pública, principal meio processual de defesa do meio ambiente e principal fonte de demanda por perícias ambientais.

Em "*Subsídios para Avaliação Econômica de Impactos Ambientais*", Pedro Paulo de Lima-e-Silva, Antonio José Teixeira Guerra e Luiz Eduardo Duque Dutra analisam os danos ambientais causados pela exploração dos recursos naturais, as formas de degradação, manejo e recuperação ambiental e os impactos potenciais de projetos, numa perspectiva da valoração econômica.

Elmo da Silva Amador

Autores

SANDRA BAPTISTA DA CUNHA — Geógrafa, Pós-Doutorada em Geomorfologia Fluvial pela Universidade de Londres (Inglaterra), Doutora em Geografia pela Universidade de Lisboa (Portugal), Pesquisadora do CNPq e Professora Adjunta do Departamento de Geografia da UFRJ.

JOSIMAR RIBEIRO DE ALMEIDA — Biólogo, Pós-Doutorado em Engenharia Ambiental pela COPPE (UFRJ), Doutor em Ciências Biológicas pela Universidade Federal do Paraná, Pesquisador do CNPq, Professor Adjunto da Escola de Engenharia da UFRJ e do Departamento de Ecologia da UERJ.

ANNA CHRISTINA SARAMAGO BASTOS — Bióloga, Especialista em Biologia Marinha (USF/CEBIMAR). Especialista em Avaliação de Impactos Ambientais (COPPE), Bióloga da Secretaria Municipal de Meio Ambiente/RJ.

ANTONIO CARLOS DE FREITAS — Físico, Doutor em Ciências pela UFRJ, Professor de Pós-Graduação em Ciências Ambientais da Universidade Estácio de Sá.

MARCOS FARIA TERTULIANO — Biólogo, Doutor em Ecologia (USP), Mestre em Ciência Ambiental (USP), Coordenador do Programa de Meio Ambiente da Universidade do Grande Rio Prof. José de Souza Herdy (UNIGRANRIO).

LILIAN ALVES DE ARAÚJO — É Mestre em Gestão Ambiental pela Universidade Estácio de Sá, arquiteta, urbanista e especialista em engenharia de avaliações e perícias ambientais. Doutoranda do Programa de Pós-Graduação em Geografia da UFRJ.

PEDRO PAULO DE LIMA-E-SILVA — Engenheiro Eletricista, Doutorando em Geografia pela UFRJ, Mestre pelo Programa de Engenharia Nuclear e Planejamento Energético (UFRJ), Engenheiro Ambiental da Comissão Nacional de Energia Nuclear.

ANTONIO JOSÉ TEIXEIRA GUERRA — Geógrafo, Pós-Doutorado em Erosão de Solos pela Universidade de Oxford (Inglaterra), Doutor em Geografia pela Universidade de Londres (Inglaterra), Pesquisador do CNPq e Professor Adjunto do Departamento de Geografia da UFRJ.

LUIZ EDUARDO DUQUE DUTRA — Doutor em Economia pela Universidade de Paris (França) e Professor Adjunto da Escola de Química da UFRJ.

CAPÍTULO 1

AGENTES E PROCESSOS DE INTERFERÊNCIA, DEGRADAÇÃO E DANO AMBIENTAL

Anna Christina Saramago Bastos
Antonio Carlos de Freitas

1. INTRODUÇÃO

A interação do homem com o meio ambiente, quer seja ela de forma harmônica ou não, provoca sérias mudanças a nível global. Essas mudanças, decorrentes da relação histórica sociedade-natureza, têm gerado profundas discussões sobre as questões ambientais em todos os segmentos da sociedade. Discute-se a ação do homem sobre o meio ambiente (e suas conseqüências), em escolas, igrejas, associações de classe, ONGs, indústrias, entre outros segmentos da sociedade.

Sob o ponto de vista da melhoria da qualidade de vida e da própria sobrevivência das espécies sobre o planeta, a relação homem-natureza está sendo reavaliada. A natureza não pode mais ser vista como uma simples fonte de matéria-prima ou um local de despejo da sucata industrial. Esta mentalidade, largamente empregada em tempos passados, resultou em desequilíbrio ambiental, que atualmente manifesta-se de diversas formas: poluição hídrica, poluição atmosférica, chuva ácida, destruição da camada de ozônio. E os processos erosivos são apenas alguns exemplos dos problemas ambientais que comprometem a nossa qualidade de vida.

O correto equacionamento dos problemas ambientais passa pela instauração de um processo para o despertar de uma nova consciência e de uma nova postura ética em cada cidadão diante da natureza. Assim sendo, a política de preservação do meio ambiente e os problemas ambientais devem continuar como pauta de discussão de todos os segmentos da sociedade preocupados com a qualidade de vida e, conseqüentemente, com o meio ambiente.

2. *Interferências nos Sistemas Ambientais*

Desde os primórdios de sua existência, o homem, como qualquer outra espécie habitante do planeta, interage com o ambiente à sua volta, modificando-o e transformando-o de acordo com suas necessidades. Os resultados dessas ações são facilmente perceptíveis ao longo de toda a biosfera.

Esta interferência, que se dá em diversos níveis, age de diferentes maneiras sobre os componentes do meio: ar, solo, água e seres vivos. Grandes reflexos deste processo podem ser verificados, por exemplo, nas atividades agrícolas e florestais, que, praticadas extensivamente, tornam-se responsáveis por alterações espaciais por vezes difíceis de serem cartografadas na escala mundial. Por outro lado, o ecossistema urbano traz, sem dúvida, marcas bastante profundas da intervenção humana.

Em outras áreas, como aquelas cobertas de gelo, as subárticas, os desertos, as montanhas e algumas zonas de floresta úmida, a densidade demográfica é quase nula ou tende a zero. Ainda assim, a influência antrópica em tais regiões consegue ser significativa.

Conseqüentemente, chega-se a uma distribuição não-uniforme da influência do homem sobre o meio ambiente, destacando-se três categorias de interferência: *incontrolado, parcialmente controlado e com alto grau de domínio humano.*

As interferências, suas causas e conseqüências, trazem uma série de relações entre si. Para citar um exemplo, o avanço tecnológico, aplicado à agricultura através da sobrevivência de uma população maior, o que leva à colonização de novas terras ou ao uso mais intensivo de áreas já ocupadas. De uma maneira ou outra, o homem está sempre aumentando a sua influência sobre o ambiente.

Uma das conseqüências da aptidão cada vez maior do ser humano para modificar e criar seu próprio ambiente foi a capacidade de manter um crescimento populacional constante. No entanto foram as novas tecnologias industriais, agrícolas e medicinais dos últimos 200 anos que propiciaram o aumento das taxas de expansão demográfica. A ocupação do solo de forma inconseqüente e, acelerada no último século, sem a implantação de uma infra-estrutura adequada contribuiu bastante para vários danos ambientais atualmente observados.

Analisando os dados da última metade deste século, verifica-se que a população mundial vem duplicando, a intervalos cada vez menores, e as mutações ambientais, introduzidas pelo homem, marcham no mesmo ritmo.

As alterações provocadas podem ser mais ou menos abrangentes, localizadas ou extensivas, criando gradientes de interferência nos macrocompartimentos da biosfera, que serão abordados como ponto de partida para a análise ambiental.

2.1. SISTEMAS CLIMÁTICOS (GRADIENTES NO AR)

• Mudança Microclimática

O homem, desde os tempos pré-históricos, buscava nas cavernas proteção contra as intempéries ou predadores e, assim, criou os abrigos como os conhecemos hoje: as edificações, das mais rústicas às mais sofisticadas. Criou dentro dessas unidades climas completamente controlados pela tecnologia através do condicionamento de ar quente e frio, de acordo com a região e respectivas estações do ano. Nas unidades mais rústicas, abriga-se apenas das intempéries e dos raios solares. Em cada um desses espaços cria-se, por si só, um microclima diferente dos demais, mesmo na vizinhança imediata. As variáveis climáticas são influenciadas por uma única edificação, mesmo que em escala reduzida.

Esta diversidade de microclimas locais urbanos sobrepostos e aglomerados em núcleos (cidades) formam uma estrutura bastante complexa: cada construção converte em calor, de forma diferente, a radiação solar que entra no sistema. Isto depende da cor, textura e densidade dos materiais usados na sua construção. Muitos atuam como diminutas ilhas de calor, devido tanto à sua absorção e subseqüente irradiação de energia solar quanto ao calor produzido por combustão. Deste modo, cada edificação transforma-se em uma pequena célula de convecção própria com ar quente ascendente. A água da superfície é rapidamente removida por drenos nas áreas construídas, sendo, portanto, menor a umidade perto da estrutura edificada.

Sem dúvida, a mudança microclimática é mais sentida em zonas residenciais, sejam elas grandes metrópoles ou pequenos núcleos urbanos.

• Mudança Mesoclimática

Nas áreas com menor densidade demográfica, como as áreas rurais, o clima sofre modificações em função de alterações no seu uso do solo.

Em grandes áreas desmatadas, a falta de obstáculos faz com que a velocidade do vento aumente ao nível do solo, reduzindo a sua umidade superficial. A ausência de cobertura vegetal dificulta a infiltração da água pluvial no solo, provocando ravinamentos e voçorocas. A longo prazo isso provocará, com toda certeza, alterações no mesoclima. São considerados raros os exemplos de alterações climáticas de média escala por interferência humana, fora das áreas urbanas ou daquelas desflorestadas recentemente.

As alterações climáticas aqui tratadas estão restritas às camadas inferiores da atmosfera, onde os efeitos diminuem rapidamente com a altitude.

• Mudança Macroclimática

A exemplo de mudanças macroclimáticas mais importantes na atualidade pode-se destacar o *efeito estufa* — aumento da temperatura causado pela retenção, na atmosfera, da radiação térmica refletida e emitida pela superfície —, que é característica natural das atmosferas de vários planetas, verificada em decorrência da presença de determinados gases.

Em Vênus, cuja atmosfera é constituída por mais de 95% de óxidos de carbono, a temperatura na superfície é de 477ºC. Na ausência destes elementos, sua temperatura seria de -46ºC. Na atmosfera terrestre, os principais gases causadores do "efeito estufa" são o dióxido de carbono (CO_2) e o vapor d'água (H_2O). As porcentagens de CO_2 e H_2O na composição atmosférica são minoritárias, respectivamente 0,04% e 1%. No entanto, é exatamente devido aos chamados "gases-estufa" que a Terra tem uma temperatura média, na superfície, de 15ºC; na sua ausência, a temperatura cairia para –18ºC. O "efeito estufa" natural é essencial à vida na Terra e aquece o planeta em 33ºC, que se torna habitável e compatível com os processos biológicos existentes.

As alterações na composição química, já sentidas na atmosfera terrestre, são denominadas mudanças globais. O intermitente e maciço lançamento de gases provenientes da queima de combustíveis fósseis e da moderna química industrial, aliado ao desmatamento progressivo do planeta, está alterando de forma qualitativa e quantitativa o ar que respiramos, e com ele o clima em que vivemos.

As emissões de gases resultantes da atividade humana estão provocando o aumento na concentração de vários "gases-estufa", como CO_2, metano, clorofluorcarbonos (CFCs) e óxido nitroso (NO).

O dióxido de carbono foi considerado durante muitos anos como o maior causador do "efeito estufa"; hoje sabe-se que o nitrogênio tem um papel muito importante, o que anteriormente era tido como um agente menor. Numerosos tipos de indústrias e veículos liberam, diariamente, grandes quantidades de composto de nitrogênio na atmosfera. Outra fonte importante é o uso intensivo de fertilizantes agrícolas. Assim como o dióxido de carbono, o nitrogênio também se acumula na atmosfera e forma um escudo que impede a dispersão do calor para o espaço.

O nitrogênio é pouco absorvido pelos vegetais e fica concentrado na atmosfera, potencializando o aquecimento global. Apenas pequena parte dos compostos de nitrogênio é absorvida e eles ainda provocam a extinção de espécies mais sensíveis, principalmente as de zonas temperadas. As plantas também perdem a capacidade de absorção de dióxido de carbono. Ressalta-se que os principais compostos de nitrogênio não absorvidos pelas plantas, quando liberados em grande quantidade, são os nitratos, nocivos à saúde. O nitrogênio se acumula a longo prazo na atmosfera, mas tem alta capacidade de dispersão, o que significa que seus efeitos danosos podem ser globalmente percebidos.

Este aumento na concentração de gases pode acarretar uma elevação na temperatura da superfície da Terra, o que subseqüentemente faria aumentar o vapor d'água, aumentando ainda mais a temperatura.

Se há por um lado o "efeito estufa" — com o aquecimento progressivo do globo terrestre provocado pelo acúmulo na atmosfera de gases antropogênicos —, por outro lado são também foco de preocupações as alterações da camada de ozônio.

Embora seja de grande força a corrente que atribui aos gases de refrigeração (CFCs) o principal papel no processo de *destruição da camada de ozônio*, é importante destacar a existência de estudos que mostram que as alterações verificadas na camada de ozônio fazem parte de um ciclo natural, facilmente perceptível, caso sejam consideradas séries temporais mais longas na avaliação de tais variações. De acordo com pesquisas internacionais recentes, os gases de refrigeração não possuem qualquer relação com o processo de redução das concentrações de ozônio estratosférico, devendo ser alvo de atenção da população as substâncias propostas como substitutas nos equipamentos de refrigeração, e cujos efeitos danosos à saúde humana podem ser ainda mais profundos e imediatos.

Nos últimos 100 anos, a temperatura média global da superfície terrestre aumentou de 0,3% a 0,6%, tendo os cinco anos mais quentes ocorrido na década de 80. Neste período, verificou-se ainda uma elevação no nível do mar entre 10cm e 20cm, fenômeno este que não se manifestou de maneira uniforme.

Admite-se a possibilidade de que a variabilidade climática natural esteja causando um esfriamento do planeta, o que impediria que as conseqüências devidas ao "efeito estufa" se acentuassem. Neste caso, a detecção do "efeito estufa" não seria esperada nas duas próximas décadas.

Este é um dos assuntos científicos que mais se especula nos últimos anos. Mereceu destaque durante a Rio-92, e o congraçamento de centenas de cientistas de todas as partes do globo produziu recentemente uma avaliação científica das mudanças climáticas.

Dentre as principais conclusões destacam-se as seguintes previsões, baseadas em resultados de modelos matemáticos:

a) "... A continuarem os padrões atuais de emissões de gases-estufa, ocorrerá uma taxa de aumento da temperatura média global de 0,3% por década (com uma faixa de incerteza de 0,2 a 0,5% por década). Este aumento é maior do que o observado nos últimos dez mil anos e irá resultar em um provável aumento da temperatura média global de aproximadamente 1ºC sobre o valor presente, em torno de 2025, e de 3ºC até o final do século XXI. Tal aumento não se dará de modo uniforme devido a vários outros fatores;

b) A superfície terrestre irá se aquecer mais rapidamente do que os oceanos, e as altas latitudes do hemisfério irão se aquecer mais rapidamente do que a média global durante o inverno;

c) O clima regional irá se modificar de maneira diferente da média global, e a confiança na previsão dos detalhes das mudanças regionais será muito baixa. As previsões para os trópicos e para o Hemisfério Sul são menos consistentes;

d) A partir dos atuais padrões de emissão, espera-se uma taxa média de aumento do nível médio global do mar de 6cm por década, no século XXI (com grau de incerteza de 3cm a 10cm por década), principalmente devido à expansão térmica dos oceanos e ao descongelamento de parte das geleiras. A elevação prevista é de 20cm em 2030, e de 65cm até o final do século XXI. Certamente haverá substanciais variações regionais..."

Dados experimentais sobre o aquecimento da atmosfera, assim como outras alterações climáticas baseadas em simulações através de modelos matemáticos, demonstram que:

a) "... existe um aumento comprovado da concentração de CO_2 atual de 25% na atmosfera, maior do que a concentração na era pré-industrial. Este aumento foi registrado em diversos observatórios;

b) O aumento de CO_2 é proveniente de duas fontes principais: a queima de combustíveis fósseis (5,5 PgC/ano) e o desmatamento (0,4 a 2,6 PgC/ano);

c) O teor atual de carbono na atmosfera é de 735 Gton. E seu aumento anual acumulado estima-se em 3 Gton/ano;

d) A concentração de metano dobrou nos últimos três séculos, com uma taxa atual de aumento na faixa de 1% ao ano, sendo responsável por 20% do "efeito estufa". O metano produzido por decomposição anaeróbica em sistemas biológicos é o componente mais abundante dos gases naturais;

e) O aumento de NO situa-se em uma faixa de 5% a 10% desde a era pré-industrial. Atualmente, este crescimento é da ordem de 0,25% ao ano. Apesar de as fontes de NO não estarem bem determinadas, sabe-se que ele é produzido durante a combustão e também pelas atividades do solo no ciclo do nitrogênio, sendo sua maior fonte o uso de fertilizantes nitrogenados para aumentar a produção de colheitas...".

2.2. Sistemas Aquáticos (Gradientes na Água)

• Ciclo Hidrológico: Pontos de Intervenção

O desenvolvimento da sociedade organizada e da agricultura sempre esteve vinculado ao controle da água, especialmente para a irrigação. Com os avanços da tecnologia, o grau de interferência aumentou assustadoramente; poucos são os sistemas existentes de drenagem inteiramente natural. Hoje, os países desenvolvidos efetuam um controle mais eficaz dos seus sistemas hidrológicos. No entanto, as interferências nesses sistemas são efetuadas de forma inadequada em todo o mundo, principalmente no que diz respeito ao uso do solo.

São diversos os benefícios econômicos e sociais que explicam a interferência humana nos ciclos hidrológicos, além de ser relativamente simples realizar modificações de grande porte que afetem imensamente o funcionamento do sistema como um todo.

As tecnologias de construção de represas, desvios de rios, drenagem de terras, sistemas de irrigação e extração de águas subterrâneas são altamente desenvolvidas. O acesso a novas tecnologias e as perspectivas de construção de represas cada vez maiores, de grandiosos esquemas de desvios de águas e de rebocamento de *icebergs* através dos oceanos despertam a atenção dos governantes e planejadores.

As bacias de drenagem funcionam cada uma com sua própria série de depósitos e de transferências das águas que entram. Os escoamentos, em muitos casos, podem reunir-se antes de alcançar o mar. O homem, com suas interferências, pode alterar a eficiência e a capacidade de muitas das armazenagens e transferências. Caso haja uma ação na transferência da superfície ou do solo, ou em armazenagens, provavelmente uma reação em cadeia provocará mudanças em todos os outros depósitos e transferências. Obviamente, quanto mais a jusante for a interferência, menos componentes do sistema serão afetados, ainda que a existência de mecanismo de realimentação ou regeneração do sistema possibilite reações em cadeia que através dele.

Caso o solo tenha sua capacidade de absorção das águas da chuva reduzida através de ações antrópicas, como, por exemplo, pavimentações, a distribuição de água por todos os trajetos ulteriores será afetada. Enquanto isso, a extração da água subterrânea afetará o fluxo dos rios, os depósitos lacustres e a vazão para o oceanos.

• Alterações nas Coleções Hídricas

a) Ambientes dulcícolas

A interferência do homem na ação interna da Terra é localizada e inexpressiva. É irrelevante, também, a sua ação sobre os processos geomorfológicos de modelagens da forma do relevo. Os mecanismos que atuam sobre a formação do relevo agem numa escala de tempo e espaço tal que tornam remota ou mesmo impossível a possibilidade de interferência antrópica significativa.

A estrutura geológica, o tempo e os processos geomórficos produzem o relevo, sendo que apenas neste último o homem pode provocar alterações significativas. Com uma circulação de energia difusa, isto torna-os dificilmente controláveis antropicamente. As mudanças feitas pelo homem, neste caso, são locais e mais intensivas do que extensivas. Como exceção, existem ambientes sensíveis, como os rios, linhas costeiras, regiões semi-áridas e subárticas, que podem ser desestabilizados.

Do mesmo modo que acontece com o intemperismo físico nas áreas urbanas, a ação do intemperismo químico pode se acentuar devido a mudanças locais de climas. Entretanto, sua maior atuação ocorre em estruturas realizadas pelo homem. Em grandes construções, quando há deslizamentos de taludes, ou de encosta, o movimento de massas é acelerado e a erosão pode aumentar devido ao pisoteio de pessoas ou gado.

Os mecanismos de transportes fluviais e litorâneos também estão sujeitos a modificações. Como novo agente geomórfico temos a utilização da retroescavadeira na construção civil, terraplenagem para diversos fins, aberturas de estradas e corte em taludes, que podem criar novas formas de relevo e destruir as existentes. As alterações antrópicas do relevo, assim como todas as alterações que o homem faz no meio físico, podem ser efetuadas de maneira deliberada ou em conseqüência de outras atividades realizadas inadvertidamente.

Vales podem ser formados durante grandes obras, em alguns dias ou meses, pela mão do homem, ou através dos séculos, pelo processo natural de erosão e carreamento de material pelos agentes da natureza.

O homem constrói sistemas de drenagem para melhor controlar a hidrologia de uma determinada área e provoca imensas voçorocas pelo tipo de uso que faz do solo. Criam-se novas áreas por aterro de brejos e lagos e ainda pela deposição de sedimentos carreados para estuários e/ou lagoas. Esse excesso de sedimentos, geralmente, deve-se a desmatamentos feitos nas encostas. Enormes depressões podem ser escavadas para exploração de minérios, assim como podem resultar da abertura de minas ou ainda da drenagem do solo.

Qualquer intervenção efetuada em sistemas hidrológicos fluviais, seja para aumentar ou diminuir a vazão, formar reservatórios, modificar canais, ou construir pontes ou molhes, altera o equilíbrio dinâmico natural dos rios. A erosão e a deposição têm seu balanço alterado. Esse tipo de interferência raramente é sentido somente no ponto onde é executado. Tomando-se como exemplo o aprofundamento do leito de um rio, é possível que isto irá afetar o seu comportamento por dezenas e até centenas de quilômetros, tanto a jusante como a montante.

Em áreas de agricultura intensiva ou em processo de obras de urbanização, a carga de sedimentos que alcança os rios sofre enorme aumento — estes fatos simulam os períodos de erosão natural. De uma maneira geral, o que o homem faz é abreviar o tempo e intensificar o efeito dessas mudanças.

A fim de se aumentar o fluxo de um rio, ou apenas acelerar o processo natural de transferência, ou para ser utilizada na irrigação, as águas subterrâneas devem ser extraídas a uma taxa inferior à recarga natural, no sentido de se evitar as diferentes alterações no respectivo lençol aqüífero subterrâneo. A extração de enormes quantidades de água dos depósitos subterrâneos acelerou-se em todo o mundo neste século. O resultado foi a transferência dessas águas para outros pontos do ciclo hidrológico. Algumas pesquisas internacionais trabalham com a hipótese de que a elevação recente do nível da água do mar, assim como o aumento do volume do gelo polar, talvez represente as águas subterrâneas que foram deslocadas para novos sistemas de armazenagem, por evaporação e precipitação. Se a responsabilidade fosse das alterações climáticas, a elevação do nível dos oceanos faria diminuir o gelo polar, mas parece que o que está aumentando é o volume geral das águas da superfície.

b) Ambientes marinhos

Os oceanos, mesmo ligados entre si e com barreiras naturais de troca de águas que limitam-se simplesmente a diferenças de temperatura e salinidade, não apresentam a mesma mobilidade de massa que existe na atmosfera. Ainda assim, são eficazes agentes diluidores e dispersores da natureza. Mantêm o controle e o equilíbrio térmico, dando estabilidade ao sistema terrestre. Suas águas retêm enormes quantidades de radiação solar, mas ganham e liberam calor lentamente, garantindo, desse modo, o equilíbrio.

A função estabilizadora dos oceanos e seu sutil controle do equilíbrio ainda não estão completamente compreendidos. No entanto, impactos verificados em suas funções poderão afetar ou transformar gravemente todo o ambiente terrestre.

As grandes alterações sofridas pelos ambientes litorâneos, superiores àquelas verificadas sobre a maioria dos outros ambientes geomórficos, devem-se principalmente a fatores demográficos e à própria fragilidade dos ambientes litorâneos. As áreas costeiras mundiais são densamente povoadas; considerando-se o planeta como um todo, metade das cidades com população superior a 1 milhão de habitantes localiza-se junto ao mar. Na Holanda, 75% do relevo costeiro foi radicalmente modificado pela ação do homem; nos Estados Unidos e na Grã-Bretanha, este percentual corresponde a 40%. A costa japonesa que se estende por 100km entre Yokohama e Kisarazn é quase toda artificial, constituindo-se de ilhas, penínsulas, baías e planícies resultantes de atividades antrópicas. O segundo fator é a relativa fragilidade de muitas linhas costeiras, como os ambientes marinhos batidos por ondas de alta energia. A energia natural e a plasticidade dos materiais são freqüentemente fáceis de se romper, desviar, diminuir ou amplificar.

Quanto às alterações nos aqüíferos subterrâneos das áreas costeiras, pode-se constatar, em diversas partes do mundo, a redução excessiva do nível hidrostático, facilitando a entrada de água do mar nos lençóis freáticos, contaminando o suprimento de água doce.

As modificações costeiras intencionais geralmente destinam-se a prevenir a erosão ou a recuperar terrenos no sentido de facilitar a atividade econômica do litoral ou mesmo para fins de recreação. Os processos naturais afetados assemelham-se aos que ocorrem nos rios. A erosão e disposição de materiais nas praias de recreio já criaram muitos problemas, como, por exemplo, a desestabilização de dunas esparsamente cobertas pela vegetação, que cedem ao pisoteio provocando erosão e subseqüente dispersão.

2.3. SISTEMAS TERRESTRES (GRADIENTES NA TERRA)

- Movimentos de Massa

Taludes formados de solos e outros materiais de regolito (movimento de massa) estão sujeitos a quedas sob a ação da gravidade. Este fenômeno é universal e varia em função da natureza do material, da topografia, do clima e da vegetação. Pode ser tão lento que escapa à visão (*creep* ou reptação), ou brusco, evidenciando-se sob a forma de desabamento ou desmoronamento.

Modificações feitas em encostas, seja por construção ou escavação, drenagem ou agricultura, alteram a natureza do movimento de massa. Isto pode ser facilmente percebido nos deslizamentos dos barrancos, dos cortes para abertura de estradas, comum onde os taludes se tornam mais íngremes pela ação humana.

- Tectônica — Subsidência da Terra

A prova mais concreta da atividade tectônica artificial é a subsidência da Terra associada à atividade antrópica. A subsidência pode resultar ou da adição de líquidos no solo ou da extração de sólidos do subsolo por mineração. É superficial e bastante comum em solos orgânicos com alto teor de água quando estes são drenados. Os *Fens*, na Inglaterra, os *Everglades*, na Flórida, e os *Polders*, na Holanda, são exemplos de grandes áreas que sofreram subsidência do solo após drenagem, podendo ocorrer também quando se irriga determinada região. Neste caso, diversos sedimentos de baixa densidade não consolidados, tornando-se resistentes ao esforço enquanto secos, quando molhados, durante o processo de irrigação, perdem a força intragranular, enfraquecendo. Ocorre, então, uma rápida compactação, e subseqüente subsidência.

• Ciclagem de Nutrientes Minerais

O homem, há séculos, voluntariamente ou em decorrência de suas atividades, vem interferindo nos ciclos de nutrientes minerais, que são, em última análise, a fonte para se obter os alimentos. O nitrogênio, o fósforo, o cálcio, o potássio e os ciclos hidrológicos, além dos inúmeros microelementos químicos, são partes fundamentais para o funcionamento desse sistema.

No funcionamento do ciclo de nutrientes minerais, a ação atmosférica, a precipitação pluvial, o transporte de terra e os fertilizantes artificiais são entradas externas; a lixiviação, a água de escoamento e as colheitas são as saídas do sistema. O potencial de fertilidade do ciclo é determinado, em grande parte, pelos valores absolutos das entradas e saídas, e o seu volume global de nutrientes pode variar de um local para outro.

A Tabela 1 exemplifica as variações para alguns ecossistemas naturais (restolho e armazenagem na biomassa) e taxas anuais de transferências dos solos às plantas e das plantas ao restolho.

Tabela 1 — Ciclagem de nutrientes nos sistemas terrestres

ECOSSISTEMA	ESTOCAGEM (kg/ha)			TRANSFERÊNCIA (kg/ha/ano)	
	BIOMASSA	RESTOLHO	TOTAL	SOLO X PLANTA	PLANTA X RESTOLHO
Tundra	160	280	440	40	38
Carvalhal	6000	800	6800	380	250
Pradaria	1200	800	2000	700	700
Deserto	150	0	150	85	85
Floresta Tropical Úmida	11000	180	11180	2000	1500

Existem grandes variações nas quantidades de nutrientes estocados nos diferentes ecossistemas, do mesmo modo como é diferenciada a distribuição de nutrientes entre as armazenagens. As taxas de transferências interna e externa de nutrientes dependem da umidade, temperatura e da quantidade e tipo de organismos presentes.

A atividade dos ciclos minerais torna-se equilibrada quando as condições ambientais são estáveis: entradas e saídas estritamente equiparadas, proporcionando um alto grau de conservação interna, da massa e da energia. O sistema pode desestabilizar-se sob qualquer alteração no ambiente. A amplitude desta desestabilização depende do grau de interferência que o meio sofreu e da sensibilidade do sistema em questão.

Removendo-se a cobertura florestal de uma determinada área, reduz-se instantaneamente a transferência de nutrientes minerais do solo para a biomassa, tal como o volume acumulado de biomassa. A água passa a remover nutrientes do solo por lixiviação e escoamento, enquanto o aporte de águas pluviais sofre um aumento devido à falta de obstáculo que as copas das árvores proporcionavam, suavizando seu impacto com o solo. Nos ecossistemas onde os mecanismos de transferências são eficazes e rápidos, a recuperação de uma desestabilização é efetuada com mais facilidade que nos outros. Contudo, se uma grande quantidade de nutrientes, ao invés de estar no solo, estiver contida em um dos depósitos — na biomassa, por exemplo —, como acontece nas florestas úmidas tropicais, o esforço aplicado a esse depósito causará mais prejuízos ao sistema. Trata-se então de um ponto de interferência.

Os ecossistemas que possuem armazenagens ou transferências dominantes — o solo nas estepes, a biomassa nas florestas úmidas, a transferência do restolho (folhagem) para o solo no chaparral — podem ser rapidamente modificados pela interferência nesse aspecto particular. Nos ecossistemas onde a distribuição de nutrientes é aproximadamente igual entre os depósitos e com mecanismos de eficiência comparáveis — floresta litorânea, floresta decídua — a resistência ao esforço, seja ele natural ou induzido pelo homem, é mais evidente.

A tundra, a taiga e o deserto são ecossistemas com baixa estocagem absoluta e mecanismos de transferência com capacidade limitada. Neles o homem pode mais facilmente provocar alterações de teor mais permanente.

Os métodos usados para submeter à experiência e "melhorar" as operações de um ecossistema visam a reforçar o elo mais fraco e variam de um ambiente para outro. Nos desertos, a concentração de nutrientes no solo é elevada, porém as transferências são fracas. Conseqüentemente, sua reciclagem é inibida pelos outros armazenadores. Deste modo, a água, que pode ser considerada a "válvula de comando", podendo afetar os índices de transferências, terá que ser mais aberta, através da irrigação.

Na tundra, com a sua cobertura vegetal pobre e solos pouco férteis, encontram-se ecossistemas vulneráveis à degradação ambiental e que dificilmente absorvem melhorias. O volume absoluto de nutrientes neste sistema é pobre, sendo ainda limitadas as suas transferências pela falta de energia térmica, característica difícil de ser "melhorada" em grande escala.

• Erosão do Solo

O clima, a topografia, os materiais de origem, a biota e o tempo são os fatores que determinam as características dos solos e das quais depende o seu equilíbrio dinâmico. Qualquer mudança em uma dessas variáveis certamente irá afetar o solo. As reações a uma determinada mudança ambiental irão variar de solo para solo, em função da sua sensibilidade a cada tipo de tensão.

Os latossolos tropicais das florestas úmidas sofrem rápidas e degenerativas mudanças em termos de fertilidade se forem desmatados. Nestas condições, cria-se, repentinamente, um microfilme, e a oxidação e lixiviação provocam o empobrecimento do solo.

Aos fatores que determinam as características do solo deve-se acrescentar a ação antrópica, uma vez que ela, mesmo que a nível local, assume maior poder de interferência que o conjunto dos fatores naturais.

As características dos solos variam muito em vários aspectos. Algumas delas se modificam rapidamente sob qualquer interferência, enquanto que outras se mantêm inalteradas, mesmo em condições adversas. A textura de um solo, por exemplo, não sofre alterações, a não ser que se lhe adicionem grandes quantidades de areia grossa ou material orgânico fibroso. Entretanto, a sua composição química e biológica varia com uma facilidade muito maior, provocando subseqüentes efeitos em sua estrutura e drenagem.

O emprego de fertilizantes artificiais acelera, pela mão do homem, um processo natural — o fornecimento de nutrientes às plantas pela rocha que se decompõe por intemperismo químico. Com a irrigação, o homem provoca um falso efeito climático, daí ocorrendo o intemperismo. A adição de cal aos solos restabelece o carbonato retirado pela lixiviação nas regiões úmidas.

A atividade antrópica modificou os solos de grandes áreas: florestas viraram pastos, no lugar onde crescia vegetação de restinga agora crescem arranha-céus. Contudo, sua principal interferência se deu na criação de solos *intrazonais* — solos locais constituem variações em maior ou menor escala do solo *zonal*, climaticamente determinado. Como um dos mais negativos efeitos antrópicos sobre o solo, destaca-se ainda o fato de o homem propiciar condições para que ocorra a erosão total ou parcial. A erosão, aqui considerada em sentido estrito, não é uma alteração de caráter do solo, mas um fato geomórfico.

A erosão catastrófica do solo é mais comum em ambientes de equilíbrio delicado, como os semi-áridos ou os montanhosos. Nestes ambientes, a degradação física e química do solo está muito mais generalizada, e mesmo a agricultura mais cuidadosamente empreendida fará aumentar as perdas entre 5 e 50 vezes em relação às terras que ainda dispõem de uma cobertura vegetal natural.

O ser humano, ao provocar a erosão, interfere na duração geomorfológica, encurtando-a e acelerando em muito um processo natural. A adição de fertilizantes aos solos durante longos períodos, por outro lado, torna a sua estrutura química bastante simplificada: o estoque de nutrientes concentra-se maciçamente em cálcio, fósforo e potássio, enquanto os demais elementos catiônicos são deslocados do estoque e lixiviados pelas águas pluviais.

Os solos ricos em potássio podem desenvolver uma estrutura prismática ou colunar, que lhes confere conformação dura e refratária, quando secos, e lodosa, quando molhados. Com o uso contínuo de fertilizantes à base de sulfato de amônio, o solo torna-se ácido, podendo assim fixar outros nutrientes — como o zinco —, aos quais as plantas passam a não ter acesso.

• Salinização e Dessalinização

Os solos *intrazonais*, com altos teores de sais de potássio, magnésio e cálcio ou altamente alcalinos, foram desenvolvidos pelo homem, em pontos baixos de algumas regiões áridas e semi-áridas, tendo como objetivo o aproveitamento da água que ali se concentrava e a sua posterior evaporação. Outra razão para o seu aproveitamento é a existência de um nível hidrostático suficientemente próximo à superfície, de modo a permitir um movimento capilar ascendente da água que se evapora depositando os sais dissolvidos.

Estes solos podem ser potencialmente férteis, requerendo para isso que sejam irrigados. Entretanto, se a irrigação for usada de maneira errada, pode, por um lado, causar uma dessalinização no ambiente e, por outro, salinizar solos até então férteis.

Para que se faça a recuperação de solos salinos utiliza-se a lavagem prolongada, através da pulverização de água de boa qualidade. Na retirada da água salina do solo lavado, utiliza-se um sistema de valas de drenagem por profundidade adequada. Uma vez completado este processo, com a retirada de sais nocivos — o sódio, principalmente — pode ser necessária a adição de cálcio para restaurar a estrutura e o equilíbrio químico, empregando os processos de troca iônica.

Terras de agriculturas irrigadas por períodos prolongados, quando vistas do alto, apresentam, entre o verde, manchas de cor acinzentada. São as conseqüências da salinização e o desenvolvimento raquítico de algumas plantas que dela decorre, o que representa o início de um processo de desertificação, onde sobreviverão somente as plantas que apresentarem maior tolerância ao sal.

As águas das regiões áridas, tanto a subterrânea como a superficial, apresentam teores de salinidades mais elevadas do que as de regiões úmidas. Nas irrigações, faz-se uso da água de escoamento, que tem origem em áreas muito mais extensas.

Como a irrigação prolongada eleva o nível hidrostático, quando este chega a 1m ou 1,5m abaixo da superfície, o movimento capilar permitirá que o sal se deposite no solo mais próximo à superfície durante a estação seca. A menos que a pluviosidade e a irrigação sejam suficientes para fazer infiltrar o sal novamente no perfil do solo, ele irá se acumular gradualmente e tornará o solo improdutível.

As conseqüências de todo este processo, na verdade, dependem dos sais predominantes. Caso a água contenha cálcio em abundância, a drenagem natural devolverá ao solo o seu estado original, mas se a sua composição salina global tiver mais de 12% de sais de sódio, as partículas do solo do tamanho de argila se dispersam e a estrutura é alterada, transformando-se em solo salino.

Existem exemplos de irrigações com técnicas aprimoradas e cuidadosas que perduram por séculos. No entanto, a salinização tem sido, via de regra, uma conseqüência inevitável a longo prazo. A perda de terras de agricultura por salinização é bastante considerável, calculando-se que de 20 a 40% das terras irrigadas sejam afetadas por este processo. A destruição de terras agrícolas pela salinização está, possivelmente, na origem do colapso de várias civilizações das regiões semi-áridas.

2.4. Sistemas Biológicos (Gradientes na Vida)

• Impactos Climáticos do Desmatamento

Nas duas últimas décadas, foram efetuadas diversas pesquisas e cálculos, demonstrando-se que a evapotranspiração real é responsável por mais de 50% da precipitação. O teor de umidade do ar na Amazônia ocidental, por exemplo, é maior do que o próximo à costa, indicando a sua umidificação próximo à superfície, à medida que este flui sobre a floresta, provavelmente devido à reciclagem do vapor d'água pela vegetação.

As diferentes pesquisas demonstram que a Floresta Amazônica é um sistema muito eficiente na reciclagem das águas da chuva no retorno à atmosfera.

Resultados obtidos através de simulações e de raras pesquisas sobre pastagens demonstram que estas jamais teriam condições de efetuar taxas aproximadas às da floresta na evapotranspiração. A pecuária extensiva, porém, tem sido apontada como uma das principais causas deste desmatamento, apesar dos resultados desastrosos que traz consigo, tanto econômica como ecologicamente.

Existem, portanto, evidências que demonstram que desmatamentos extensivos provocam mudanças climáticas na região. Visando a verificar estas hipóteses, diversos estudos, através de simulações com modelo de clima, foram realizados na Região Amazônica. A resposta dos modelos confirmam os resultados esperados.

Os desmatamentos das florestas tropicais do mundo estão aumentando, o que se deve ao fato de estarem essas florestas localizadas, de um modo geral, nos países pobres. Na Amazônia, as principais atividades econômicas ligadas a este processo são a criação extensiva de gado, a extração de madeira, a implantação de culturas perenes (cacau, borracha, florestas homogêneas para obtenção de celulose), culturas anuais (milho, arroz, cana-de-açúcar), a produção de carvão vegetal para a indústria de ferro gusa, a construção de grandes reservatórios destinados a usinas hidrelétricas, o garimpo de ouro, a mineração, a exploração de petróleo e o crescimento urbano.

• Alteração de Habitats e Extinção de Espécies

A extinção de espécies está ligada tanto à exploração econômica como à destruição de habitats. Este é, a nível global, um dos temas mais discutidos no momento, apresentando dificuldades para a sua abordagem metodológica. Esta preocupação advém do fato de que 50% ou mais das espécies de animais do mundo vivem em regiões tropicais.

Distinção especial é dada para a Amazônia por possuir na sua área aproximadamente 51% das espécies de plantas das regiões neotropicais das Américas Central e do Sul, contra cerca de 23% em Madagascar e 26% na Ásia. Entretanto, uma grande dificuldade resulta da ignorância sobre o número de espécies vegetais existentes e da grande complexidade estrutural das comunidades biológicas e da distribuição geográfica de grupos de organismos distintos.

No enfrentamento dessas enormes dificuldades, diversos autores nacionais e internacionais têm-se dedicado a pesquisas na região e, através das curvas de espécies por área, têm elaborado estimativas teóricas de taxas de extinção, considerando uma redução progressiva da área segundo diversas taxas de desmatamento. Os resultados conseguidos, expressos como uma porcentagem de espécies perdidas globalmente por décadas, variam dentro de uma faixa de 1% a 11%, dependendo das premissas utilizadas. Recente avaliação de todos os resultados obtidos, em que foram adotados cenários de desmatamento com 50 mil km²/ano, e 100 mil km²/ano e 150 mil km²/ano, respectivamente, utilizando-se uma taxa de valores do parâmetro Z entre 0,15 e 0,35, conduz à previsão de que o mundo perderá entre 2% e 7% das espécies nos próximos 25 anos.

Tomando-se como exemplo o número de espécies igual a 10 milhões, esse valor percentual corresponderá à perda de 8 a 28 mil espécies por ano ou 20 a 75 espécies por dia. Esse exercício demonstra as dificuldades inerentes à avaliação dos impactos do desmatamento sobre a biodiversidade. Tais dificuldades são enormes também quando se tenta fazer uma lista das espécies extintas recentemente.

O nível normal de taxa de extinção para mamíferos e aves é de uma espécie extinta a cada 100 a 1.000 anos. Entretanto, estimativas apontam que, desde o início do século XVII, 724 espécies de plantas e animais desapareceram da face da Terra, e a primeira metade do século XX foi responsável pelo desaparecimento de nada menos que 67 espécies. Mesmo com as dificuldades metodológicas, vê-se claramente o empobrecimento da biodiversidade no mundo, de maneira geral, tanto para a flora como para a fauna.

Estes dados sobre extinção de espécies são globais. Há uma tendência a se considerar homogêneos os padrões de distribuição geográfica e comportamentos ecológicos reconhecidamente complexos, nos níveis regional e local, onde o conhecimento existente possibilita a adoção de planejamento racional de conservação da biodiversidade.

Na Amazônia, estudos científicos mostram que a distribuição geográfica de plantas e animais não é uniforme, havendo áreas com maior concentração de espécies e centros endêmicos, ou seja, áreas de ocorrência restrita de determinadas espécies.

O conjunto de todas as espécies da fauna e da flora, dentro dos ecossistemas e dos processos ecológicos dos quais são os componentes, formam a chamada biodiversidade. É um termo bastante abrangente para a variedade da natureza, que inclui o número e a freqüência de espécies ou genes e os respectivos ecossistemas. Consideram-se três níveis distintos para mostrar a biodiversidade: variedade genética, diversidade de espécies e de ecossistemas.

A variedade genética é dada pela soma total da informação genética contida no DNA de indivíduos, sejam eles plantas, animais ou microorganismos em todo o mundo. A diversidade de espécies refere-se aos habitats, às comunidades bióticas, aos processos ecológicos na biosfera e ainda à enorme diversidade dentro dos ecossistemas, em termos de diferenças de habitats e dos vários processos ecológicos.

Existe descrito na literatura internacional um número de espécies de organismos da ordem de 1,5 milhão, onde 800 mil são insetos, 250 mil são vegetais, incluindo as espécies vasculares e briófitas, e 40 mil vertebrados. O restante é constituído por outros invertebrados, algas, fungos e microorganismos.

Segundo a Estratégia Mundial para Conservação da Natureza e o grupo de trabalho sobre Ética de Conservação, ambos da IUCN (União Internacional para a Conservação da Natureza e Recursos Naturais), é fundamental para a conservação da biodiversidade a coerência com os princípios ecológicos, visando a sua sustentabilidade a longo prazo, para que também se promova o desenvolvimento social e econômico.

O bem-estar das futuras gerações, com relação à biodiversidade e aos recursos naturais renováveis, é, sem dúvida, uma responsabilidade e um dever das atuais gerações que deverão assegurar que sejam usados de maneira adequada, para que se garanta a sua produtividade sustentável no futuro. Nos trópicos, onde ocorrem dois terços das espécies da Terra, um outro fator de preocupação é a adaptação das espécies às mudanças climáticas.

A extinção de espécies é um fato presente na Terra desde que a vida nela se iniciou, sendo, durante muito tempo, causada por fatores naturais. Entretanto, a aceleração hoje verificada no processo de extinção está trazendo limites ao processo evolutivo de adaptação às mudanças climáticas em curso, sobretudo àquelas resultantes do "efeito estufa" e da destruição da camada de ozônio. As consequências, apesar de imprevisíveis, tendem a comprometer a diversidade genética e a sobrevivência específica, incluindo a da própria espécie humana.

O fato de não serem conhecidos os valores reais da biodiversidade tem sido um dos obstáculos para que os governantes reconheçam a necessidade da conservação dos recursos biológicos nos planos nacionais de desenvolvimento. A alocação de valores qualitativos e quantitativos, no entanto, justificaria ações governamentais de incentivo à conservação.

• Perda de Reserva de Genes

A diversidade biológica que as diferentes espécies guardam e seus elementos genéticos desempenham um papel cada vez mais importante no desenvolvimento mundial, principalmente na área econômica. Em se tratando da sociedade capitalista, isto é, sem dúvida, um bom argumento para sua preservação e conservação, acrescido da defesa dos princípios éticos, estéticos e científicos. Sabe-se, através de dados dos países mais desenvolvidos, que a biodiversidade, com sua variedade genética, tem favorecido a produtividade na agricultura, na indústria e na medicina, o que resulta em bilhões de dólares anuais.

De maior importância ainda são os processos vitais efetuados pela natureza, como a estabilização climática, a proteção das bacias fluviais e do solo, a preservação de viveiros e áreas de reprodução, entre outros. A manutenção desses processos não pode se desvincular da conservação de cada espécie dentro dos ecossistemas naturais. Portanto, é evidente que a maneira mais racional de resolver o problema é administrar, ao mesmo tempo, espécies e ecossistemas, havendo pelo mundo inúmeros exemplos de soluções testadas, aplicáveis a problemas locais.

Além da alteração dos habitats e da extinção de espécies, o planeta também está sendo espoliado pela perda de raças e variedade dentro das espécies. Muitas delas perdem populações inteiras num ritmo acelerado que reduz rapidamente sua diversidade genética, reduzindo, conseqüentemente, a sua capacidade de adaptação às mudanças climáticas e outras formas de variações ambientais.

Na verdade, a perda de reserva de genes é inevitável, porém todas as espécies deveriam ser protegidas, desde que isso fosse técnica, econômica e politicamente possível. O panorama genético está constantemente se modificando devido a processos evolutivos. Então, no que concerne à conservação genética, é necessário que as autoridades sejam seletivas e investiguem que reservas de genes merecem ser objeto de medidas de proteção.

3. Ação dos Agentes de Interferência nos Sistemas Ambientais

3.1. Caracterização do Fenômeno Poluição

Poluir significa sujar, macular, manchar (derivado do latim *polluere* e *pollutus*). O ato ou efeito de poluir é designado de poluição. Entretanto, há uma grande dificuldade para se estabelecer uma classificação ambiental baseada em grau de sujidade, devido à impossibilidade de se fixar uma unidade padrão deste fator que pode ser originado por diferentes causas, de várias naturezas.

A poluição é considerada, juridicamente, como a inclusão de qualquer fator ao ambiente que provoque alteração de suas qualidades naturais, impondo ao vizinho condições modificadas de seu meio. Do ponto de vista científico, a poluição ambiente é mais caracterizada pela impureza introduzida, em um determinado momento, do que o ato de lançamento desta ao meio. Neste contexto, poluição é o resultado indesejável das ações de transformação das características naturais de um ambiente, atribuindo um caráter nocivo a qualquer utilização que se faça do mesmo. A Lei federal nº 6.938/81 define poluição como "toda alteração das propriedades físicas, químicas e biológicas que possa constituir prejuízo à saúde, à segurança e ao bem-estar das populações e, ainda, possa comprometer a biota e a utilização dos recursos para fins comerciais, industriais e recreativos".

Sob o aspecto biológico, a indicação de poluição se dá quando compostos ou microorganismos indesejáveis penetram em um ambiente, alterando suas propriedades químicas e físicas, colocando em perigo o equilíbrio da composição e distribuição das populações. Este conceito, com base na ecologia, não inclui a utilização que se possa fazer do ambiente. Os estudos sanitários consideram qualquer alteração na comunidade biótica de um ambiente como denunciadora de poluição e, provavelmente, toda espécie animal ou vegetal, surgida no meio após esta alteração, seria tratada como indicadora de poluição. Esta definição apresenta, no âmbito de saúde, inconvenientes que apontam como agentes de poluição muitas atividades que na realidade não prejudicam sanitariamente a qualidade ambiental. Trata-se mais de uma oposição à antiga tendência, também falha, de se classificar como fatores de poluição apenas a matéria orgânica ou elementos patogênicos presentes no meio.

• Poluição Natural

Embora o homem tenha contribuído imensamente para a poluição do planeta, alguns efeitos poluentes são ocasionados, essencialmente, por fatores de ordem natural (poluição natural), enquanto outros, de fato, têm suas causas originadas em fatores antrópicos (poluição antrópica).

São exemplos causadores de poluição natural as nuvens de cinzas provenientes de materiais vulcânicos que se apresentam como lava — materiais ácidos ou básicos, dependendo do teor de sílica (SiO_2) — ou como material piroclástico que, enviado à atmosfera, apresentam lapilis — pequenos fragmentos arredondados — e cinzas com consistência arenosa. São exemplos também os gases que, compostos de vapor d'água contendo hidrogênio, enxofre, carbono, cloro e gás carbônico, podem igualmente ser ocasionados por nuvens de origem vulcânica.

Ainda, como poluição natural pode ser destacada a combustão natural relacionada às queimadas que ocorrem nas matas. O fogo nas florestas cria nuvens de fumaça que, por vezes, percorrem centenas de quilômetros, produzindo enormes quantidades de núcleos de condensação. Nesta categoria estão também as poeiras extraterrestres que se originam de partículas provenientes de meteoritos que constantemente penetram na atmosfera. A composição química dessas partículas é classificada em dois grupos: meteoritos, composto de sódio, magnésio, alumínio, potássio, cálcio, silicatos (SiO_2); e sideritos, composto de ferro, cobalto e níquel.

As brumas e nevoeiros provenientes dos oceanos, por sua vez, trazem à atmosfera continental cristais de sal (cloreto de sódio, de magnésio e cloreto de cálcio) que se aglomeram em núcleos de condensação.

As "chuvas de sangue", areias finas elevadas pelos ventos nos desertos e transportadas pelas correntes aéreas, podem representar um tipo de causa de efeito poluidor. É exemplo disto o fato relacionado ao vento "Siroco", que transporta areia vermelha do Deserto do Saara até a Europa.

Um componente bem característico da poluição atmosférica é de origem vegetal: o pólen de plantas fanerógamas polinizadas pela ação do vento. Esporos de fungos e musgos, por outro lado, têm importância reduzida. Em condições atmosféricas, na presença de ventos e tempo seco, o pólen é transportado pelas correntes aéreas por longas distâncias, devido ao seu minúsculo tamanho (entre 1 e 5mm) e à leveza de suas partículas. Difundido no ar, o pólen pode causar, em pessoas sensíveis, reações alérgicas nas mucosas do nariz e no tecido conjuntivo dos olhos, constituindo, em alguns países, a exemplo dos Estados Unidos, verdadeiros problemas médico-sociais. A alergia polínica é um dos estados mórbidos mais aflitivos e persistentes entre os não-fatais.

No Brasil, as condições atmosféricas são adversas à ação de determinados alérgenos, como o pólen, devido ao fato de nos trópicos a floração ocorrer nas estações chuvosas, tanto nas regiões de pouca altitude e umidade elevada como nas áreas montanhosas e de baixa umidade. Apesar da nossa flora abundante e diversificada, encontra-se relativamente pouco pólen no ar, contribuindo para isso a temperatura, a umidade e a chuva. Quanto aos fungos do ar, as condições climáticas são favoráveis à sua proliferação, podendo resultar em altas concentrações de esporos na atmosfera.

Nas regiões tropicais existe uma grande variabilidade alergênica (Tabela 2). Merecem atenção especial os alergênicos inalantes provenientes de material de colchão e travesseiros, feitos de grande variedade de substância de origem vegetal, sejam fibras, folhas, flores ou sementes.

Existem particularidades regionais para os inalantes, decorrentes não das condições climáticas, mas das atividades industriais, como, por exemplo, focos de alergia a pó de mamona na cidade do Recife, bem como em outras do Brasil onde o óleo de mamona seja refinado.

Neste contexto, sobressaem-se várias gramíneas denominadas popularmente de capim ou grama. Dentre estes, o mais comum pela distribuição ou abundância é o capim barba-de-bode *(Aristida pallens)*. Entre as gramíneas de ação alergênica acentuada, a mais comum é a espécie *Cynodon dactylon*.

Na família *Palmae* encontra-se a espécie *Phoenix cannariensis*, comum em jardins, como árvore ornamental. Entre as Juncáceas, as espécies *Juncos microcephalus* e *Juncos sellowiannus* são encontradas em brejais e à beira de rios. Já entre as árvores, os gêneros *platanus* e *salix* arborizam algumas das praças e jardins do país.

Tabela 2 — Exemplares de vegetais alergênicos brasileiros

Gimnospermae	Araucariineae	Araucaria angustifolia
Angiospermae	Typhaceae	Typha dominguensis
	Cyperaceae	Cyperus brasiliensis, Cyperus rotundos
	Gramineae	Andropongon sorghum, A. condensatus, A. spathiflorus, A. bracteatus, Danthonia montana, Cynodon dactylon, Poa annua, Agrostis sp., Lolium multiflorum, Zea mays, Briza calotheca, Bromus unioloides, Melines minutiflora, Paspalum umbrosum
	Palmae	Phoenix cannariensis
	Juncaceae	Juncos microcephalus, J. sellowiannus
	Salivaceae	Salix babylonica, S. humbolditiana
	Chenopodiaceae	Chenopodium ambrosioides, C. hircinum
	Amaranthaceae	Amarantuns spinosus, A. viridis, A. chlorostachyus
	Platanaceae	Platanus sp.
	Polygonaceae	Polygonum acre, P. acuminatum, Rumex crispus, R. brasiliensis, R. obtusifolius
	Myrtacea	Eucalyptus globulos, E. saligna, E. rostrata, E. resinfera
	Plantaginacea	Plantago tomentosa
	Oleacea	Ligustrum japonicum, L. perrottetii, Fraxinus sp.
	Compositae	Ambrosia polystachia, Xanthium spinosum, Solidago microlossa, Artemisia vulgaris, Parthenium histerophorus

Certos tipos de alergias provocadas por insetos ou resinas de algumas plantas apresentam, no Brasil, condições peculiares favoráveis, inexistentes nas zonas temperadas. Por outro lado, as condições atmosféricas como a temperatura, umidade do ar, bem como os fatores climáticos, seja o índice pluviométrico, tensão de vapor, nebulosidade, ventos dominantes ou estações do ano, favorecem a existência de flora micótica anemófila bastante variada. Os fungos mais freqüentes na atmosfera são *Aspergillus, Penicillum, Cladoporium* (=hormodendrum), leveduras brancas (*Torulopsis, Candida*), *Rhodotorola, Puldularia, Helminthosporium, Rhisopus* e outros *ficomicetos.*

Nas regiões muito secas e quentes, as coníferas desprendem uma quantidade tão grande de terpenos (classe de hidrocarbonetos não-saturados encontrada nas resinas e óleos essenciais), que estes se acumulam na atmosfera e, através de reações fotoquímicas, levam à formação de partículas semelhantes a uma neblina ou névoa. Conseqüentemente, pode ocorrer a formação de verdadeiras cúpulas de névoa, semelhantes ao *smog* verdadeiro.

Entre os vegetais inferiores, o grupo representado pelo fitoplâncton pode liberar toxinas. Poucas destas substâncias foram caracterizadas quimicamente, e os exemplos conhecidos mostram que estas substâncias pertencem a funções químicas bem diferentes, como proteínas e saponinas.

Quando ocorre uma multiplicação em massa de algumas espécies de microalgas (*Nodularia spumigena, Microcystis flos aquae, Microcystis toxica, Primnesium parvum, Gonyaulax subsala, Gymnodimium*), a concentração de fitoplanctontoxina na água atinge valores críticos. As águas rasas apresentam condições favoráveis à ocorrência deste fenômeno, pois são passíveis de aquecimento rápido, como as águas destinadas à aqüicultura, as usadas na alimentação de gado, ou ainda águas superficiais de lagos e represas. O desenvolvimento de plâncton é favorecido nessas águas pelo despejo de materiais orgânicos e alguns minerais. Concentrações de 0,02mg/l de fosfato e de 0,3mg/l de nitrato contribuem para uma acentuada aceleração no crescimento do plâncton.

As fitoplanctontoxinas podem atingir de maneiras adversas a espécie humana. Nas águas de represa, usadas freqüentemente para consumo humano, algumas dessas toxinas passam incólumes pelos processos de tratamento de água. As toxinas vão sendo acumuladas pelos animais aquáticos que se alimentam de fitoplâncton. O gado, por sua vez, também pode acumular essas toxinas quando consome regularmente água contendo fitoplâncton. O homem, ao consumir esses animais, ingere a toxina já com alto grau de concentração. A ingestão de quantidades críticas dessas toxinas pode desencadear ações fisiológicas desde gastrenterite até paralisias fatais. No ser humano e em animais, como peixes e mamíferos, já se admite que certos estados patogênicos não-bacterianos do trato digestivo sejam provocados por fitoplanctontoxinas ingeridas por via oral. Cabe ressaltar que essas florações de algas também ocorrem em ambientes costeiros com bastante freqüência, causando principalmente intoxicações humanas graves por consumo de pescado contaminado.

Pode ocorrer, ainda, o contato externo do homem e de animais domésticos com essas toxinas, como, por exemplo, ao banharem-se em águas e açudes contendo fitoplanctontoxinas. Os sintomas podem se manifestar através de urticária, bem como inflamações das mucosas e tecidos conjuntivos da boca e faringe.

No que tange à contaminação por microorganismos, os fungos têm, também, uma participação muito ativa na contaminação ambiental. Cerca de 200 espécies de fungos segregadores deste tipo de substâncias tóxicas são conhecidas atualmente. A Tabela 3 mostra, resumidamente, algumas dessas espécies, que se desenvolvem praticamente em qualquer tipo de alimento, tornando-o portador de micotoxinas.

Tabela 3 — Micotoxinas patológicas ao homem e seus substratos nutritivos

FUNGOS	TOXINAS PRODUZIDAS	ALIMENTOS CONTAMINADOS
Aspergillus flavus	Aflatoxina	Frutas, amendoim, pão, carne, queijos
Aspergillus ochraceus	Ocratoxina	Pão e outros
Aspergillus versicolor	Esterigmatocistina	Cereais e leguminosas
Byssochlamys fulva	Ácido bissoclâmico	Suco de frutas
Penicilium citrinum	Citrinina	Arroz
Penicilum urticae	Patolina	Malte
Penicilum rubrum	Rubratoxinas	Cereais

As aflatoxinas são substâncias extremamente perigosas que possuem poder carcinogênico e provocam, sobretudo, o câncer do fígado, causando ainda danos aos rins, baço e estômago do ser humano. Alguns alimentos, quando atacados pelos fungos, acumulam quantidades extremamente tóxicas de aflatoxinas, como, por exemplo, o amendoim e o toucinho (1.000-5.000 mg/kg, contaminados por *Aspergillus flavus*). A formação de aflatoxinas, além de depender da natureza do substrato, depende, ainda, da velocidade de crescimento dos fungos.

• Poluição Antrópica

As substâncias químicas têm sido usadas amplamente no nosso cotidiano, principalmente com a explosão industrial e a descoberta cada vez maior de novos produtos. Tais substâncias agem sobre o ambiente, provocando alterações na estrutura e na função dos organismos a elas expostos, podendo comprometê-los seriamente, provocando doenças ou morte de alguns, e até mesmo a extinção de espécies.

Substâncias potencialmente danosas, disseminadas nos ecossistemas, são definidas como tóxicos ambientais. A concentração deles está condicionada pelas características sócio-econômicas e biogeoquímicas de cada região terrestre onde estejam disseminados. Conhecem-se, hoje, cerca de 100.000 tipos desses tóxicos ambientais, dos quais os mais estudados internacionalmente, por sua importância sanitária, serão descritos a seguir.

a) Contaminantes atmosféricos

Podem existir na forma de partículas sólidas e/ou líquidas ou ainda como gás ou vapor. Na instância federal, os padrões de qualidade do ar são estabelecidos pela Resolução CONAMA 003/90. Os poluentes do ar podem ser classificados, de acordo com a sua origem, em: *poluentes primários* — emitidos diretamente pelas fontes; e *poluentes secundários* — formados na atmosfera por interações químicas entre os poluentes primários e os constituintes normais da atmosfera.

As substâncias emitidas para o ar atmosférico espalham-se, o que se chama de transmissão, e podem acabar agindo sobre o homem, animais e plantas (imissão). Entre a emissão e a imissão decorre um certo lapso de tempo, durante o qual se processa a propagação do contaminante. A concentração ativa da substância nociva no local da imissão, portanto, pode não mais ser tão elevada como no local da emissão. A concentração da imissão deve ser tanto menor quanto mais distante estiver o local da fonte de emissão e quanto maiores forem as possibilidades de diluição da substância tóxica no ar. Faz-se necessário, pois, que os dois conceitos sejam cuidadosamente diferenciados.

De modo a se caracterizar de forma conveniente emissões e imissões, definiram-se os conceitos de Concentração Máxima de Emissões (CME) e Concentração Máxima de Imissões (CMI), onde os valores de CME determinam qual a quantidade máxima de uma substância tóxica que pode ser expelida para a atmosfera por uma fonte de emissão. Deve-se considerar, em primeiro lugar, a possibilidade técnica de purificação do ar desprendido e, em segundo lugar, a toxidez das substâncias.

Já como valores CMI, foram definidas concentrações de substâncias nocivas permitidas no ar e que, de acordo com os conhecimentos atuais e referentes ao assunto, não provocam, de um modo geral, prejuízos à saúde do homem, animais ou plantas. A atividade fisiológica das substâncias adquire importância fundamental nos valores CMI, não se levando em conta a possibilidade prática ou técnica de serem mantidas essas concentrações. O fato de uma substância nociva se tornar ativa a curto ou a longo prazo, entretanto, não é indiferente. Para se definir a CMI leva-se em conta este fator (comprometimento longo, contínuo) e do CMIc (comprometimento curto, ou seja, três exposições diárias de quinze minutos, no máximo).

A resistência frente a componentes isolados da poluição atmosférica varia consideravelmente de organismo para organismo. Por esse motivo, os valores de CMI são estabelecidos em níveis muito baixos, de maneira que possam se adequar à maioria dos seres vivos. Criou-se ainda outra norma, pelo fato de que nas grandes metrópoles os valores de CMI freqüentemente são ultrapassados em grau acentuado. É a Concentração Máxima no Local de Trabalho (CMT), ou seja, a quantidade de substância tóxica existente no ar que, com exposições diárias de oito horas, mesmo durante anos, não chega a afetar a saúde humana (Tabela 4). Isto não significa, entretanto, que as concentrações de contaminantes estejam isentas de atividade fisiológica. Os valores da CMT são obtidos através das observações em operários e de experimentos com animais de laboratório, podendo afastar-se consideravelmente dos valores CME e CMI.

Tabela 4 — Comparação entre valores de CME, CMT e CMI para alguns poluentes da atmosfera (mg/m^3)

CONTAMINANTES ATMOSFÉRICOS	CME	CMT	CMIC	CMI 1
Monóxido de carbono (CO)	100	55	–	–
Óxidos de nitrogênio dos combustíveis líquidos	9	2	1	450
Dióxido de enxofre (SO$_2$)	–	15	0,75	0,5
Cloro (Cl$_2$)	-	1,5	1,5	0,3

Os valores da CMT e da CMI já estabelecidos correspondem ao nível atual de conhecimento, não devendo ser considerados como grandezas físicas invariáveis. No entanto, deve-se estabelecer como objetivo, através de análises, atividade fisiológica de todos os fatores ambientais importantes, para efetuar correções, sempre que for necessário, desses valores. Em virtude da existência da poluição natural, mesmo que se conseguisse eliminar a poluição antrópica, ainda permaneceria a necessidade de se conhecer a concentração máxima tolerável de componentes prejudiciais, como, por exemplo, no caso dos habitantes das regiões em que se verificam atividades vulcânicas.

As principais fontes de poluição do ar de origem antrópica são: a queima de óleo e carvão para a produção de calor ou energia elétrica, os veículos automotores, a queima de resíduos sólidos e processos industriais. A qualidade do ar pode ser avaliada pela medição de poluentes, tais como: óxido de enxofre, óxidos de nitrogênio, hidrocarboneto, óxidos de carbono, halogenos, material particulado e substâncias tóxicas diversas. A presença destes poluentes em concentrações acima do permissível por lei na atmosfera é responsável por uma série de alterações nos seres vivos e materiais.

Materiais particulados: De uma forma geral, todos os materiais sólidos ou líquidos, exceto a água pura, numa faixa de $0,002\mu$ — 500μ de diâmetro, são considerados materiais particulados, presentes na atmosfera ou em outro meio gasoso, em condições normais. Podem ser classificados como:

— *Aerossol* suspensão estável de partículas sólidas ou líquidas;
— *Cinza* matéria sólida fina, não-combustível, proveniente da queima de combustíveis;
— *Fumaça* partículas pequenas resultantes da combustão incompleta, constituída, na maioria dos casos, de cinza e materiais carbonáceos;
— *Fumo* cinza com partículas sólidas finas, proveniente da volatização de substâncias fundidas;
— *Nevoeiro* aerossóis visíveis, cuja fase dispersa é líquida. São formados por condensação;
— *Poeira* partículas sólidas capazes de permanecer temporariamente suspensas no ar.

Os *aerossóis* constituem partículas sólidas ou líquidas cujos diâmetros variam entre 0,1 a 100 mícrons, permanecendo em suspensão. Destacam-se: pó, fumaça e neblina. Seus efeitos são sentidos na intensificação das atividades físicas e químicas do material, difundindo ou impedindo a penetração da luz solar.

Na *fumaça*, partículas coloidais sólidas misturam-se a gotículas de líquidos e a vapores. Existem diversos tipos de fumaças prejudiciais ao organismo humano, dentre os quais a fumaça de cigarro é bem característica.

A nicotina, o monóxido de carbono, o benzopireno e alguns de seus derivados, e ainda o alcatrão e a fuligem, são as substâncias fisiologicamente ativas predominantes encontradas na fumaça do cigarro.

Os distúrbios circulatórios são duas vezes mais freqüentes entre os fumantes. Observa-se, neste grupo, uma relação entre os números de casos de doenças e a quantidade de cigarros consumidos. No segundo caso, o bloqueio da atividade do intestino e do estômago retarda a digestão e refreia o apetite, originando-se daí a idéia de que o "cigarro emagrece". No entanto, a secreção dos sucos digestivos no estômago e no duodeno é ativada. Este descontrole provoca um aumento na ocorrência de úlcera nestes órgãos.

O alcatrão e as partículas de fuligem têm a capacidade de causar irritação nas mucosas e provocar um aumento de secreção, tendo como conseqüência o pigarro característico dos fumantes. O CO encontrado na fumaça dos cigarros reduz a capacidade de transporte de O_2 pelo sangue em cerca de 10 a 20%.

A presença de traços de níquel na fumaça do cigarro também já demonstrou ser bastante perigosa. O Ni e CO encontrados na fumaça podem formar o tetracarboníquel, cujos mínimos índices podem causar câncer nos pulmões. A ação da fumaça de cigarros sobre terceiros, se comparada à quantidade de fumaça emitida pelas indústrias, pode ser considerada mínima. Existe, porém, a indicação da necessidade de estudos neste sentido, visto que na prática se verificou que pode atingir concentrações elevadas quando o consumo dos cigarros se dá em recintos fechados. Nos ambientes fechados e pequenos, com poucos m³ de volume (40-50m³) bastam poucos cigarros para provocar uma intensa poluição do ar. O tabagista passa a ser, assim, um problema ambiental. A conclusão dos pesquisadores é de que, entre todos os componentes atmosféricos produzidos pelo homem, a fumaça do cigarro é o mais prejudicial à saúde, superando até mesmo as doenças profissionais na indústria química ou o abuso de medicamentos.

Em ambientes terrestres, as *poeiras* que se elevam das vias públicas nas grandes cidades não têm tempo para se diluir antes de se precipitarem e atuarem sobre o homem e os animais. As partículas de poeira ao encontrarem correntes aéreas fortes atingem grandes altitudes, podendo formar nuvens de pó a 4 ou 8km acima do solo. Neste caso, podem propagar-se e tornar-se uma ameaça a toda atmosfera do globo terrestre. Os níveis de poeira na atmosfera vêm sofrendo um aumento constante, não se conhecendo, porém, quantos e a que nível os fatores climáticos são afetados por este fato. A poeira, em geral, afeta apenas as vizinhanças das suas fontes emissoras. Isso se deve ao fato de as partículas de poeira sofrerem rápidos processos de sedimentação.

Conhecem-se algumas das conseqüências da presença da poeira na atmosfera, como, por exemplo, a diminuição da intensidade de radiação solar sobre a superfície terrestre, que se verifica a um ritmo de cerca de 0,4% ao ano. Isso pode, eventualmente, além de afetar a temperatura terrestre, influenciar a velocidade e a direção dos ventos, interferindo, assim, no clima terrestre. As partículas podem, ainda, agir na atmosfera como núcleos de condensação de vapor d'água, favorecendo a formação de nevoeiros e chuva em regiões temperadas.

A poeira pode tornar-se prejudicial à saúde se inspirada por longo tempo, ao penetrar profundamente nos pulmões e sedimentar-se nas vias respiratórias, provocando nas mucosas irritação crônica conhecida como silicose.

As substâncias tóxicas difundidas no ar são absorvidas pelas mucosas das vias respiratórias. Nas regiões industriais e nas ruas e vias urbanas movimentadas, porém, as partículas de poeira podem conduzi-las aos pulmões, fazendo com que penetrem mais profundamente, donde a absorção pelas vias sangüíneas se processam muito mais facilmente que nas vias respiratórias superiores. Assim, por este meio, alcançam o pulmão substâncias gasosas (SO_2) ou cancerígenas, como o 3,4-benzopireno. Deste modo, explica-se a razão de uma série de substâncias tóxicas terem uma ação mais intensa em atmosfera contendo mais partículas de poeira em suspensão do que em ar puro.

A poeira de asbesto, proveniente de freios e embreagem de veículos, ocupa uma posição destacada a nível de toxicidade, atribuindo-se a ela a propriedade de provocar câncer nas vias respiratórias.

O pó de calcário apresenta, igualmente, uma ação tóxica específica. O óxido de cálcio (CaO) e o hidróxido de cálcio ($Ca(OH)_2$) têm ação corrosiva sobre as mucosas e provocam erupções cutâneas, enquanto pastagens contaminadas com partículas de calcário provocam no gado alterações no pH do trato digestivo, conduzindo os animais a um quadro de inapetência.

A poeira traz, também, prejuízos a alguns organismos vegetais, quando se deposita sobre suas folhas, impedindo a absorção de radiação solar. Nas proximidades de indústrias de calcário, poeiras contendo CaO cobrem as plantas, formando uma película de ação extremamente alcalina, (pH entre 8 e 12), provocando perda d'água.

O pó das indústrias de cimento, por sua vez, reage com uma umidade atmosférica elevada, quando se formam silicatos de cálcio que cobrem as folhas com películas contínuas, impedindo as trocas gasosas, ficando assim reduzidas a respiração e a fotossíntese.

A poeira comum, quando depositada nas folhas das árvores copadas, também reduz a capacidade fotossintética. A camada de pó reflete as radiações solares (400-750nm), ao passo que a radiação infravermelha é absorvida com maior intensidade. Conseqüentemente, as folhas se aquecem, comprometendo o metabolismo e o equilíbrio hídrico. Ao contato com a água da chuva, as folhas ficam livres dessa camada de poeira e as plantas se recuperam.

Gases e vapores: As emissões industriais e os processos de combustão contribuem significativamente para a contaminação da atmosfera. O problema depende da quantidade de contaminantes lançados e da capacidade de absorção e dispersão pela atmosfera local. Os tipos gasosos e os vapores podem ser orgânicos (combustão de motores) ou inorgânicos. Destacam-se os compostos de enxofre, de nitrogênio, halogênios e seus derivados, oxidantes (ozônio), compostos de carbono, compostos de metais pesados, compostos orgânicos (hidrocarbonetos, aldeídos, ácidos orgânicos). *Metais pesados* e *hidrocarbonetos* serão abordados nos respectivos itens a seguir, no subitem Contaminação aérea.

Os *oxidantes* são todos os gases cuja ação fisiológica principal se baseia numa reação de oxidação, como ocorre com os óxidos de nitrogênio, sobretudo o monóxido de nitrogênio (NO), o dióxido de nitrogênio (NO_2) e o ozônio (O_3). Os óxidos de nitrogênio formam-se em indústrias de ácidos nítrico e sulfúrico e, principalmente, em motores de combustão. Soldas elétricas e tempestades formam, também, pequenas quantidades de óxidos de nitrogênio.

Estes óxidos sofrem transformações fotoquímicas no ambiente, que levam à formação do ozônio (O_3). Sendo o processo fotoquímico uma das principais fontes produtoras de ozônio, os gases de escape de veículos automotores incluem-se indiretamente entre os principais formadores de ozônio. A formação industrial de ozônio (eletrólise, ruptura de peróxidos) assume um papel secundário. É, portanto, fácil deduzir-se que as maiores concentrações de ozônio são encontradas nas áreas urbanas.

O ozônio forma-se, ainda, em um processo natural, pela ação dos raios ultravioleta sobre oxigênio atmosférico, em grandes altitudes. Porém, somente uma pequena fração atinge a superfície terrestre. A camada de ozônio na estratosfera (cerca de 35.000m de altitude) tem para a Terra uma função protetora, por absorver a maior parte dos raios UV provenientes do Sol.

Os gases de ação oxidantes (ozônio e óxidos de nitrogênio) próximos à superfície terrestre são nocivos à saúde humana. Os sintomas mais comuns de intoxicação, por poluição atmosférica, são a metaemoglobinemia (cianose) e edemas pulmonares, com suas conseqüências. No que diz respeito aos materiais, NO_2 exerce ação oxidante sobre as tintas, descolorindo pinturas, e produz corrosão e falhas nos componentes elétricos. Nos vegetais superiores, provoca alterações no desenvolvimento, devido à diminuição da capacidade fotossintética e respiratória, diminui a produção de frutos e provoca também contaminações de alimentos, por prejuízos à qualidade do solo. Pode provocar, também, eutrofização de corpos d'água.

Os oxidantes, nas plantas, também têm efeito sobre a permeabilidade das membranas celulares, além de destruírem a clorofila e os carotenóides, diminuindo a capacidade de fotossíntese, bloqueando, ainda, a troca gasosa das folhas. O ozônio impede a abertura dos estômatos das folhas, não permitindo a transpiração e o transporte de materiais feitos através dela, bloqueando a fotossíntese e a respiração.

O dióxido de carbono é produzido na combustão de materiais de origem orgânica, de derivados de petróleo, madeira ou carvão, e ainda na respiração dos seres vivos. Todavia, é também consumido pelos vegetais. Desde o início do século XX, com a grande expansão industrial e a subseqüente queima de combustíveis fósseis, a quantidade de CO_2 liberada é maior que a quantidade assimilada pelas plantas. Conseqüentemente, observa-se um aumento da proporção deste em relação aos outros componentes atmosféricos de 0,03% em volume, sendo que em áreas metropolitanas esta proporção ultrapassa 0,04%, em volume.

Os dois *óxidos de carbono* influenciam o ambiente de maneiras bem diferentes. O dióxido de carbono não-tóxico mas em concentrações muito elevadas pode diminuir ou bloquear a respiração humana e de animais. O CO_2, no entanto, influencia o equilíbrio térmico da Terra, e o monóxido de carbono é extremamente tóxico, principalmente à fauna de vertebrados e ao homem.

O estudo internacional chamado de TRACE-A (Transporte Atmosférico e Químico na Região do Atlântico Junto ao Equador) verificou que a atmosfera sobre o Atlântico Sul está tão poluída quanto a sobre as grandes cidades de países industrializados. O problema ocorre somente na zona tropical do oceano, não afetando as regiões subtropical e polar, por enquanto.

Publicado em 1996 na revista *Journal of Geophysical Research*, o estudo atribui a poluição às queimadas, que todos os anos destroem milhares de hectares na África e na América do Sul. De acordo com a NASA, os poluentes liberados na atmosfera pelas queimadas se deslocam para o meio do oceano devido às fortes massas de ar existentes nessa região. O problema é agravado por reações químicas atmosféricas. Os poluentes, como os gases metano e dióxido de carbono, sofrem alterações à radiação solar. Com isso é produzida uma camada rica em ozônio, muito parecida com a existente sobre as cidades mais poluídas de países industrializados. Quando encontrado nas camadas mais baixas da atmosfera, o ozônio não tem qualquer efeito benéfico. Ao contrário, é um gás extremamente tóxico.

As *emissões ácidas* são de gases capazes de formar ácidos, como, por exemplo, os gases de dióxido de enxofre (SO_2), fluoreto de hidrogênio (HF) e cloreto de hidrogênio (HCl).

O SO_2 forma-se no aquecimento de minérios do grupo dos sulfetos e na fabricação de fertilizantes, celulose e ácido sulfúrico. As emissões SO_2 não estão restritas a indústrias, pois, em princípio, todos os motores de combustão as produzem, ainda que em quantidades bem menores. Os efeitos adversos nos seres humanos estão relacionados a problemas respiratórios.

O HCl forma-se nas indústrias de fertilizante, de esmaltação e porcelana, na indústria eletroquímica e na combustão de materiais que contenham cloro, como o cloreto de polivinila (PVC).

Nas fundições de metais pesados e alumínio e nas indústrias de vidro, esmaltes, porcelanas e fertilizantes ocorrem desprendimentos de fluoreto de hidrogênio. O fluoreto é um poluente local cujos efeitos são sérios nas vizinhanças das indústrias de tijolos e cerâmicas. Nas altas temperaturas da queima, qualquer fluoropatita presente na argila se decompõe e acaba produzindo fluoreto de hidrogênio volátil.

Os gases ácidos em geral, por serem sempre solúveis em água, acumulam-se nas gotas de chuva, ocasionando as chuvas ácidas. Estas águas, com valores de pH3, correspondem a uma acidez igual à das águas minerais que contenham ácido carbono. Este teor é extremamente prejudicial aos vegetais superiores, reduzindo o seu crescimento, e também a toda vida aquática, diminuindo, conseqüentemente, a produtividade pesqueira de águas superiores. No solo, alteram suas características biológicas e o balanço de nutrientes. Apresentam, também, caráter corrosivo em diversos materiais, comprometendo obras do patrimônio histórico das regiões afetadas.

Contaminantes radioativos: Desde a Segunda Guerra Mundial a utilização da energia atômica tem acarretado um aumento dos elementos radiativos na atmosfera, uma vez que já existiam fontes de radiação natural.

A radiatividade terrestre chega à atmosfera em forma de pó e é bastante significativa na contaminação do ambiente. Alguns efeitos, como o do radônio (Rn222) e o do tório (Tr220), difundem-se na atmosfera e possuem uma vida média de 8,8 dias. Sua concentração depende dos fatores geológicos e geomorfológicos.

Como quanto maior a altitude, menor a densidade do ar, a atmosfera oferece um efeito de filtragem às radiações cósmicas de tal forma que, quando se ganha altitude, a proteção é menor por ser menor a densidade do ar. A grandeza de uma fonte emissora de poluentes no ar pode ser quantificada em unidades de massa ou peso por unidade de volume, peso por unidade de peso por produto ou peso por unidade de área. Para a expressão da concentração de poluentes no ar são de importância, ainda, a quantidade e a duração da exposição.

Para se fazer a avaliação da substância radioativa é necessário saber quanto tempo é preciso para que os elementos correspondentes emitam radiações dos átomos. Isso corresponde ao "tempo de vida" de elementos (isótopos) radiativos e é indicado fisicamente em termo de meia-vida, ou seja: mede-se o tempo necessário para que a metade de uma determinada amostra sofra decaimento ou desintegração.

A "meia-vida biológica" de um elemento indica o tempo em que metade de uma substância radioativa absorvida pelo homem é novamente eliminada. A absorção de isótopos, cuja meia-vida biológica é longa, como o estrôncio, por exemplo, compromete mais o organismo do que a absorção de isótopos de meia-vida curta, como o carbono 14 (Tabela 5).

Tabela 5 — Meia-vida física e biológica de alguns isótopos radioativos

ISÓTOPOS	MEIA-VIDA		ÓRGÃOS HUMANOS MAIS AFETADOS
	FÍSICA	BIOLÓGICA	
Estrôncio 89	54 dias	50 anos	Ossos
Estrôncio 90	28 dias	50 anos	Ossos
Iodo 131	8 dias	138 dias	Tireóide
Césio 137	30 anos	140 dias	Músculo
Bário 140	13 dias	200 dias	Ossos

Na avaliação da periculosidade de elementos radioativos é usada ainda a "dureza" na radiação, que vem a ser o seu alcance e poder de penetração. A "dureza" torna-as, portanto, mais prejudiciais. É necessário, ainda, considerar se o elemento radioativo apresenta tendência a se acumular em determinados órgãos, o que provoca danos acentuados. Estes raios de energia elevada acarretam doenças, tais como a leucemia, o câncer, induzindo também à ocorrência de mutações.

Se doses elevadas de emissões radioativas atuarem durante um curto intervalo de tempo, ocorre um quadro clínico com sintomas semelhantes a uma gripe, devido à destruição de muitas proteínas enzimáticas e estruturais, vitais para o organismo, levando à interrupção momentânea de muitas funções metabólicas vitais. Em dose de radiação suficientemente forte para danificar ou fragmentar os cromossomos, em grau acentuado, a recuperação será impossível. Neste caso, manifestam-se sintomas como sangramentos e perdas de cabelos, acompanhados por um rápido enfraquecimento do organismo, terminando, freqüentemente, com morte. A dose DL50 para o homem situa-se em torno de 400R, a DL100 em torno de 700R.

b) Material particulado em meio aquático — lodos

Dos agentes poluentes sólidos, lançados no meio aquático, os lodos podem ser destacados e dividem-se, quanto à origem, em: lodos de dragagem portuária, lodos residuais de estações de depuração e lodos industriais.

Quando derramados regularmente, e em quantidades substanciais, alteram a natureza do substrato: inundam fundos rochosos, alteram a granulometria de fundos macios, sempre no sentido de incrementar a fração fina de pó e colóides.

Os lodos são sempre ricos em diversas argilas. Sob a ação de fortes tempestades, estas partículas finas podem ser transportadas periodicamente, ou de forma mais ou menos permanente, a uma distância variável da área de despejo, comumente denominada zona de *dumping*.

É preciso levar em consideração que o aumento da turbidez das águas diminui a penetração da luz e, conseqüentemente, a espessura da camada onde ocorre a produção primária. Isto compromete os ecossistemas das áreas aquáticas consideradas, já que a produção primária é base essencial de todo o ciclo biológico destes ecossistemas.

Os despejos industriais e domésticos são sempre muito ricos em matéria orgânica. Nas áreas de *dumping*, as concentrações de oxigênio são débeis nas camadas d'água próximas ao fundo, especialmente durante o período de estiagem. Entretanto, o forte poder absorvente das argilas faz com que esses lodos estejam sempre carregados de diversos poluentes (metais pesados, hidrocarbonetos e detergentes).

Na periferia da zona de *dumping,* os sedimentos são menos finos e a concentração de matéria orgânica é mais baixa.

Nas áreas de *dumping,* o sedimento afetado pelos despejos de dragagens portuárias possui sempre uma granulometria menos fina e com maior "mescla" que as áreas precedentes, e a concentração de matéria orgânica é sempre menor. Entretanto, os hidrocarbonetos são mais abundantes.

A diversidade de indústrias produz lodos de natureza muito diversificada. Os lodos residuais, de tratamento de minerais, sempre comportam uma fração inerte de natureza argilosa, isto é, formada por mistura de óxidos, silicatos, carbonatos e metais alcalinos e alcalinotérreos, sempre associados com alumínio e ferro. Os lodos industriais sempre contêm outras substâncias, metais pesados, além de ferro e alumínio, que existem na forma dissolvida e na insolúvel, por conseguinte particulada.

A composição química dos lodos tem uma grande importância, visto as alterações que podem provocar nos ecossistemas marinhos, principalmente a modificação de habitats dos organismos da comunidade bentônica e suas conseqüências na cadeia trófica local.

c) Metais pesados

O grupo dos metais pesados compreende 40 elementos químicos com características toxicológicas e efeitos específicos para cada um deles. A ordem decrescente de toxicidade dos metais pesados, admitida atualmente, é a seguinte: mercúrio (Hg), prata (Ag), cobre (Cu), cádmio (Cd), zinco (Zn), chumbo (Pb), cromo (Cr), níquel (Ni), cobalto (Co), entre outros.

A intoxicação humana, causada com cada um destes contaminantes, provoca um conjunto específico de sintomas com um quadro clínico específico.

Contaminação aérea: A contaminação antropogênica do ar por metais — arsênio (As), cádmio (Cd), cromo (Cr), ferro (Fe), manganês (Mn), mercúrio (Hg), chumbo (Pb) — ocorre a partir de gases e partículas derivados da combustão de carburantes fósseis (carvão e petróleo) usados pela indústria ou veículos automotores. A mineração e o refino são, também, fontes poluidoras bastante significativas, além da fundição de metais.

Os metais possuem baixa pressão de vapor, sendo pouco voláteis, o que torna a sua taxa de emissão pouco elevada. Todavia, nos processos em que são utilizadas altas temperaturas (fundição e combustão de carburantes fósseis), a emissão se eleva consideravelmente.

As minas e processos de refino de minerais de ferro, zinco, manganês, cobre e chumbo, que contêm arsênico e cádmio, constituem uma das grandes fontes de poluição atmosférica por metais pesados. Ressalte-se que a exposição ocupacional (operários) a estes metais ocorre durante tais processos de refino e durante as operações de soldar, cortar, fundir e recuperar os metais.

A poluição do ar por cromo origina-se das galvanoplastias, metalúrgicas e refinos. A exposição ocupacional a este metal ocorre na produção de ferrocromo e na manufatura de crometos, em atividade de cromação, soldadura com eletrodos de cromo e de níquel, na produção de cimento e pigmentos. Por outro lado, a poluição por mercúrio deve-se, principalmente, às atividades industriais e à exposição ocupacional que ocorre durante as atividades de extração e refinamento do mesmo e de outros minerais que o contenham.

Todos os metais são considerados, de acordo com a sua concentração atmosférica, como contaminantes de causa antrópica. Apenas o alumínio é considerado um contaminante de origem natural.

Contaminação terrestre: A maioria dos efluentes tóxicos das fundições difundem-se para a atmosfera. Entretanto, são mais importantes como poluentes do solo, onde permanecem por longos períodos. São exemplos as áreas impregnadas de arseniatos, ao redor das fundições de cobre, que, mesmo depois de desativadas, podem ser reconhecidas pela ausência de vegetação.

A concentração de metais nos solos varia de região para região. Sabe-se que, se um solo for acidificado, aumenta a mobilização de alguns metais, o que aumenta a sua absorção pelas plantas. O alumínio, o cádmio, o manganês e o ferro possuem grande mobilidade no solo; o cobre e o níquel, mobilidade média; enquanto que o cobalto e o chumbo têm baixa mobilidade. As raízes e folhas das plantas têm a propriedade de absorver metais. Compostos de fertilizantes inibem o desenvolvimento de inúmeras espécies vegetais. A sua respectiva deposição no solo, através da irrigação com águas contaminadas, representa um risco de esterilização do mesmo.

Contaminação aquática: As principais fontes de contaminação por metais são os efluentes industriais e a drenagem natural das áreas agrícolas contaminadas por biocidas que contenham metais pesados em sua composição.

A distribuição dos numerosos metais pesados no meio aquoso depende, sobretudo, dos mecanismos de absorção; depende da maior ou menor quantidade de substâncias orgânicas dissolvidas no meio e/ou das partículas finas (silte/argila), dotadas de uma cobertura formada por microorganismos, facilitando, assim, a absorção destes contaminantes pelos componentes da biota aquática.

O teor de chumbo, ferro, níquel e cobre (assim como em ácidos graxos, hidrocarbonetos e compostos organoclorados) é 1,5 a 5 vezes superior na capa ultra-superficial, estando os metais absorvidos ao material particulado e às moléculas orgânicas.

Quanto às vias de penetração nos organismos, as duas modalidades clássicas de contaminação são: a partir de soluções "efeitos-de-banho" e através da cadeia trófica. A contaminação por banho ocorre nas algas, tanto as unicelulares como as pluricelulares. Este mecanismo ocorre, igualmente, com a fauna aquática, cuja contaminação se dá, freqüentemente, pelo aparelho respiratório e aparelho intestinal (zooplâncton entre outros). Bactérias desempenham importante papel na formação de complexos de muitos metais pesados, facilitando a transferência destes através das teias alimentares. A via dupla da penetração parece existir, também, para o mercúrio. As formas orgânicas solúveis do mercúrio são transformadas em metilmercúrio por bactérias aeróbicas.

Dar uma idéia sintética da toxicidade dos metais pesados para os organismos aquáticos é muito difícil, mesmo levando em consideração somente a toxicidade aguda, já que variam muito as doses letais entre espécies sistematicamente próximas.

Cabe ressaltar que a toxicidade de uma substância corresponde à determinação de sua concentração. Uma série destes metais inclui-se entre os elementos biogenéticos, visto que são necessários traços de sua presença para permitir o funcionamento normal das diferentes rotas metabólicas do organismo, como, por exemplo, manganês, cobalto, cobre, zinco e alguns organismos, também o vanádio, o cromo, molibdênio, níquel e cádmio. Por outro lado, inúmeros são os relatos na literatura científica sobre os efeitos deletérios dos metais em organismos aquáticos, ressaltando desde deformações estruturais, graves alterações fisiológicas, principalmente nas formas jovens, até conseqüências letais.

Estes poluentes, por sua ação tóxica sobre microorganismos responsáveis pela decomposição dos materiais orgânicos, reduzem a capacidade autodepurativa das águas. Conseqüentemente, há uma redução drástica da demanda bioquímica de oxigênio (DBO), com um grau de eutrofização igual. Condições de elevadas concentrações de oxigênio na água não significam, necessariamente, que as condições aeróbicas sejam saudáveis; podem, ao contrário, indicar um comprometimento por metais pesados. Portanto, para avaliar a qualidade da água, é necessária uma análise da concentração de metais pesados. Todavia, existem dificuldades nesta análise, pois a quantidade de metal detectável na água não corresponde, necessariamente, às verdadeiras proporções de contaminação ambiental.

Os sedimentos de fundo, dos diversos ambientes aquáticos contaminados, contêm uma porcentagem de metais pesados que pode ser de 1.000 a 10.000 vezes maior do que nas suas águas. Estes metais podem ser absorvidos por sedimentos minerais, podem combinar-se quimicamente com diferentes minerais, como, por exemplo, na forma de sulfetos, carbonatos e sulfatos, ou, ainda, precipitar na presença de hidróxido de ferro ou manganês que se formam na decomposição das rochas. Os sedimentos orgânicos podem, também, se combinar com os metais pesados. A princípio, esta capacidade de combinar-se com diferentes sedimentos significa uma descontaminação da água. Contudo, esta vantagem é momentânea, podendo trazer perigos adicionais, uma vez que, sob determinadas condições, esses sedimentos podem liberar enormes quantidades de tóxicos acumulados. O fenômeno da biomagnificação consiste no acúmulo de um contaminante que se transfere através da cadeia alimentar. Os efeitos da concentração de metais pesados, nos sucessivos níveis da cadeia trófica, afetam, conseqüentemente, o homem através de pescado contaminado. O mercúrio, o cádmio, o cobre e o chumbo têm sido muito estudados sob este ponto de vista, devido ao fato de encontrarem-se com bastante freqüência em elevadas concentrações (de acordo com os índices da Organização Mundial de Saúde) em grandes peixes predadores, crustáceos e moluscos, tornando-os impróprios ao consumo. Outra forma de contaminação humana por via aquática é a ingestão de água contaminada.

A Tabela 6 mostra as diferentes formas de contaminação humana por esses metais, e seus respectivos danos à saúde e ao ambiente.

Tabela 6 — Quadro clínico dos sintomas decorrentes da intoxicação humana causada pelos principais metais pesados

Compostos químicos	Ambiente/veículo contaminado	Sinais e sintomas de intoxicação
Arsênico	Água Ar	Hiperqueratose palmoplantar, hiperpigmentação e hipocromia da pele, gengivite e estomatite, câncer de pele e de pulmão, neuropatia periférica.
Cádmio	Alimentos Água	Síndrome gastrointestinal aguda (vômitos, diarréia e cólicas), osteomalacia, osteoporose, alterações das funções renais.
Vapores de cádmio Óxido de cádmio	Ar	Inflamação crônica das vias respiratórias, enfermidades pulmonares, obstrução crônica, insuficiência renal, osteomalacia, câncer de próstata.
Cronatos de Ca, Zn, e K; cromo hexavalente	Ar	Ulceração e perfuração do septo nasal, rinite, broncospasmo, pneumonia, câncer brônquico, dermatites, úlceras de pele.
Óxido de manganês Ferromanganês Óxido de Mn	Água Ar	Pneumonias, bronquites *Psicomotores* *Neurológicos* Anorexia, astenia Disartria, insônia Hipossexualidade adinamia Hipertonia muscular
Metilmercúrio Metil ou Etilmercúrio	Alimentos (pescados e cereais)	*Neurotóxicos* *Teratogênicos* Parestesias Encefalopatia Ataxia Retardo mental Disartria Convulsões, surdez Cegueira Paralisia cerebral
Outros comp. Hg	Ar	*Psíquicos:* insônia, irritabilidade, excitabilidade, dor de cabeça *Neurológicos:* tremores, fadiga *Outros:* fadiga, dermatite, distúrbios de comportamento
Compostos de chumbo	Água, ar, solo e alimentos (produtos agrícolas e pescado)	Alterações no sistema nervoso, causando delírios, paralisia e debilidade mecânica. O envenenamento por chumbo é conhecido por saturnismo.

Alguns metais pesados podem ainda causar danos reprodutivos graves e efeitos carcinogênicos ao homem e a outros animais (Tabela 7).

Tabela 7 — Danos reprodutivos ocasionados pela contaminação por metais pesados

Metais Pesados	Danos Reprodutivos	Vertebrados
Mercúrio	Fetotoxicidade Infertilidade Aborto espontâneo Problemas no desenvolvimento Neurotoxicidade fetal Teratogenicidade	Homem, roedores, aves
Chumbo	Fetotoxicidade Teratogenicidade Aborto espontâneo Infertilidade	Homem, roedores, aves
Arsênico	Fetotoxicidade	Homem e roedores
Cobre, selênio Níquel, cádmio	Aborto espontâneo Teratogenicidade	Roedores e aves
Lítio	Anomalias cardíacas	Primatas

d) Fertilizantes

Os agentes contaminantes mais importantes dos corpos d'água com capacidades fertilizantes eutrofizantes são decorrentes da pecuária, armazenagem de forragem, silos de fertilizantes inorgânicos e biocidas.

Até os anos 20 predominava adubação com detritos orgânicos, produzidos na própria propriedade rural. A pecuária, hoje, ainda contribui com grandes quantidades de detritos de origem animal que chegam às águas dos diversos ambientes aquáticos, eutrofizando-os e causando todos os consecutivos danos. Acrescentam-se a estes detritos as águas de limpeza de instalações de ordenha contendo materiais de limpeza, restos de leite e matérias fecais.

Na decomposição destes compostos protéicos, o gás sulfúrico formado em elevadas concentrações é letal à fauna aquática. A contaminação das águas por ele pode ser temporária, se houver oxigênio dissolvido suficiente para oxidação do gás a enxofre e ácido sulfúrico. A amônia é muito solúvel na água e, conseqüentemente, tóxica também para a biota aquática. Nos animais terrestres causa irritação do tecido conjuntivo dos olhos e das vias respiratórias superiores. Se uma grande quantidade atingir a corrente sangüínea, ocorrem lesões nas células nervosas e sangüíneas, podendo mesmo ser fatal.

Paralelamente aos problemas criados pelos detritos animais está a armazenagem de forragens que afeta águas superficiais e subterrâneas. A ensilagem é um processo de conservação dos alimentos para animais (forragens, milho, alfafa) que, empilhados em silos de diferentes tipos, são submetidos a um processo de fermentação na ausência do ar. Formam-se, então, ácidos, sobretudo o ácido lático. Os líquidos liberados dos silos apresentam um valor de DB05 muito maior que as águas dos esgotos urbanos. Conseqüentemente, são perigosos, se atingirem as águas superficiais ou subterrâneas.

O acelerado crescimento demográfico levou a uma pecuária e agricultura intensivas. Para se obter, anualmente, colheitas com o máximo de rendimento, é necessário devolver ao solo os nutrientes subtraídos pelos vegetais. O *déficit* de substâncias inorgânicas é sanado, hoje, com adubos inorgânicos (fertilizantes), empregados, sobretudo, para a formação de húmus e para melhorar a consistência dos solos.

A atuação do nitrato e do fósforo no solo, assim como da maioria dos fertilizantes, vai depender de suas solubilidades na água. Assim, quanto maior for a solubilidade, mais facilmente poderão ser carreados pelas águas pluviais. A remoção do fertilizante é retardada pela capacidade de retenção e crescente força de absorção do solo. Períodos longos de estiagem prolongam o tempo de permanência do fertilizante no solo, bem como da ação dos microorganismos que fixam parte desses nutrientes ao solo.

A cobertura vegetal tem, por outro lado, grande influência na permanência dos fertilizantes no solo. Em campos não cultivados, a quantidade de nitratos removida é de 10 a 20 vezes superior à de campos com cultivo permanente. Uma boa aeração acelera o processo de mineralização do nitrogênio orgânico, contribuindo, assim, para uma perda maior de nitrogênio inorgânico, principalmente em solos que não estejam em uso.

A remoção de fosfatos do solo, embora seja quantitativamente pequena, quando comparada à do nitrato, constitui o principal fator eutrofizante encontrado nos fertilizantes, pois representa na água um elemento quase sempre deficitário para os organismos. Os compostos nitrogenados também contribuem para a eutrofização. Concentrações acima dos valores permissíveis previstos na legislação provocam no ser humano adulto diarréia e dores de cabeça, entre outros sintomas.

e) Biocidas

A aplicação adequada de fertilizantes não proporciona, por si só, uma melhoria no rendimento ou no crescimento constante da produção agrícola. Torna-se necessária uma proteção geral das plantas contra insetos, espécies vegetais invasoras e fungos. Existe, para isto, um verdadeiro arsenal de inseticidas, fungicidas e herbicidas, que se enquadram entre os biocidas.

O campo de aplicação mais amplo dos biocidas é, sem dúvida, o da proteção a plantações contra os organismos que as atacam.

O uso contínuo de biocidas de prolongada atividade (compostos de Hg e organoclorados) pode ocasionar o seu acúmulo no solo, podendo eventualmente afetar, ou mesmo exterminar, organismos ecologicamente importantes no equilíbrio dos ambientes atingidos. Finalmente, a chuva pode carrear os biocidas para as águas superficiais e subterrâneas. O risco de contaminação destas últimas é particularmente acentuado quando o solo, ainda não semeado, é tratado diretamente com certos biocidas para exterminar organismos resistentes e indesejáveis (Tabela 8).

Tabela 8 — Degradação e contaminação ambiental pelo uso de biocidas

Biocidas	Degradação ambiental	Contaminação humana, de animais vertebrados e vegetais
Defensivos agrícolas: herbicidas, inseticidas, fungicidas	Os produtos químicos empregados na agricultura contaminam as águas de corpos receptores, pela ação de enxurradas. Os biocidas organoclorados e os compostos de chumbo e mercúrio se acumulam como contaminantes persistentes do solo e introduzem metais pesados aos alimentos de origem vegetal.	Atuam no sistema nervoso, provocam tremores musculares, lesões cutâneas e reprodutivas em animais e no homem. Inibem o crescimento vegetal e esterilizam o solo.

Qualquer forma de aplicação de biocida é acompanhada de perigo de absorção ou ingestão pelo homem ou animais, visto haver uma propagação pelo ambiente. Este fato é problemático, sobretudo quando não são eliminados imediatamente após a ingestão e vão se acumulando no organismo.

A velocidade de degradação dos biocidas no solo, no ar e nos vegetais depende, sobretudo, das condições ambientais, população bacteriana, luz ultravioleta, temperatura e umidade. Não se conhece plenamente o comportamento dos biocidas durante sua degradação. Este problema torna-se agudo com a sua aplicação em alimentos vegetais armazenados, para se evitar o ataque de pragas. Se na decomposição se formarem compostos orgânicos, estes deverão ser não-tóxicos e facilmente eliminados do organismo. Porém, justamente nos aspectos referentes à degradação dos biocidas, assim como no comportamento fisiológico dos produtos obtidos, o conhecimento é ainda insuficiente. Sabe-se que não se formam, apenas, produtos inofensivos, ocorrendo, ainda, a formação de compostos bastante tóxicos.

Grande parte dos biocidas usados atualmente têm atividades tão pouco específicas sobre os organismos a combater que concentrações maiores podem causar danos ao homem ou aos animais domésticos.

Inseticidas. Praticamente a totalidade dos inseticidas desenvolvidos nos últimos 40 anos atua sobre o sistema nervoso central. Eles apresentam, normalmente, os mesmos efeitos no homem e em outros mamíferos, com diferentes intensidades. A seleção natural exerce uma forte pressão sobre as populações de insetos expostas aos inseticidas, o que leva a resistência ao produto.

Os polibromados (PCB's) apresentam, como os organoclorados, longa persistência no ambiente, sendo transferidos e concentrados ao longo das cadeias alimentares, provocando efeitos deletérios estruturais e fisiológicos nos diversos organismos. Nos seres humanos, não têm demonstrado toxicidade imediata, fora alguns neurológicos brandos.

Quanto aos inseticidas organofosforados, a maioria destes é utilizada em fumigações e eles são muito tóxicos ao homem e a outros vertebrados, agindo do mesmo modo sobre todos os sistemas nervosos. Sua ação contra os insetos sugadores e mordedores indesejáveis ocorre pela absorção de inseticida e sua permanência na seiva dos vegetais a serem protegidos.

A indústria desempenha importante papel na poluição dos ambientes aquáticos por compostos organoclorados. Ao longo dos rios ou em áreas costeiras, as indústrias não se abstêm de verter seus afluentes não-depurados, comprometendo toda a produtividade biológica e, conseqüentemente, pesqueira. Por outro lado, a lixiviação das terras de cultivo conduz aos oceanos as águas contaminadas por biocidas presentes nos ecossistemas continentais.

Outra modalidade de contaminação ambiental por substâncias organoalogenadas está ligada a seu transporte atmosférico seguido de intercâmbios com o oceano, quando das precipitações. O efeito da dispersão das substâncias organocloradas é sentido também em ilhas ou zonas muito isoladas ou longínquas, onde estes inseticidas são difundidos acidental ou voluntariamente. Mesmo os organoclorados menos voláteis passam à atmosfera uns 50% no momento da aplicação.

A incineração do lixo doméstico desempenha, também, um papel significativo, transmitindo para o ar os BPCs contidos nos diversos materiais plásticos incinerados. A maior parte dos seres vivos do meio oceânico contém traços detectáveis de inseticidas organoclorados e de BPCs. São evidentemente as espécies que habitam os sistemas marinhos que apresentam um nível significativamente alto de contaminação. Dependendo da concentração, estes inseticidas podem ser fatais para toda a flora e fauna marinhas.

O fitoplâncton apresenta uma grande sensibilidade a estas substâncias, constatando-se a diminuição da atividade fotossintética. Quanto ao zooplâncton, trabalhos realizados com copépodes calanóideos têm demonstrado alterações no seu desenvolvimento. Concentrações na ordem de 1ppm são fatais para a totalidade das larvas aquáticas, como também para alevinos. São relatadas, também, na literatura internacional, diversas alterações no desenvolvimento de crustáceos e moluscos adultos. Ressaltam-se as graves desordens fisiológicas em aves marinhas ictiófagas quando contaminadas por inseticidas.

Herbicidas. Na produção mundial de biocidas, os herbicidas ocupam uma faixa de 40%. Os vegetais são afetados pelos herbicidas no que diz respeito à inibição de suas atividades fotossintéticas. O perigo torna-se maior quando se usam diversos herbicidas, os quais, aplicados em doses excessivas, destroem, além das espécies invasoras, outros vegetais, inclusive a cultura a ser protegida. Sob chuvas fortes, os herbicidas penetram no solo mais profundamente do que o normal, agindo então mais sobre as raízes dos vegetais cultivados do que propriamente nas espécies invasoras. Nos homens e em outros animais, a sua atividade tóxica manifesta-se no fígado, nos rins e nos pulmões, além de poderem ocorrer lesões de pele e mucosas e tremores musculares associados à hipertermia. Alguns dos organismos que participam da degradação de partículas orgânicas junto ao solo, como as minhocas, ácaros e colêmbolos, mostram-se também muito sensíveis à maioria dos biocidas.

Fungicidas. Os fungicidas atuam sobre bactérias e fungos do solo, sendo usados com freqüência no tratamento de sementes. No homem e em outros animais podem provocar lesões graves de contato (metilmercúrio e fenil-mercúrio) e alguns têm ação cancerígena (etileno-bisditiocarbonato).

f) Substâncias tensoativas

Os detergentes comerciais são compostos por um tensoativo de síntese denominado produto de base, adjuvantes, que são freqüentemente sais alcalinos reforçadores que aumentam o poder espumante, e aditivos, como os elementos branqueadores, anti-sépticos, corantes, além dos produtos de carga destinados a melhorar a apresentação.

O produto de base ou produto tensoativo não participa, senão excepcionalmente, em mais de 30% da preparação comercial, e os adjuvantes (silício, calcita) podem constituir até 95% do peso seco de alguns produtos de limpeza.

O agente tensoativo, constante e primordial, está caracterizado pelo poder de molhar, fazer espuma, emulsionar, solubilizar, cujo resultado é a ação detergente. Devido a estas propriedades, o agente tensoativo poderá, depois de ter sido utilizado e derramado, acumular-se em todos os materiais transportados pelas águas e/ou permanecer em solução. O mais usado é o sabão, que se encontra cada vez mais escasso e, em determinados casos, em vias de eliminação, devido aos detergentes modernos.

De uma forma geral, se a biodegradação alcança o nível fixado pela legislação nacional, ainda deixa uma fração considerável do produto intacta. Além disso, a lenta degradação faz com que estes produtos não degradados, sobretudo os derramados nas proximidades das áreas costeiras, possam permanecer em contato com a fauna e flora locais, durante muito tempo.

Estes agentes são deliberadamente lançados ao mar e usados no controle de petróleo acidentalmente derramado. Porém, o seu maior perigo está nos lançamentos crônicos e crescentes nos diversos corpos d'água, provenientes dos esgotos domésticos e industriais.

A temperatura mais elevada das águas continentais desempenha uma função de freio à mistura das águas poluídas com as do mar: as primeiras, mais leves, mantêm-se na superfície, ficando muito mais diretamente submetidas à influência dos ventos e das correntes. Disto resulta grande heterogeneidade na distribuição dos detergentes no mar.

Os ventos desempenham, também, um papel importante na dispersão superficial, visto que a mais de 3km da costa têm-se constatado valores acima do permitido por lei nacional. A dispersão é atribuída a alguns mecanismos complexos (arraste por correnteza de fundo e sedimentação).

Admite-se que os detergentes catiônicos são os mais tóxicos, seguidos dos iônicos, e os aniônicos seriam os menos tóxicos. A diversidade dos detergentes determina uma grande variedade quanto aos aspectos toxicológicos observados em testes com espécies da fauna e flora aquáticas.

A influência destes agentes sobre os intercâmbios celulares, a nível de membranas, tem sido imensamente relatada na literatura internacional, assim como têm sido relatadas as numerosas alterações da atividade respiratória da fauna aquática. Observaram-se, também, bloqueios na sensibilidade quimiorreceptora de moluscos, crustáceos e peixes. Quanto à ação a longo prazo dos detergentes (efeitos subletais), têm sido estudadas alterações nas taxas de crescimento e no desenvolvimento de larvas de inúmeras espécies do plâncton e dos bentos, bem como reações fisiológicas adversas, tais como inibição de atividades de fuga e captura de alimento. Em situações agudas de poluição, todos os agentes tensoativos comprometem significativamente ovos e fases juvenis de diversos invertebrados e peixes.

g) Hidrocarbonetos

A fonte significativa de hidrocarbonetos no ambiente está ligada às atividades antrópicas poluidoras. Os produtos petrolíferos são lançados nos ambientes de forma direta e deliberada.

O petróleo bruto, tal como é extraído, é composto de um grande número de hidrocarbonetos saturados e insaturados, usados industrialmente para a obtenção de óleo combustível, gasolinas, parafinas, medicamentos, cosméticos, fibras têxteis, plásticos e uma enorme variedade de outros produtos. Desde a sua extração, passa por diversas fases: transporte, aproveitamento industrial ou consumo.

O petróleo é composto também por substâncias solúveis, como os fenóis, aldeídos, piridina, que representam outro perigo, visto serem na maioria muito tóxicos, apesar dos teores mínimos com que aparecem na composição. De uma forma geral, os estudos internacionais demonstram que os hidrocarbonetos aromáticos são os mais tóxicos ao ambiente, seguidos pelas séries oleofínicas, naftênicas e parafínicas. Dentro de cada uma das séries, as moléculas de baixo peso molecular são as mais tóxicas.

Enormes quantidades de petróleo e derivados acabam lançadas às águas todos os anos, provenientes de acidentes ou lançamentos indiscriminados e crônicos. Oriundas de acidentes com oleodutos, tipos de transporte e despejos impróprios de óleos usados em motores e máquinas industriais, atingem solos e rios. Isto afeta também as águas subterrâneas, pois 1 litro de óleo utiliza cerca de 1 milhão de litros de água, e parte deste óleo acaba alcançando o oceano. Paralelamente aos acidentes de petroleiros e oleodutos, cabe ao descuido no manuseio do petróleo e derivados a responsabilidade pela contaminação das águas. O óleo utilizado pelos navios é freqüentemente e indevidamente lançado ao mar, proveniente da limpeza rotineira, podendo ser detectado através de extensas manchas no mar.

Por ter um caráter hidrófobo, o petróleo se espalha sobre a superfície da água. Forma uma película que impede a troca de gases entre a água e o ar, eliminando toda a fauna e flora da superfície das águas contaminadas, devido ao recobrimento/asfixia e impossibilidade de realização da atividade fotossintética das espécies vegetais. Depois da evaporação dos componentes voláteis (cerca de 25% do total), os componentes menos voláteis do petróleo permanecem flutuando na superfície das águas como uma massa viscosa. Essa massa pode conter fenóis e outros componentes tóxicos aos organismos aquáticos, comprometendo toda a cadeia trófica das áreas atingidas, conforme relatos de inúmeras pesquisas nacionais e internacionais.

Se não houver interferência, o óleo incorpora gotículas de água formando emulsões, espessas *mousses*, que constituem o principal componente do piche encontrado nas praias. Neste processo, uma parte destes resíduos afunda depois de oxidada pelo ar, outra parte vai desaparecendo lentamente, degradada por ação bacteriana.

Finas emulsões estáveis permanecem durante vários dias, seja sob o efeito de uma violenta agitação natural ou por adição de produtos tensoativos. Com relação ao fenômeno de dispersão, provocado por estes detergentes, pode-se mencionar que, por um lado, favorece, a longo prazo, a degradação biológica ou fotoquímica, e, por outro, contribui para aumentar consideravelmente a toxicidade dos produtos derivados do petróleo no ambiente.

As dispersões têm um efeito tóxico muito mais elevado que a película de óleo que permanece na superfície. Multiplicam-se o número de pequenas gotas de óleo e, conseqüentemente, as possibilidades de contato ou de ingestão pelas espécies do ambiente. Vários organismos morrem em poucas horas após o contato com detergentes; a descolonização dos costões rochosos, por exemplo, é um sinal claro deste desastre, não deixando de considerar, também, as graves conseqüências à comunidade bêntica de fundo inconsolidado, menos perceptíveis visualmente. Posteriormente, a recolonização é lenta, considerando que uma destruição maciça dessas áreas pode modificar totalmente as suas fisionomias e habitats de diversas espécies por vários anos.

Outra forma de sinergia se manifesta com hidrocarbonetos clorados, especialmente os utilizados como biocidas. Totalmente insolúveis em água, são muito solúveis em lipídios e nos produtos petrolíferos. Mesmo em doses mínimas são extremamente tóxicos para o plâncton, destacando-se ovos e larvas de inúmeras espécies de valor comercial, comprometendo as atividades pesqueiras locais e regionais. Sua acumulação nos organismos resulta numa concentração ao longo da cadeia trófica, com conseqüências deletérias bem conhecidas em predadores de último nível, como aves marinhas.

Contaminação aérea. No que diz respeito à poluição atmosférica por hidrocarbonetos, destacam-se as principais fontes emissoras: refinarias de petróleo; petroquímicas; a utilização de combustíveis, solventes e lubrificantes;

o processo de combustão em veículos automotores; a incineração de resíduos e queimas diversas, entre outras.

Os hidrocarbonetos lançados à atmosfera constituem um dos agentes químicos para a formação do *smog*, reagem na presença da luz solar e de NO_2, produzindo oxidantes na atmosfera. Causam irritação nos olhos e problemas respiratórios diversos ao ser humano, e redução da visibilidade devido à formação de névoa escura e amarelada que cobre as cidades. Estes compostos também podem ser formados por reações fotoquímicas na atmosfera.

h) Resíduos sólidos

No século XIX, com o desenvolvimento dos estudos sobre a importância do saneamento básico, abastecimento de água, tratamento e disposição dos esgotos e coleta, tratamento e destino final do lixo para a prevenção de doenças e a manutenção da saúde pública, algumas sociedades começaram a coletar o lixo e levá-lo para locais afastados.

O lixo é considerado, como todos os resíduos sólidos imprestáveis, tais como o domiciliar — restos de alimentos, plásticos, papel e papelão, vidros, latas, madeiras, entre outros — e o hospitalar, perigoso; composto não só por resíduos hospitalares, mas, também, pelos de farmácias, biotérios e laboratórios de pesquisas.

Quando o lixo não é coletado, transportado e tratado adequadamente, pode trazer problemas para a população. No Brasil, especificamente, o sistema de coleta e disposição do lixo é considerado precário.

O serviço de coleta de lixo urbano não atinge 25% da população brasileira. Nas cidades em que não há um sistema de coleta, o lixo é jogado nas ruas, nas encostas dos morros e em terrenos baldios, provocando desabamento em favelas na época das chuvas, além de causar entupimento na rede de escoamento das águas da chuva, acarretando inundações, conseqüentemente, o perigo de contaminação da população por doenças de veiculação hídrica, como a hepatite, o tifo e as doenças gastrintestinais.

A decomposição do lixo a céu aberto (lixões) produz o metano — gás altamente poluente e prejudicial à saúde humana. Essas áreas também transformam-se em criadouros de insetos e roedores, agentes transmissores de inúmeras doenças contagiosas. Esses lixões são diretamente responsáveis pela contaminação do ar, das águas e do solo. O chorume, líquido escuro e ácido, é produzido quando a água da chuva penetra no lixo em processo de decomposição e tende a contaminar as águas subterrâneas e os solos com substâncias tóxicas, tornando-os improdutivos.

Independente do método de destinação escolhido, a administração pública deve encaminhar o lixo para locais afastados das áreas industriais e agrícolas e dos reservatórios naturais de águas de abastecimento das residências próximas.

No aterro controlado, o lixo é jogado em valas que são diariamente cobertas por uma camada da terra. Esse procedimento, no entanto, pode causar danos ao ambiente, por possibilitar a contaminação dos lençóis freáticos, caso o lixo esteja disposto a menos de 15 metros de profundidade. Pode, também, contaminar as águas de abastecimento das residências próximas.

A incineração é o processo da queima dos resíduos em altas temperaturas (até 1.200ºC), para que eles sejam reduzidos a cinzas, que devem ser dispostas em aterros apropriados. Esta prática é proibida por lei em muitos estados brasileiros, por ser considerada altamente poluente, além de apresentar problemas devido aos altos custos necessários à modernização e mitigação dos impactos ao ambiente. Os aterros sanitários são considerados os mais adequados, existindo poucos no país, porém também geram algum dano. Atualmente, cresce a prática da reciclagem, que é bastante adequada do ponto de vista ambiental.

i) Poluição térmica

A indústria pesada, responsável pelo aporte de matérias-primas por via marítima, como fábricas de aço, refinarias, indústrias petroquímicas, tem sido a principal responsável pela poluição térmica. Todavia, é de proporções mínimas, visto que o volume de água usado, por cada indústria, pode ser medido em alguns metros cúbicos.

As centrais elétricas são instaladas em regiões costeiras e utilizam refrigeração por circuito de água do mar para condensar os vapores. Depois de acionadas as turbinas, usam enormes quantidades de água, na ordem de 32 a 35m³/s para 1.000Mw para uma central térmica a diesel, e na ordem de 50m³/s para centrais nucleares atuais de igual potência. O incremento da temperatura da água, ao nível do ponto de despejo, está na ordem de 10°C (por vezes um pouco superior nas centrais nucleares). Na prevenção de organismos incrustantes adicionam-se pequenas quantidades de cloro líquido, provocando certa poluição do meio marinho, devido às propriedades biocidas do cloro.

A poluição das centrais elétricas, colocando de lado o cloro, é puramente térmica. Ao contrário, nas instalações industriais os despejos contêm diversos agentes poluentes químicos (derivados de petróleo, sais de metais pesados) que atingem as águas devido à falha no sistema.

A utilização da água do mar no sistema refrigerado trouxe, para as populações marinhas costeiras, dois tipos de conseqüências: uma deriva das condições de trânsito nas instalações, afetando os organismos planctônicos contidos na água bombeada; a outra corresponde à alteração do meio receptor pelo efeito do aquecimento.

No limite das temperaturas toleradas por uma determinada espécie, o aumento da temperatura implica um aumento da intensidade metabólica. Estudos em diversas espécies e diferentes poluentes demonstram que, freqüentemente, os seres marinhos fixam maior quantidade destes agentes quando se eleva a temperatura, mostrando, sobretudo, maior sensibilidade.

Com relação às conseqüências sobre as populações aquáticas que penetram nas instalações estudadas, existem dois aspectos neste caso: um térmico, o outro mecânico. Estudos internacionais, utilizando espécies zooplanctônicas, verificaram que aproximadamente 60% dos indivíduos que atravessam a instalação saíam mortos, caindo, rapidamente, a uns 25/30m de profundidade, e 70% dos restantes morrem nos cinco dias seguintes. A atividade fotossintética seria eliminada numa taxa entre 80% e 100%, durante o trânsito pela instalação.

O fitoplânctom parece ser bastante sensível à elevação da temperatura e a produção primária diminui notadamente desde que se aproximem ou ultrapassem as temperaturas máximas anuais das águas da região impactada.

Quanto ao aspecto mecânico dos impactos causados pelas centrais térmicas, especial atenção deve ser dada às zonas estuarinas, no que se refere ao trânsito dos organismos pelos circuitos, onde a biomassa e a produtividade florística e faunística são elevadas e as conseqüências negativas podem ser graves. Os estuários e as lagunas são sede de uma grande concentração de formas juvenis de diversas espécies de peixes e crustáceos. Observou-se, também, destruição de ovos de peixes neste trânsito.

Além dos efeitos mecânicos, pode-se considerar a ação do cloro (antiincrustante) e dos efeitos sinérgicos, entre os diversos agentes poluentes, contidos na água circulante. Boa parte da energia representada pelo plâncton morto durante o trânsito não é perdida pelo ecossistema, já que os organismos mortos podem ser consumidos pelos filtrados ou degradadores e mineralizados pelos microorganismos. Tudo isto acontece com grande rapidez, devido à temperatura mais elevada.

No que acontece ao meio receptor, incluindo a influência do aumento de temperatura sobre os organismos, devem ser consideradas as conseqüências de ordem estritamente física.

A elevação de temperatura pode provocar efeitos letais e subletais (crônicos). Os efeitos letais ocorrem, a princípio, sob temperaturas relativamente elevadas e variáveis, que ocorrem nas imediações dos emissários; as subletais não provocam morte de organismo adulto. Abaixo do nível crítico, o aumento da temperatura aumenta, o que origina necessidades alimentares maiores, diferenciadas, segundo a sensibilidade de cada espécie.

Temperaturas na faixa dos 36ºC perturbam a reprodução de inúmeros organismos. Como conseqüência, temos a diminuição da produção primária, dos recursos alimentares dos herbívoros, detritivos e predadores, diminuição das fanerógamas, erosão do fundo, além do aumento da turbidez da água, o que dará origem a uma diminuição geral do potencial da produção primária.

No caso da influência dos efluentes aquecidos sobre as populações fitoplanctônicas, o perigo são os *blooms* (um fenômeno de sinergia). Sabe-se que este fenômeno ocorre, essencialmente, em zonas intertropicais, principalmente em corpos d'água com circulação deficiente, com aportes de água doce, o que, sem dúvida, é responsável por uma intensa eutrofização, acompanhada de um desequilíbrio em alguns nutrientes ou fatores de crescimento.

O aquecimento das águas costeiras, sempre poluídas por efluentes domésticos ou orgânicos, pode provocar o perigo de reproduzir as condições ideais para desencadear tal processo, caracterizado pela proliferação de certos dinoflagelados secretores de toxinas. A toxicidade dos bivalvos comestíveis e a eventual aparição de epidemias de rinofaringites e bronquites, devido à salsugem marinha que transporta a toxina até zonas habitadas, são exemplos das conseqüências negativas desses *blooms* algais.

O zooplâncton, cuja sucessão de gerações é relativamente rápida, mostra que é capaz de superar os perigos dos efluentes aquecidos na zona intertropical, uma vez que muitas espécies têm uma temperatura ideal muito próxima à temperatura letal superior.

A composição de certas populações bentônicas, em um meio receptor de poluição térmica, pode ser profundamente modificada, tanto pela introdução acidental de espécies tropicais como pelas mudanças no ciclo biológico das espécies nativas: modificações nas condições de recrutamento, modificação na competência interespecífica referente à ocupação do substrato, e dos recursos tróficos, de ciclos biológicos, entre outros.

As análises efetuadas em laboratório, sobre numerosas espécies (principalmente algas e crustáceos), têm sinalizado temperaturas letais entre 31º e 37ºC, sendo as fases juvenis as mais sensíveis.

Os efeitos da poluição térmica nos peixes apresentam características análogas às apresentadas por outros organismos marinhos: incremento na intensidade do metabolismo, com risco de originar certa subnutrição, aumento da sensibilidade, mesmo em pequenas elevações de temperatura, e alteração dos processos reprodutivos (aumento de anomalias em larvas ou expatriação a zonas inadequadas, diminuindo ou suprindo o recrutamento). Numerosas espécies de peixes apresentam possibilidades de aclimatação a temperaturas superiores ao máximo nível térmico anual de seu habitat. Essas possibilidades podem ser incrementadas pelas flutuações de temperatura.

Indivíduos de numerosas espécies são atraídos por efluentes aquecidos, salvo se a temperatura for muito elevada, como ocorre no verão. O aquecimento parece provocar em determinadas espécies alterações na tendência à formação de bancos *shoaling,* que pode ter conseqüências sobre a pressão de predação e, evidentemente, sobre os mecanismos migratórios. Isto ocorre, inclusive, em espécies exclusivamente costeiras, uma vez que o *shoaling* e a mineração são dois fenômenos estreitamente associados.

A alteração dos processos migratórios pode implicar riscos mais graves nas espécies catádromas, por exemplo, ou anádromas, constituindo uma razão complementar para impedir os despejos de águas aquecidas nos estuários.

4. BIBLIOGRAFIA

BRANCO, S. M. (1986) *Elementos de Ciências do Ambiente*. São Paulo, ASCETESB. 206p.

BRANCO, S. M. (1983) *Poluição: A morte de nossos rios*. São Paulo, ASCETESB. 166p.

BRANCO, G. M. & SZWARC, A. (1987) Programa de Controle da Poluição do Ar por Veículos Automotores no "Ambiente" — Revista CETESB de Tecnologia. São Paulo.

DERISIO, J. C. (1992) *Introdução ao Controle Ambiental*. São Paulo, CETESB. 201p.

DREW, D. (1986) *Processos Interativos Homem-Meio Ambiente*. São Paulo: DIFEL. 206p.

FELLENBERG, G. (1980) *Introdução aos Problemas de Poluição Ambiental*. São Paulo, E.P.U./Springer/EDUSP. 196p.

FREEDMAN, B. (1995) Environmental Ecology: The ecological effects of pollution, disturbance and other stresses. San Diego, Academic Press, INC. 606p.

GUERRA, A. J. T. & CUNHA, S. B. (1996) *Geomorfologia e Meio Ambiente*. Rio de Janeiro, Ed. Bertrand Brasil. 372p.

OTTAWAY, J. H. (1982) *Bioquímica da Poluição*. São Paulo, EPU/EDUSP. 74p.

SOULÉ, M. E. & WILCOX, B. A. (1995) Biologia de Conservação. Uma Perspectiva Ecológica Evolucionária (Tradução resumida). Rio de Janeiro, FIRJAN/SEBRAE/SENAI. 220p.

TOMASI, L.R. (1976) *A Degradação do Meio Ambiente*. São Paulo, Nobel.

CAPÍTULO 2

LICENCIAMENTO AMBIENTAL BRASILEIRO NO CONTEXTO DA AVALIAÇÃO DE IMPACTOS AMBIENTAIS

Anna Christina Saramago Bastos
Josimar Ribeiro de Almeida

1. INTRODUÇÃO

No final da década de 60, nos países industrializados e também em alguns países em desenvolvimento, o crescimento da conscientização do público quanto à rápida degradação ambiental e aos problemas sociais decorrentes levou as comunidades a demandar uma melhor qualidade ambiental. Assim crescia a participação pública, que passou a exigir que as questões ambientais fossem expressamente consideradas pelos governos ao aprovarem seus programas de investimento e projetos de grande e de médio portes.

No Brasil, como o instrumento da *Política Nacional do Meio Ambiente* é ferramenta essencial para o *licenciamento ambiental*, a Lei 6.938/81, em seu artigo 9º, inciso III, instituiu a avaliação de impacto ambiental. Com o desenvolvimento do sistema de licenciamento verificou-se que os órgãos ambientais, por melhor aparelhados que fossem, não teriam condições de proceder aos estudos de avaliação de impactos ambientais de certas atividades e de projetos de grande porte.

Sendo assim, foi constatada a necessidade de que estes estudos fossem sintetizados em um documento especial. Este documento-síntese foi denominado, no sistema de licenciamento de atividades poluidoras do Estado do Rio de Janeiro (*Deliberação CECA 3, de 28/12/1977*), de Relatório de Influência do Meio Ambiente — RIMA.

2. HISTÓRICO DA LEGISLAÇÃO AMBIENTAL

A realização dos *Estudos de Impacto Ambiental (EIA)* e a apresentação do respectivo *Relatório de Impacto Ambiental (RIMA)* foram, então, regulamentadas, a nível federal, pela *Resolução CONAMA 001*, de 23/01/1986. Cabe mencionar que o legislador federal aproveitou a experiência do Rio de Janeiro de licenciamento ambiental, mantendo a sigla, já consagrada, RIMA, embora ela não correspondesse ao nome oficial do documento estabelecido em âmbito nacional.

Para efeito desta resolução, considera-se *impacto ambiental* "qualquer alteração das propriedades físicas, químicas e biológicas do meio ambiente, causada por qualquer forma de matéria ou energia resultante das atividades humanas que, direta ou indiretamente, afetem: a saúde, a segurança e o bem-estar da população; as atividades sociais e econômicas; a biota; as condições estéticas e sanitárias do meio ambiente; a qualidade dos recursos ambientais" (*art. 1º*).

A referida resolução regulamentou a elaboração de Estudos de Impactos Ambientais (EIA) e respectivo Relatório de Impactos Ambientais (RIMA) para 16 categorias de projetos que possam ser instalados ou ampliados, além de estabelecer que as autoridades estaduais podem também exigir a apresentação desses documentos para outros projetos que considerem relevantes (*art. 2º*).

Para fins de licenciamento, estão obrigados aos referidos estudos o elenco de atividades constantes do artigo 2º dessa resolução:

- Estradas de rodagem com duas ou mais faixas de rolamentos;
- Ferrovias;
- Portos e terminais de minério, petróleo e produtos químicos;
- Aeroportos, conforme definidos pelo inciso I, artigo 40, do Decreto-Lei 32, de 18 de novembro de 1966;

- Oleodutos, gasodutos, minerodutos, troncos coletores e emissários de esgotos sanitários;
- Linhas de transmissão de energia elétrica acima de 230Kw;
- Obras hidráulicas para exploração de recursos hídricos tais como barragens para fins energéticos, acima de 10Mw, de saneamento ou de irrigação, retificação de cursos d'água, abertura de barras e embocaduras, transposição de bacias e diques;
- Extração de combustível fóssil (petróleo, xisto, carvão);
- Extração de minério, inclusive os da classe II, definidos no Código de Mineração;
- Aterros sanitários, processamento e destino final de resíduos tóxicos ou perigosos;
- Usinas de geração de eletricidade, qualquer que seja a fonte de energia primária, acima de 10Mw;
- Complexos e unidades industriais e agroindustriais (petroquímicos, siderúrgicos, cloroquímicos, destilarias de álcool, hulha, extração e cultivo de recursos hidrobiológicos);
- Distritos industriais e zonas estritamente industriais (ZEI);
- Exploração econômica de madeira ou de lenha, em áreas acima de 100ha ou menores, quando atingir áreas significativas em termos percentuais ou de importância ambiental;
- Projetos urbanísticos acima de 100ha, ou em áreas consideradas de relevante interesse ambiental a critério do IBAMA, ou dos órgãos municipais ou estaduais competentes;
- Qualquer atividade que utilize carvão vegetal em quantidades superiores a 10ton/dia.

Dependerá também de elaboração do EIA/RIMA, a ser submetido à aprovação pelo IBAMA, o licenciamento de atividades que, por lei, sejam de competência federal (*art. 3º*). Cabe citar o *art. 4º*, que menciona: "Os órgãos setoriais (nível estadual) do SISNAMA (Sistema Nacional do Meio Ambiente) deverão compatibilizar os processos de licenciamento com as etapas de planejamento de implantação das atividades modificadoras do ambiente."

No Estado do Rio de Janeiro em particular, a *Deliberação CECA 1078*, de 25/06/1987, estabeleceu as diretrizes para a implantação do

Estudo de Impacto Ambiental (EIA) e respectivo Relatório de Impacto Ambiental (RIMA).

No que se refere à realização dos Estudos de Impacto Ambiental e ao respectivo relatório, os regulamentos prevêem que:

- o proponente seja responsável pelos custos e despesas de realização do EIA/RIMA a serem feitos por uma equipe multidisciplinar dele independente. As medidas mitigadoras e de monitoramento de impactos também devem correr por sua conta;
- os órgãos ambientais, além de responsáveis pelo detalhamento das instruções que orientam os estudos, sejam ainda encarregados de sua análise e aprovação e da emissão da licença ambiental;
- uma vez que o licenciamento já prevê três tipos de licença obrigatória: *Licença Prévia (LP), Licença de Instalação (LI) e Licença de Operação (LO)*, que correspondem às etapas do empreendimento, haja a possibilidade de se implementar o uso dos Estudos de Impacto Ambiental desde o início, quando a localização e as tecnologias a serem utilizadas não foram ainda plenamente definidas;
- o envolvimento dos grupos sociais que possam ser afetados por uma atividade, das associações civis interessadas na defesa ambiental, ou do público em geral, ocorra nas audiências públicas previstas em lei (Lei 6.938/81, Decreto 88.351/83, Resolução CONAMA 001/86).

2.1. AIA COMO INSTRUMENTO DA POLÍTICA NACIONAL DO MEIO AMBIENTE

Existem inúmeras definições na literatura especializada do processo Avaliação de Impactos. A maioria delas é de cunho acadêmico, enfatizando aspectos técnicos. Outras dão ênfase aos componentes políticos e de gestão ambiental. Há ainda as definições legais, como a instituída no NEPA (*National Environmental Policy Act*/EUA, 1969).

É interessante mencionar, em nível de enriquecimento, algumas definições de AIA elaboradas por diversos autores e instituições consagrados internacionalmente:

"... um estudo destinado a identificar e interpretar — assim como prevenir — as conseqüências ambientais ou os efeitos que determinados projetos ou ações podem causar à saúde e ao bem-estar do homem e ao entorno, ou seja, os ecossistemas em que o homem vive e de que depende" (Bolea, 1984);

"... uma avaliação de todos os efeitos ambientais e sociais relevantes que resultariam de um projeto" (*Battele Institute,* 1978);

"... é identificar, predizer e descrever, em termos apropriados, os prós e os contras (benefícios e danos) de uma proposta de desenvolvimento. Para ser útil, a avaliação deve ser comunicada em termos compreensíveis para a comunidade e para os responsáveis pela tomada de decisão. Os prós e contras devem ser identificados com base em critérios relevantes para os países afetados" (Pnuma, 1978);

"... é uma atividade destinada a identificar e predizer o impacto sobre o ambiente biogeofísico e sobre a saúde e o bem-estar dos homens, resultantes de propostas legislativas, políticas, programas e projetos e de seus processos operacionais, e a interpretar e comunicar as informações sobre estes impactos..." (Munn, 1979).

Em suma, a avaliação de impactos ambientais é "um instrumento de política ambiental formado por um conjunto de procedimentos capaz de assegurar, desde o início do processo, que se faça um exame sistemático dos impactos ambientais de uma ação proposta (projeto, programa, plano ou política) e de suas alternativas, que os resultados sejam apresentados de forma adequada ao público e aos responsáveis pela tomada de decisao, e por eles devidamente considerados".

Estas definições identificam importantes e distintos componentes: "Um é o conceito que engloba um conjunto de procedimentos para identificar, avaliar e prevenir efeitos adversos, relacionados como conhecimento científico sobre o ambiente, a ação e suas inter-relações. O outro componente é o processo de tomada de decisão, no qual a avaliação de impactos de uma ação pode ter um importante papel que está intimamente relacionado com regras administrativas e vontade política" (Almeida *et al.*, 1994).

A Política Nacional do Meio Ambiente, instituída pela *Lei 6.938/81*, tem por objetivo a preservação, melhoria e recuperação da qualidade ambiental propícia à vida; visa a assegurar, no país, condições ao desenvolvimento sócio-econômico, aos interesses da segurança nacional e à proteção da dignidade da vida humana, atendidas as seguintes diretrizes:

- ação governamental na manutenção do equilíbrio ecológico, considerando o meio ambiente como um patrimônio público a ser necessariamente assegurado e protegido, tendo em vista o uso coletivo;
- racionalização do uso do solo, do subsolo, da água e do ar;
- planejamento e fiscalização do uso dos recursos ambientais;
- proteção dos ecossistemas, com a preservação de áreas representativas;
- controle e zoneamento das atividades potencial ou efetivamente poluidoras;
- incentivos ao estudo e à pesquisa de tecnologias orientadas para o uso racional e a proteção dos recursos ambientais;
- acompanhamento do estado da qualidade ambiental;
- recuperação de áreas degradadas;
- proteção de áreas ameaçadas de degradação;
- educação ambiental em todos os níveis de ensino, incluindo a educação da comunidade, objetivando capacitá-la para participação ativa na defesa do meio ambiente.

Para a consecução desse objetivo, a Lei 6.938/81 prevê a Avaliação de Impacto Ambiental (AIA) e uma série de outros instrumentos complementares e inter-relacionados, como, por exemplo:

- o licenciamento e a revisão de atividades efetivas ou potencialmente poluidoras que exigem a elaboração de EIA/RIMA e/ou de outros documentos técnicos, os quais constituem instrumentos básicos de implementação da AIA;
- o zoneamento ambiental, o estabelecimento de padrões de qualidade ambiental e a criação de unidades de conservação, que condicionam e orientam a elaboração de estudos de impacto ambiental e de outros documentos técnicos necessários ao licenciamento ambiental;
- os Cadastros Técnicos, os Relatórios de Qualidade Ambiental, as

penalidades disciplinares ou compensatórias, os incentivos à produção, a instalação de equipamentos e a criação ou absorção de tecnologias, voltados para a melhoria da qualidade ambiental, que facilitam ou condicionam a condução do processo de AIA em suas diferentes fases.

De acordo com a legislação, as opções políticas, os interesses sociais, e/ou mesmo a competência técnica, componentes, fatores e parâmetros ambientais devem ser definidos e considerados num estudo de impacto ambiental. A execução de uma avaliação de impactos ambientais segue, de uma maneira geral, as seguintes etapas:

- Desenvolvimento de um completo entendimento da ação proposta;
- Aquisição do conhecimento técnico do ambiente a ser afetado;
- Determinação dos possíveis impactos sobre as características ambientais, quantificando, quando possível, as mudanças;
- Apresentação dos resultados da análise de maneira tal que a ação proposta possa ser utilizada em um processo de decisão.

3. Instrução Normativa para Condução dos Estudos de Impacto Ambiental

Para a elaboração destes estudos, os respectivos órgãos licenciadores estaduais e/ou o IBAMA estabelecem em um roteiro, que geralmente é denominado de *Termo de Referência*, o conteúdo necessário ao atendimento do disposto na Resolução CONAMA 001/86 para fins de licenciamento dos projetos.

O *Termo de Referência* é o instrumento orientador para a elaboração de qualquer tipo de Estudo Ambiental (EIA/RIMA, PCA, RCA, PRAD, Plano de Monitoramento e outros).

Em alguns casos, devido às deficiências infra-estruturais e ao reduzido número de pessoal especializado, o órgão de meio ambiente solicita que o empreendedor elabore o Termo de Referência, reservando-se apenas o papel de julgá-lo e aprová-lo. Em outros casos, com a finalidade de agilizar o processo de licenciamento ambiental, o empreendedor adianta-se, apresentando já na solicitação do licenciamento a proposta de Termo de Referência.

O Termo de Referência bem elaborado é um dos passos fundamentais para que um estudo de impacto ambiental alcance a qualidade esperada.

Para que se possa atender aos respectivos Termos de Referência, o empreendedor deverá:

- Mediante observância destes documentos, utilizar quaisquer metodologias de abordagem, desde que de acordo com a literatura nacional e/ou internacional sobre o assunto;
- Submeter à apreciação do órgão licenciador as metodologias gerais e específicas de trabalho, e a serem aplicadas pela equipe responsável, em prazo a ser estipulado pelo referido órgão. Além das metodologias, deverão estar bem claras, também, as interações entre as diversas atividades e o cronograma físico de execução dos trabalhos;
- Apresentar o referido estudo em duas versões básicas: Integral, EIA [destinada à utilização do(s) referido(s) órgãos(s)] e Síntese, RIMA (destinada à consulta pública).

A condução dos estudos deverá ser feita através da abordagem do conteúdo a ser apresentado a seguir. Este poderá ser acrescido de itens considerados necessários pelo órgão ambiental, em função das necessidades específicas do projeto executivo, tendo em vista as características do empreendimento e de sua localização proposta, assim como do nível de infra-estruturas necessárias à sua implantação e operação.

Os referidos estudos deverão conter, basicamente:

- *Dimensionamento do problema a ser estudado* — Refere-se ao conhecimento da atividade a ser implantada, em função de suas características locacionais e tecnológicas, dos recursos tecnológicos e financeiros disponíveis para controlar seus efeitos, do contexto sócio-econômico, dos objetivos da política de uso e ocupação do solo, da legislação em vigor. Uma das maiores dificuldades na realização de um estudo é dimensionar o objeto a ser estudado de forma a obter os parâmetros que devem orientar sua condução

(ou seja, a escolha de métodos e estratégias adequados; a seleção das informações; a identificação de alternativas viáveis à proposta apresentada pelo empreendedor);
- *Descrição geral do empreendimento* — Identificação do empreendedor; objetivos do empreendimento; identificação do local preferencial para a instalação e justificativas do empreendimento;
- *Descrição técnica do empreendimento* — Detalhamento das tecnologias de implementação do empreendimento: na implantação e operação; alternativas tecnológicas para o empreendimento; área proposta para implantação; alternativas locacionais; insumos; descartáveis; infra-estrutura necessária para implantação e operação;
- *Planos governamentais co-localizados* — Deverá ser apresentada uma relação geral dos planos e programas governamentais que se desenvolvem ou estão propostos para a região, identificando a ação proposta pelo empreendedor com os mesmos;
- *Legislação referente aos recursos naturais, ambientais, ao uso e ocupação do solo* — Legislação ambiental atualizada aplicada ao projeto;
- *Áreas de estudo: Áreas de influência direta e indireta* — Considerando-se áreas de estudo os sistemas naturais, sociais e econômicos sujeitos aos impactos diretos e indiretos da implantação e operação do empreendimento. A delimitação dessas áreas é função das características físicas, biológicas e sócio-econômicas dos sistemas a serem estudados, das características do empreendimento, de suas ações e da forma de dispersão de seus descartáveis, incluindo-se os locais suscetíveis de serem impactados acidentalmente. A delimitação da área de influência direta e indireta do projeto, plano ou programa proposto, e de suas alternativas, constitui um dos aspectos mais discutidos na realização de estudos ambientais, tanto do ponto de vista conceitual como operacional;
- *Diagnóstico ambiental dos meios físico, biótico e sócio-econômico* — Caracterização detalhada e atualizada da situação ambiental dos sistemas físicos, biológicos e sócio-econômicos das áreas de influência, previamente delimitadas, antes da implantação do projeto;
- *Identificação e avaliação dos impactos ambientais decorrentes da implantação e operação do projeto* — Os impactos deverão ser iden-

tificados e avaliados de acordo com a(s) metodologia(s) da literatura nacional e/ou internacional adotada(s) pela equipe responsável pelos estudos, incluindo prognósticos realizados nas áreas de influência e estudos quanto à viabilidade do empreendimento (ver item Metodologias de Avaliação de Impactos Ambientais). Deverão ser mencionados, também, as alterações ambientais decorrentes das diferentes alternativas locacionais previstas e os estudos dos custos ambientais e benefícios sócio-econômicos decorrentes da implantação e operação do projeto;

- *Programas e planos ambientais* — Deverão constar os programas e planos de gerenciamento/monitoramento das ações voltadas para a proteção ambiental e de minimização dos impactos negativos provocados pelas diferentes fases do empreendimento (incluindo programas para situações emergenciais e de acidentes e programas e planos estratégicos para incrementar os impactos positivos identificados);
- *Referências bibliográficas* — Deverá constar toda a bibliografia utilizada na elaboração dos estudos;
- *RIMA (Relatório de Impactos Ambientais)* — Deverá conter todas as informações técnicas descritas no EIA, em linguagem acessível ao público, ilustradas por mapas com escalas adequadas, quadros e demais técnicas de comunicação visual, de modo que as possíveis conseqüências ambientais do projeto possam ser perfeitamente compreendidas. É importante que estejam claras também, em termos de comparação, as vantagens e desvantagens das alternativas propostas, ressaltando-se a hipótese possível da não-implantação do projeto.

3.1. Estudos de Impacto Ambiental

Os estudos em questão devem desenvolver um conjunto de atividades, já descritas anteriormente, em uma certa ordem, apenas para efeito de apresentação, não implicando que se realizem necessariamente umas após as outras. De fato, algumas são interdependentes e outras se processam ao longo de todo o estudo, podendo ser aperfeiçoadas à medida que os trabalhos se desenvolvam.

Uma das primeiras atividades multidisciplinares importantes do EIA/RIMA, após as descrições do empreendimento e dos planos governamentais co-localizados, é a delimitação das áreas de influência do projeto, para que se possa dar início ao levantamento da legislação ambiental aplicada e todo o diagnóstico atualizado. Isto significa conhecer os componentes ambientais e suas interações, caracterizando, assim, a situação ambiental dessas áreas antes da implantação do projeto. O mais importante disso é que estes resultados servirão de base à execução das demais atividades.

Outra questão importante a ser comentada é a disponibilidade e organização dos dados necessários. Informações cartográficas atualizadas, em escalas adequadas, e informações de qualidade, completas e atualizadas, referentes aos meios físico, biológico e sócio-econômico, são muitas vezes difíceis de serem obtidas (principalmente quando estes dados referem-se a regiões pouco estudadas e/ou a bibliotecas e centros de informações dos órgãos/Instituições governamentais locais que não apresentam uma infra-estrutura conveniente). Pode ocorrer também a dispersão deste material em instituições diferentes e, em geral, trabalhadas e armazenadas de acordo com os objetivos específicos dessas instituições, dificultando a adaptação desses dados nos respectivos projetos a serem realizados.

Como nem sempre existe todo um conjunto de informações ideais disponíveis para a elaboração dos estudos, trabalhos de campo (inventários fotográficos, mapeamentos, coletas, aplicação de questionários e entrevistas) são exigidos para complementação dos mesmos.

Alguns componentes ambientais podem ser descritos através de dados numéricos, enquanto outros só podem ser expressos por dados qualitativos de natureza subjetiva. Isto faz com que a realização dos estudos de diagnóstico ambiental apresente dificuldades relativas à determinação das interações destes componentes. Além da dinâmica dos sistemas ambientais, os estudos devem contemplar também os problemas de variação cíclica de certos fatores.

A partir do conhecimento da proposta e suas alternativas e do diagnóstico ambiental das áreas de influência dos respectivos projetos, desenvolve-se a atividade seguinte, que consiste na identificação dos impactos que serão objeto de pesquisas mais detalhadas. Esta identificação, de maneira geral, é tarefa complexa. Isto se deve à enorme variedade de impactos e suas conseqüências, que podem vir a ser gerados pelos inúmeros tipos de projetos e ações correspondentes em diferentes sistemas ambientais.

3.2. Metodologias de Avaliação de Impactos Ambientais

As linhas metodológicas de avaliação são mecanismos estruturados para comparar, organizar e analisar informações sobre impactos ambientais de uma proposta, incluindo os meios de apresentação escrita e visual dessas informações.

Devido à diversidade de métodos de AIA existentes, onde muitos não são compatíveis com nossas condições sócio-econômicas e políticas, faz-se necessário que sejam selecionados sob nossas próprias condições, muitas vezes até adaptando-os, através de modificações e/ou revisões, para que sejam realmente úteis na tomada de decisão de um projeto. Fica, então, a critério de cada equipe técnica usuária a seleção daquele(s) método(s) mais apropriado(s), ou parte(s) dele(s), de acordo com as atividades propostas.

Desta forma, definir uma metodologia de avaliação de impactos ambientais consiste em definir os procedimentos lógicos, técnicos e operacionais capazes de permitir que o processo, antes referido, seja completado.

De acordo com os estudos analíticos de metodologias de AIA propostos nacional e internacionalmente, é de fundamental importância a incorporação de um conjunto de critérios básicos por parte dos atuais métodos de análise, tais como: integração dos aspectos físicos, biológicos e sócio-econômicos; inclusão do fator tempo; utilização de indicadores que facilitem a tarefa de prospecção e setorização do território; um mecanismo que permita somar os impactos parciais para se obter o impacto total sobre o local; capacidade de extrapolação e arquivamento de dados para aplicação em outras áreas a serem estudadas; aplicação em diferentes escalas, e participação pública nas tomadas de decisões. Todos estes critérios tentam tornar cada vez mais eficazes a avaliação e a interpretação do ambiente, permitindo a conseqüente análise de viabilidade e identificação de possíveis alternativas para a prevenção, recuperação e/ou reconstituição ambiental.

Existem, basicamente, as distintas linhas metodológicas desenvolvidas para a avaliação de impactos ambientais: Metodologias espontâneas (*Ad hoc*); Listagens (*Check-list*); Matrizes de interações; Redes de interações (*Networks*); Metodologias quantitativas; Modelos de simulação; Mapas de superposição (*Overlays*); Projeção de cenários, entre outras.

A necessidade de análises e avaliações abrangentes dos impactos gerados por projetos, planos, programas e políticas torna-se cada vez mais consolidada. Assim, os procedimentos para AIA desenvolvidos nos últimos tempos foram e são, em todo mundo, resultados desse tipo de necessidade.

Como já foi mencionado anteriormente, não existe uma metodologia completa e ideal que atenda a todos os diferentes Estudos de Impacto Ambiental e suas respectivas fases. A seleção da(s) mais apropriada(s), além de atender aos requisitos e normas legais estabelecidos para a execução dos estudos, é função do tempo e dos recursos financeiros disponíveis e, em alguns casos, dos dados existentes. Entretanto, é importante selecionar metodologias na medida em que seus princípios possam ser utilizados ou adaptados às condições específicas de cada estudo ambiental e de cada realidade local e nacional.

• Metodologias Espontâneas (*Ad Hoc*)

São métodos baseados no conhecimento empírico de *experts* do assunto e/ou da área em questão.

Estas metodologias, se utilizadas isoladamente, deverão desenvolver a avaliação de impactos ambientais de forma simples, objetiva e de maneira dissertativa. São adequadas para casos com escassez de dados, fornecendo orientação para outras avaliações.

Apresentam como vantagem uma estimativa rápida da avaliação de impactos de forma organizada, facilmente compreensível pelo público. Porém, não realizam um exame mais detalhado das intervenções e variáveis ambientais envolvidas, geralmente considerando-as de forma bastante subjetiva, qualitativa e pouco quantitativa.

• Metodologia de Listagem (*Check-List*)

Numa fase inicial, a listagem representa um dos métodos mais utilizados em AIA. Consiste na identificação e enumeração dos impactos, a partir da diagnose ambiental realizada por especialistas dos meios físico, biótico e sócio-econômico. Os especialistas deverão relacionar os impactos decorrentes das fases de implantação e operação do empreendimento, categorizando-os em positivos ou negativos, conforme o tipo da modificação antrópica que esteja sendo introduzida no sistema analisado.

Às vezes, tal metodologia pode ser apresentada sob forma de questionário a ser preenchido, para direcionar a avaliação a ser realizada. Esta linha metodológica apresenta como vantagem seu emprego imediato na avaliação qualitativa de impactos mais relevantes. Entretanto, por não considerar relações de causa/efeito entre os impactos (seqüência de alterações desencadeadas a partir de uma ação impactante), é apenas adequada em avaliações preliminares. Pode, de forma limitada, incorporar escalas de valores e ponderações.

• Matrizes de Interações

As matrizes tiveram início como uma tentativa de suprir as deficiências das listagens *(check-list)*. Uma das mais difundidas nacional e internacionalmente foi a *Matriz de Leopold (Leopold, 1971)*. Esta matriz foi projetada para avaliação de impactos associados a quase todos os tipos de implantação de projetos.

Completa, uma matriz considera 100 ações que podem causar impacto, representadas por colunas, e 88 características e condições ambientais que podem ser impactadas, representadas por linhas. Nas quadrículas (8.800) assim formadas, os analistas devem inscrever universos que representem a magnitude e intensidade dos impactos identificados, resultando em 17.600 números. O problema é que, deste modo, apenas algumas ações, características e condições ambientais serão consideradas para cada projeto. Será necessário preparar uma matriz para cada alternativa a ser analisada e para cada período de tempo a ser considerado.

Baseados na matriz de Leopold, as matrizes atuais correspondem a uma listagem bidimensional para identificação de impactos, permitindo, ainda, a atribuição de valores de magnitude e importância para cada tipo de impacto. Os impactos positivos e negativos de cada meio (físico, biótico e sócio-econômico) são alocados no eixo vertical da matriz, de acordo com a fase em que se encontrar o empreendimento (implantação e/ou operação), e com as áreas de influência (direta e/ou indireta), sendo que alguns impactos podem ser alocados, tanto nas fases de implantação e/ou operação, como nas áreas direta e/ou indireta do projeto, com valores diferentes para alguns de seus atributos respectivamente. Cada impacto é, então, alocado na matriz por meio (biótico, antrópico e físico), e cada um contém subsistemas distintos no eixo vertical, sobre o qual os impactos são avaliados nominal e ordinalmente, de acordo com seus atributos.

Os atributos de impacto, com suas escalas nominal (atribuindo qualificações, por exemplo, alto, médio e baixo) e ordinal (atribuindo uma ordenação hierarquizadora — por exemplo, primeiro, segundo e terceiro graus), possibilitam uma melhora da análise quantitativa, como destaca-se a seguir (Almeida *et al.*, 1994):

a) Tipo de ação — primária, secundária e enésima; definidas respectivamente como uma simples relação de causa e efeito — como reação secundária em relação à ação, quando faz parte de uma cadeia de reações, ou como uma relação enésima em relação à ação.

b) Ignição — imediata, médio prazo e longo prazo; definidas como imediata quando o efeito surge simultaneamente com a ocorrência da ação; e, quando o efeito se manifesta com certa defasagem de tempo em relação à ação, esta variação é considerada como de médio ou longo prazo.

c) Sinergia e criticidade — alta, média e baixa; definidas como o nível de interatividade entre os fatores, de modo a aumentar o poder de modificação do impacto.

d) Extensão — maior, igual ou menor do que a bacia hidrográfica; definidas respectivamente quando o impacto sobre o subsistema abrange uma área maior, igual ou menor do que a bacia hidrográfica em questão.

e) Periodicidade — permanente, variável e temporária; definidas respectivamente quando os efeitos não cessam de se manifestar enquanto durar a ação, ou quando não se tem conhecimento preciso de quanto tempo vai durar um determinado efeito e, ainda, quando o efeito tem duração limitada.

f) Intensidade — alta, média e baixa; definidas pela quantificação da ação impactante.

Os estados nominais e ordinais dos atributos são utilizados para determinação da magnitude e importância dos impactos, sendo a magnitude, segundo Bisset (1986), definida como a medida de gravidade de alteração do valor de um parâmetro ambiental. Dessa maneira, a magnitude é a soma dos valores determinados para os atributos extensão, periodicidade e intensidade. Já a importância do impacto, segundo Bisset (1986), é a medida de significância de um impacto. Logo, a importância é o resultado da soma dos valores de magnitude e dos atributos de ação, ignição e criticidade.

Os componentes de cada fase do empreendimento e por área de influência apresentam também uma magnitude e importância médias de impactos positivos e negativos que são calculados. Finalmente, a magnitude por meio (físico, biótico e antrópico, ou sócio-econômico) é a média das magnitudes totais, e a importância dos impactos em cada meio é representada pela média das importâncias totais de cada subsistema ambiental.

O método permite uma fácil compreensão dos resultados; aborda fatores biofísicos e sociais; acomoda dados qualitativos e quantitativos, além de fornecer boa orientação para o prosseguimento dos estudos e introduzir multidisciplinaridade.

Com relação às desvantagens, principalmente no que tange à Matriz de Leopold, a dupla contagem, devido ao grande número de fatores x ações, é bastante negativa. Pode-se também observar que as variáveis tempo e outros atributos de impacto não são considerados, bem como as áreas de influência do projeto. Outra questão é que não há identificação de impactos secundários e de demais ordens e, para os impactos primários identificados, a valoração quantitativa que é realizada apresenta caráter subjetivo, havendo necessidade de um texto explicativo. Atualmente, as matrizes estão cada vez mais sendo modificadas e aprimoradas para reduzir ao máximo essas desvantagens, devidas ao grande interesse de seus usuários, que vêem neste método facilidade, praticidade e eficiência numa determinada fase dos estudos.

• Redes de Interações (*Networks*)

Esta metodologia procura estabelecer a seqüência de impactos ambientais a partir de uma determinada intervenção, utilizando método gráfico. A rede mais difundida e conhecida é a de *Sorensen* (1974). Segundo Bolea (1984), existem outros sistemas de redes, como o método *CNYRPAB* (utilizado com freqüência nos EUA), o *Bereano* (no Alasca) e considerações do Banco Mundial sobre redes de interações modificadas, como muitas utilizadas no Brasil.

As redes têm por objetivo as relações de precedência entre ações praticadas pelo empreendimento e os conseqüentes impactos de primeira e demais ordens. Apresentam como vantagens o fato de permitirem uma boa visualização de impactos secundários e demais ordens, principalmente quando computadorizadas, e a possibilidade de introdução de parâmetros probabilísticos, mostrando tendências.

Visam também a orientar as medidas a serem propostas para o gerenciamento dos impactos identificados, isto é, recomendar medidas mitigadoras que possam ser aplicadas já no momento de efetivação das ações causadas pelo empreendimento e propor programas de manejo, monitoramento e controle ambientais.

Há necessidade de se elaborar uma rede para cada uma das alternativas a serem consideradas e para as diversas fases do empreendimento. As principais desvantagens das redes dizem respeito à extensão das mesmas, muitas vezes provocando a não-distinção de impactos de curto e longo prazos; não especificam valores; a carência de informações dificulta muito a sua elaboração. No que tange especificamente a de Sorensen, assinala apenas impactos negativos e, sendo utilizada isoladamente, é um mero método de identificação de impactos.

• Metodologias Quantitativas

Os métodos quantitativos pretendem associar valores às considerações qualitativas que possam ser formuladas quando da avaliação de impactos de um projeto. Um dos métodos quantitativos mais importantes foi o apresentado pelo *Batelle Columbus Laboratories,* em 1972, para o *US Bureau of Reclamation.*

O método utiliza, basicamente, indicadores de qualidade ambiental expressos por gráficos que relacionam o estado de determinados compartimentos ou segmentos ambientais a um estado de qualidade variando de 0 a 1. Os indicadores são denominados como parâmetros, oferecendo 71 gráficos de qualidade ambiental a eles relacionados. Utiliza ainda um peso relativo para cada fator, comparando-os sob um julgamento subjetivo. Por fim estipula, para cada parâmetro considerado, uma unidade de impacto, obtido pelo produto do índice de qualidade ambiental e do peso relativo do parâmetro considerado. A diferença, entre o referido produto e o peso relativo do parâmetro considerado na fase anterior ao empreendimento e o produto verificado em cada fase do empreendimento (implantação e operação), determina os impactos que poderão ser gerados pelo projeto.

O método Batelle apresenta a vantagem de suprir os analistas com boas informações para caracterizar uma dada situação ambiental, com termos de previsão dos impactos que possam ser gerados. A subjetividade do método pode ser diminuída pelo uso de *técnicas Delphi*, utilizando equipes multidisciplinares.

O método requer, porém, um trabalho preparatório bastante extenso, no sentido de estabelecer gráficos para cada indicador do estado ambiental. É falho também para identificação de impactos secundários e de demais ordens.

• Modelos de Simulação

Desenvolvidos desde os anos 70, são modelos relacionados à inteligência artificial ou *modelos matemáticos*, destinados a representar tanto quanto possível o comportamento de parâmetros ambientais ou as relações e interações entre as causas e os efeitos de determinadas ações. São bastante úteis em projetos de usos múltiplos e podem ser utilizados mesmo após o início de operação de um projeto.

São, assim, capazes de processar variáveis qualitativas e quantitativas e incorporar medidas de magnitude e importância de impactos ambientais. Podem se adaptar a diferentes processos de decisão e facilitar o envolvimento de vários participantes no referido processo. Requerem pessoal técnico e experiente, bem como exigem programas e emprego de equipamentos apropriados e dispendiosos.

Porém, observam-se, por vezes, dificuldades quanto à comunicação e conseqüente entendimento do público, gerando imperfeições para futuras decisões. Destaca-se também a existência de limite do número de variáveis a serem estudadas, exigindo qualidade de dados para "alimentar" os modelos.

- Mapas de Superposição (*Overlay Mapping*)

As técnicas cartográficas são utilizadas na localização/extensão de impactos, na determinação de aptidão e uso de solos, na resolução de áreas de relevante interesse ecológico, cultural, arqueológico, sócio-econômico; logo, em zoneamentos e gerenciamentos ambientais. Perfeitamente adaptável a diagnósticos e avaliações ambientais, tal metodologia consiste na confecção de uma série de cartas temáticas, uma para cada compartimento ambiental. Estes mapas desenhados em material transparente, quando sobrepostos, orientam os estudos em questão. Estas cartas se interagem para produzir a síntese da situação ambiental de uma área geográfica, podendo ser elaboradas de acordo com os conceitos de vulnerabilidade ou potencialidade dos recursos ambientais (segundo se desejem obter cartas de restrição ou de aptidão do solo). Ressalte-se a utilidade desta metodologia para a localização, conflitos de uso e outras questões de dimensão espacial, como a comparação entre alternativas a serem analisadas num Estudo de Impacto Ambiental de um determinado empreendimento.

Embora favoreça a representação visual, este tipo de metodologia omite impactos cujos indicadores não podem ser especializados. Porém, nada impede de ela ser utilizada como complementação de uma outra metodologia de AIA. Destacam-se os métodos de Mac Harg, Tricart, Sistema de Planificação Ecológica de Falque (Bolea, 1984), Sistemas de Informações Geoambientais (Argento & Marques, 1988), entre outros.

- Projeção de Cenários

O método de Projeção de Cenários baseia-se na análise de situações ambientais prováveis em termos da evolução de um ambiente (cada situação corresponde a um cenário) e/ou de situações hipotéticas, referentes a situações diferenciadas geradas por proposição de alternativas de projetos e programas.

Tem por objetivo orientar as autoridades governamentais no cumprimento de suas metas de longo prazo, através de indicadores de tendências prováveis. As variáveis a serem analisadas terão maior ou menor grau de influência na determinação dos estados futuros dos sistemas ambientais. Os cenários surgem a partir da ação contínua do(s) planejador(es) e do ambiente a ser estudado, incluídos aí fatores naturais e de externalidades.

Segundo Ávila & Santos (1989), os cenários podem ser classificados em três categorias:

a) *Cenários evolutivos e antecipatórios* — Os primeiros descrevem as trajetórias do sistema em estudo, desde o presente até um horizonte dado, procurando ver as conseqüências de decisões tomadas hoje e no futuro próximo. Já os cenários antecipatórios descrevem um estado futuro do sistema, omitindo considerações de como chegar lá.

b) *Cenários tendenciais e cenários alternativos* — A distinção entre tendências e alternativas está no escopo da análise. Nos cenários tendenciais, políticas e situações não diferem radicalmente das tradicionais; para alternativos, no entanto, procura-se investigar possibilidades estruturalmente distintas daquelas.

c) *Cenários exploratórios e cenários normativos* — Os cenários exploratórios procuram, para uma dada situação, analisar as conseqüências de várias políticas escolhidas *a priori* ou de maneira interativa; ao contrário, os normativos estabelecem as conseqüências desejadas e procuram determinar, para cada situação, que políticas permitem atingir a meta desejada.

Existem várias outras propostas de classificação de cenários, mas em geral os conceitos se repetem, a partir das definições básicas.

Na construção de cenários, os referidos autores apontam como primeira etapa a construção de uma base, ou seja, a imagem do estado atual do sistema a partir da qual o estudo prospectivo pode se desenvolver. Quando este método é adaptado para os Estudos de Impacto Ambiental, o que ocorre é a elaboração de alguns tipos básicos de cenários: os cenários das alterações ambientais com e sem a implantação e/ou operação do empreendimento em questão e as alternativas construtivas do referido projeto.

Construída a base, inicia-se a parte prospectiva propriamente dita, onde os autores mencionados sugerem as seguintes etapas:

a) Definir os propósitos dos cenários e organizar a equipe que os desenvolverá;

b) Levantar dados que possam auxiliar na montagem dos mesmos;

c) Listar todos os fatores relevantes a princípio para o estudo;

d) Selecionar também aqueles que serão abordados especificamente nos cenários alternativos;

e) Definir a situação atual em termos de fatores selecionados, abordando todas as suas interações;

f) Preparar cenários alternativos, em versão preliminar;

g) Verificar a consistência, transparência e amplitude dos cenários elaborados;

h) Modificar os cenários, caso seja diagnosticada alguma falha, e preparar sua versão final.

A rigor, tentar prever qual será o cenário futuro que efetivamente irá ocorrer parece demasiadamente pretensioso. Na realidade, o método conduz aos cenários ditos mais prováveis, servindo como ferramenta para a absorção de pontos de vista diferentes, estimulando o desenvolvimento de um sistema estruturado para monitorar tendências e eventos importantes. Igualmente, é imperativo que o número de estados futuros do sistema seja limitado, facilitando o posicionamento do tomador de decisões e a compreensão dos reais impactos de suas atitudes. Ressalta-se, ainda, o valor da experiência profissional dos técnicos que utilizam a projeção de cenários nas suas avaliações ambientais, contribuindo bastante para reduzir o risco de se implementarem políticas inadequadas.

Uma dificuldade que o uso de cenários apresenta é a necessidade de filtrar apenas as hipóteses plausíveis, o que exige o estabelecimento arbitrário de grande quantidade de coeficiente de impacto entre os eventos e as variáveis e políticas consideradas, normalmente condicionadas a probabilidades ou níveis de coerência.

3.3. Procedimentos para Monitoramento dos Impactos Ambientais

Os procedimentos que vêm sendo adotados pelos órgãos de meio ambiente são:

- recebimento dos Relatórios de Monitoramento Ambiental elaborados pelo empreendedor, em atendimento ao determinado em cada tipo de licença ambiental;

- análise dos Relatórios de Monitoramento Ambiental, realizando, em alguns casos, vistoria no local do empreendimento para verificar a veracidade das informações repassadas pelo empreendedor;
- emissão de parecer técnico abordando, basicamente: a necessidade de aumentar a eficiência das técnicas de controle ambiental adotadas; a necessidade de aperfeiçoamento dos métodos de coleta e análise; e de relocalização dos pontos de amostragem;
- alterações no conjunto dos indicadores monitorados;
- comunicação formal ao empreendedor das conclusões do parecer técnico sobre cada Relatório de Monitoramento Ambiental recebido, aplicando penalidades previstas em lei, se verificadas irregularidades.

Para realizar o acompanhamento e monitoramento ambiental da execução, pelo empreendedor, do programa de acompanhamento e monitoramento dos impactos positivos e negativos, os órgãos de meio ambiente têm encontrado as seguintes dificuldades: falta de pessoal qualificado para análise dos relatórios de monitoramento elaborados pelo empreendedor, vistorias técnicas mais produtivas e elaboração de pareceres técnicos, provocando atraso nas tomadas de decisão; falta de articulação interna no sentido de utilizar as informações produzidas pontualmente pela fiscalização, no processo contínuo de acompanhamento e monitoramento ambiental exercido pelos órgãos sobre o empreendimento, falta de conhecimento do conteúdo e respectivo embasamento técnico dos programas de acompanhamento e monitoramento dos impactos ambientais aprovados no EIA/RIMA ou em outros documentos técnicos semelhantes e falta de conhecimento da legislação referente ao controle.

4. Licenciamento Ambiental

A licença ambiental é um dos instrumentos exigidos para a implantação de atividades causadoras de impactos ambientais. Trata-se de um instrumento prévio de controle ambiental para o exercício legal de atividades modificadoras do meio ambiente, dentre as quais se incluem aquelas listadas nas Resoluções CONAMA 001/86, 011/86, 006/87, 006/88, 009/90 e 010/90.

Essas atividades são licenciadas pela OEMA ou pelo IBAMA, em caráter supletivo ou para aquelas atividades que, por lei, sejam de competência federal.

Atualmente, o órgão ambiental licenciador tem na legislação ambiental sua principal ferramenta para orientar o empreendedor quanto às exigências a serem cumpridas para obtenção do licenciamento ambiental.

O licenciamento ambiental é composto por 3 (três) tipos de licença: a Licença Prévia (LP), a Licença de Instalação (LI) e a Licença de Operação (LO).

• Licença Prévia (LP)

Concedida na fase preliminar do planejamento da atividade, contém requisitos básicos a serem atendidos nas fases de localização, instalação e operação, observados os planos municipais, estaduais ou federais de uso do solo.

Sua emissão ocorre após a aprovação do Estudo de Impacto Ambiental e seu respectivo Relatório de Impacto Ambiental; é um instrumento indispensável para solicitação de financiamentos e obtenção de incentivos fiscais.

A finalidade da LP é estabelecer condições tais que o empreendedor possa prosseguir com a elaboração de seu projeto. Corresponde a um comprometimento por parte do empreendedor de que suas atividades serão realizadas observando os pré-requisitos estabelecidos pelo órgão de meio ambiente.

Essa licença não autoriza o início de qualquer obra ou serviço no local do empreendimento e tem prazo de validade determinado.

• Licença de Instalação (LI)

Concedida após a análise e aprovação do projeto executivo e de outros estudos (PCA, RCA, PRAD), que especificam os dispositivos de controle ambiental, de acordo com o tipo, porte, características e nível de poluição da atividade e de recuperação de áreas degradadas.

Essa licença autoriza o início da implantação do empreendimento e é concedida com prazo de validade determinado.

A concessão da Licença de Instalação para empreendimentos que impliquem desmatamento depende também da Autorização de Desmatamento, emitida pelo IBAMA ou órgão estadual florestal.

A obtenção dessa licença implica o compromisso de o empreendedor cumprir com as especificações constantes do projeto apresentado ou comunicar eventuais alterações dessas especificações.

• Licença de Operação (LO)

Concedida após a realização de vistoria e da confirmação do funcionamento dos sistemas de controle ambiental especificados nas fases anteriores do licenciamento ambiental.

Essa licença autoriza o início da operação do empreendimento e é concedida com prazo de validade e condicionantes para a continuidade da operação (p. ex., apresentação de resultados obtidos na implementação de planos de monitoramento ambiental).

A renovação da LO é concedida após a realização de nova vistoria, quando: vencido seu prazo de validade; a atividade em operação demandar ampliação de sua área de intervenção; reformulação em seu processo produtivo; alteração da natureza de seus insumos básicos, reequipamento.

O requerimento padrão LO deve ser devidamente preenchido pelo empreendedor, tendo, em anexo, os seguintes documentos:

a) cópias das publicações do requerimento de LO e da concessão de LI no *Diário Oficial da União* ou estadual e em jornal de grande circulação, de acordo com os modelos de publicação aprovados através da Resolução CONAMA 006/86;

b) recolhimento, pelo empreendedor, da taxa fixada pelo órgão de meio ambiente para a emissão de LO;

c) estudo ambiental contendo projetos executivos de minimização de impacto ambiental, para empreendimentos instalados antes da entrada em vigor da Resolução CONAMA 001/86, com vistas a seu enquadramento às exigências de licenciamento ambiental. Esse estudo é exigido, da mesma forma, para empreendimentos instalados irregularmente, após a publicação da referida resolução;

d) relatório técnico de vistoria confirmando se os sistemas de controle ambiental especificados na LI foram efetivamente instalados;

e) parecer técnico do órgão de meio ambiente sobre o pedido de LO. Contém condicionantes para continuidade da operação do empreendimento e prazo de validade da LO.

• Outros Tipos de Licença

Alguns órgãos de meio ambiente incluíram em seu sistema de licenciamento outros tipos de licenças, com vistas a adequar esse processo às suas necessidades específicas. No IBAMA, por exemplo, foi criada a Licença de Pré-Operação para a fase de teste dos equipamentos de controle de poluição, de curto prazo, concedida de acordo com as características do projeto.

Quanto a outros documentos técnicos exigidos para obtenção de licença ambiental, podem-se enumerar:

a) *Plano de Controle Ambiental* (PCA) — Resolução CONAMA 009/90 e 010/90 — Trata da exigência de apresentação do Plano de Controle Ambiental (PCA) para a obtenção da Licença de Instalação (LI) de atividades de extração mineral das classes de I a IX (Decreto-Lei 227/67), o qual conterá os projetos executivos de minimização dos impactos ambientais avaliados na fase da Licença Prévia (LP);

b) *Relatório de Controle Ambiental* (RCA) — Resolução CONAMA 010/90 — Exige a apresentação do Relatório de Controle Ambiental (RCA) para a obtenção de Licença Prévia (LP), no caso de dispensa de EIA/RIMA (art. 3º, parágrafo único), para atividade de extração mineral da classe II (Decreto-Lei 227/67);

c) *Plano de Recuperação de Áreas Degradadas* (PRA) — NBR 13030, da Associação Brasileira de Normas Técnicas — Fixa as diretrizes para a elaboração e apresentação de Planos de Recuperação de Áreas Degradadas (PRA) pelas atividades de mineração.

A legislação não prevê PCA, RCA e PRAD para outras atividades que não estejam na categoria "extração mineral". Todavia, esses documentos técnicos têm sido exigidos por alguns órgãos ambientais, uma vez constatados, pela fiscalização, efeitos negativos de empreendimentos já instalados.

• Principais Leis Federais de Referência

Embora alguns poucos órgãos estaduais de meio ambiente tenham estabelecido normas e procedimentos próprios para atender às suas demandas específicas, a maioria deles ainda dispõe da legislação federal como única ferramenta de apoio para orientar o empreendedor no período de licenciamento ambiental.

Destacam-se como principais leis federais de referência:

a) Lei 6.938/81 ⇨ estabelece como um dos instrumentos da Política Nacional do Meio Ambiente o licenciamento e a revisão de atividades efetivas ou potencialmente poluidoras.

b) Resolução CONAMA 001/86 ⇨ estabelece a exigência de elaboração de Estudo de Impacto Ambiental (EIA) e respectivo Relatório de Impacto Ambiental (RIMA) para o licenciamento das atividades constantes do seu artigo 2º.

c) Resolução CONAMA 006/86 ⇨ trata dos modelos de publicação de pedidos de licenciamento, em quaisquer de suas modalidades, sua renovação e respectiva concessão de licença.

d) Resolução CONAMA 011/86 ⇨ altera e acrescenta atividades modificadoras do meio ambiente apresentadas no artigo 2º da Resolução 001/86.

e) Resolução CONAMA 006/87 ⇨ estabelece regras gerais para o licenciamento ambiental de obras de grande porte de interesse relevante da União, como geração de energia elétrica.

f) Resolução CONAMA 010/87 ⇨ estabelece como pré-requisito para licenciamento de obras de grande porte a implantação de uma estação ecológica pela instituição ou empresa responsável pelo empreendimento com a finalidade de reparar danos ambientais causados pela destruição de florestas e outros ecossistemas.

g) Resolução CONAMA 005/88 ⇨ dispõe sobre licenciamento das obras de saneamento para as quais seja possível identificar modificações ambientais significativas.

h) Resolução CONAMA 008/88 ⇨ dispõe sobre licenciamento de atividade mineral, o uso do mercúrio metálico e do cianeto em áreas de extração de ouro.

i) Resolução CONAMA 009/90 ⇨ estabelece normas específicas para o licenciamento ambiental de extração mineral das classes I, III, IV, V, VI, VII, VIII e IX.

j) Resolução CONAMA 010/90 ⇨ estabelece critérios específicos para o licenciamento ambiental de extração mineral da classe II.

k) Decreto 99.274/90, Capítulo IV ⇨ trata do licenciamento ambiental de atividades utilizadoras de recursos ambientais, consideradas efetiva ou potencialmente poluidoras, bem como dos empreendimentos capazes, sob qualquer forma, de causar degradação ambiental.

A evolução da legislação ambiental é um processo muito dinâmico, o que a torna rapidamente desatualizada. Entretanto, são fontes de consulta a serem consideradas, devendo sempre ser observadas as questões referentes à aplicação das mesmas no tempo e espaço.

Além das referências supracitadas, existe uma legislação básica (federal, estadual e municipal) que deve ser também contemplada no momento da solicitação do licenciamento ambiental: a Constituição federal; as Leis Orgânicas municipais; o Código de Águas; o Código Florestal; o Estatuto da Terra; as Resoluções do CONAMA sobre padrões de qualidade do ar e da água e sobre unidades de conservação; as leis de proteção do patrimônio arqueológico, histórico e cultural, entre outras.

5. Procedimentos no Pedido de Licenciamento Ambiental

O empreendedor procura o órgão ambiental licenciador nos seguintes casos:

- por exigência de órgãos financeiros de projetos (Banco da Amazônia — BASA, Banco Nacional do Desenvolvimento Econômico e Social — BNDES, Banco Interamericano de Desenvolvimento — BID) e/ou agências estatais subsidiadoras de infra-estrutura para objetos (SUDAM, SUFRAMA e outras);

- por exigências de órgãos da administração pública responsáveis pelo licenciamento global da atividade a ser implantada, tais como: Prefeitura Municipal, no caso de loteamentos urbanos e construção civil em geral; INCRA, para implantação de atividades rurais; Departamento Nacional de Estradas e Rodagens (DNER) e Departamento Estadual de Estradas de Rodagem (DER), no caso de construção de rodovias; DNPM, no caso de atividades de lavra e/ou beneficiamento mineral; por exigência do IBAMA e/ou órgão estadual competente, no caso de desmatamento; em resposta a denúncias da sociedade (pressão social), no caso de projetos implantados ou em implantação sem o devido licenciamento ambiental; em cumprimento à penalidade disciplinar ou compensatória imposta pelo órgão de meio ambiente pela não-adoção das medidas necessárias à preservação ou correção da degradação ambiental.

No primeiro contato com o órgão ambiental licenciador, o empreendedor deve fornecer ao órgão de meio ambiente todas as informações sobre o empreendimento e natureza das atividades a serem implantadas e preencher, caso ainda não tenha feito, a ficha do Cadastro Técnico Federal de Atividades Potencialmente Poluidoras ou Utilizadoras de Recursos Ambientais.

O órgão ambiental examina a documentação apresentada, consulta a legislação e os dados disponíveis sobre o local do empreendimento e avalia a necessidade de elaboração de estudo de impacto ambiental ou documento semelhante. Se julgar necessário, realiza vistoria para avaliar a situação ambiental no local proposto para o empreendimento, decidindo quanto à necessidade de apresentação de EIA/RIMA e/ou de outros documentos técnicos semelhantes (PCA, RCA, PRAD). Pode também fazer outras exigências, tais como a apresentação de projetos, relatórios e pareceres específicos. O pedido de licenciamento pode ser negado, e se permanecer o interesse do empreendedor, este deverá providenciar as alterações necessárias no projeto inicial para, então, entrar com novo pedido.

6. FASES DO LICENCIAMENTO AMBIENTAL

As etapas que serão descritas a seguir, com seus respectivos comentários, basearam-se na extensa experiência de consultoria em Estudos de Impacto Ambiental dos autores:
• Empreendedor realiza consulta ao(s) órgãos(s) ambiental(is)

Esta consulta diz respeito a questões legais, sócio-econômicas e políticas correlatas para a implantação do projeto;

• Órgão(s) ambiental(is) emite(m) instruções normativas

No Termo de Referência deverá constar todos os itens a serem seguidos para a elaboração do EIA/RIMA pela empresa consultora a ser contratada;

• Empreendedor licita/convida a elaboração do EIA/RIMA

As formas de contratação da empresa consultora que realizará o EIA/RIMA podem ser através de: Convite direto, Tomada de preços, Carta-Convite, Licitação;

• Empresas de consultoria ambiental apresentam suas propostas técnicas em concorrência

As empresas deverão possuir habilitação legal para tanto, apresentando suas propostas em prazo determinado e cumprindo todas as exigências estabelecidas no respectivo Edital de Concorrência;

• Empreendedor negocia a(s) proposta(s) e contrata a empresa vencedora

Deverá haver julgamento das propostas técnicas e de orçamentos prévios ao estabelecimento/negociação das cláusulas contratuais;

• Consultora elabora o EIA/RIMA

A consultora deverá cumprir todas as exigências, já mencionadas, para a realização dos respectivos relatórios, ressaltando-se as necessidades

de formar uma equipe multidisciplinar habilitada e administrativa; de obter dados e informações técnico-científicas e de dar tratamento a este material; obedecer a um cronograma de trabalho; possuir recursos materiais e financeiros para a apresentação do produto final; e garantir a gestão da qualidade;
- Empreendedor fiscaliza os segmentos da realização dos estudos, que são apresentados pela consultora sempre que requisitados

Uma equipe especializada, de responsabilidade do empreendedor, fará sistematicamente um acompanhamento de todas as atividades a serem realizadas na elaboração dos estudos, exigindo principalmente que os cronogramas sejam cumpridos, podendo haver interferências técnicas e reavaliação de alguns custos operacionais;

- Empreendedor submete os referidos estudos ao(s) órgão(s) ambiental(is)

Os estudos serão cuidadosamente analisados por uma equipe técnica qualificada, que aprovará os estudos, ou fará sugestões de algumas modificações para poder finalmente aprovar os relatórios, ou definitivamente não aprovar os referidos estudos;

- Caso aceito, o(s) órgão(s) ambiental(is) coloca(m) o EIA/RIMA à disposição do público, marca-se audiência pública e inicia-se a análise do EIA/RIMA elaborado

Os referidos relatórios serão discutidos pelos respectivos órgãos, instituições e outros locais públicos especialmente determinados e de fácil acesso. A audiência será marcada em local, data e horário acessível para a participação pública, divulgada em jornais de grande circulação e no *Diário Oficial da União*. O RIMA ficará à disposição da comunidade, para análise e conhecimento, por no mínimo 45 dias antes da audiência.

A Resolução CONAMA 001/86 orienta para que "as cópias do RIMA sejam remetidas aos órgãos governamentais relacionados com a atividade, bem como indica que outras cópias estarão disponíveis aos interessados nos centros de documentação do IBAMA e do órgão estadual correspondente, durante o período de análise dos estudos;

- Empreendedor encomenda material para audiência pública à consultora

As equipes técnicas e de comunicação visual prepararão o material para apresentação na audiência. Evidentemente, deve-se cuidar para que a apresentação não seja utilizada como forma de "maquiagem" dos problemas ambientais. Assim, os estudos que serviram de base à elaboração do RIMA deverão acompanhá-lo, de forma a permitir aos analistas uma avaliação fidedigna dos conceitos e conclusões expressos no RIMA.

Cabe mencionar que são encargos do empreendedor todos os custos necessários à realização desta audiência;

- Órgão(s) ambiental(is) realiza(m) a referida audiência; empreendedor apresenta o empreendimento, e a consultora apresenta detalhadamente o EIA/RIMA para o público presente

Poderá haver audiências prévias, e/ou seminários, em universidades e outros auditórios públicos, anteriores à audiência propriamente dita, para que o público comece a conhecer mais profundamente os estudos realizados e sua problemática.

É importante também que estes eventos ocorram como treinamento dos expositores, que precisarão estar bem preparados para defender seus pontos de vista e o conteúdo técnico de forma objetiva e coloquial no dia da audiência.

O empreendedor apresentará as características do empreendimento e suas justificativas; a consultora apresentará os estudos ambientais realizados e suas conclusões e, após estas explanações, o debate começará.

A audiência pública não tem caráter deliberativo ou plebiscitário, prestando-se apenas para subsidiar a análise dos estudos pelo(s) órgão(s) ambiental(is). Contudo, seu resultado tem importante influência no andamento do processo, que requer uma série de ações prévias, a cargo do empreendedor, para seu bom desenvolvimento;

- Órgão(s) ambiental(is) elabora(m) a Ata da Audiência, finaliza(m) a análise do EIA/RIMA e emite(m) parecer técnico

Considera-se, para este fim, a síntese de todas as questões analisadas e comentadas na audiência pública, das interferências técnicas do empreendedor, consultora e comunidade, nas quais o(s) órgão(s) ambiental(is) se baseará(ão) para emitir(em) seu parecer técnico;

- Órgão(s) ambiental(is) faz(em) exigências e concede(m) ou nega(m) a Licença Ambiental

Deverá ocorrer um detalhamento de informações e/ou informações adicionais e justificativas técnicas, com possíveis exigências, e finalmente será emitida ou não a licença (LI).

6.1. Mecanismos de Efetivação da Participação Social no Processo de AIA: Realização de Audiências Públicas

A *Audiência Pública* é o instrumento formal de participação pública no processo de Avaliação de Impacto Ambiental, referido nas Resoluções CONAMA 001/86 e 009/87. A prática participativa implica administrar os conflitos oriundos das divergências de interesse entre os agentes sociais envolvidos nesse processo. Sua realização está prevista para após a execução do Estudo de Impacto Ambiental (EIA) e apresentação do respectivo Relatório de Impacto Ambiental (RIMA). A legislação não prevê o uso deste instrumento para outros tipos de Estudos Ambientais (PCA, RCA, PRAD).

As audiências públicas têm por finalidade expor aos interessados o projeto proposto e seus impactos ambientais e discutir o RIMA, dirimindo dúvidas e recolhendo dos presentes as críticas e sugestões a respeito. Essas informações servirão de subsídios para a análise e o parecer final do órgão estadual do meio ambiente (ao qual sempre nos referiremos a seguir usando a abreviatura OEMA) e/ou do IBAMA sobre o empreendimento proposto, para efeito de licenciamento ambiental.

Em função da localização geográfica dos solicitantes e da complexidade do tema, poderá haver mais de uma audiência pública sobre o mesmo RIMA.

Atualmente, existe uma demanda muito grande a respeito de se criarem outros momentos de participação pública no processo de AIA, principalmente através da realização de Audiências Públicas Intermediárias, ou seja, antes da conclusão dos Estudos de Impacto Ambiental e da elaboração do respectivo RIMA.

Existem, ainda, situações em que o público interessado no empreendimento não fica satisfeito com a realização da audiência pública, por esta não responder, de maneira satisfatória, a seus questionamentos.

Estas evidências têm motivado a promoção de inquérito civil e de ação civil pública para proteção do meio ambiente, propostas pelo Ministério Público da União e dos Estados e por terceiros, de acordo com as disposições estabelecidas no §1º, inciso III, do artigo 129, da Constituição Federal.

6.2. Procedimentos para Realização de Audiências Públicas

O órgão de meio ambiente, a partir da data da entrega do EIA/RIMA pelo empreendedor, fixa em edital, anunciado pela imprensa, o local e a abertura do prazo para que os interessados solicitem a realização de audiência pública. Este prazo deve ser de, no mínimo, 45 (quarenta e cinco) dias. Durante esse período, cópias do RIMA são colocadas à disposição do público no órgão de meio ambiente, desde que respeitado o sigilo industrial.

Após o prazo dado para solicitação de Audiência Pública, o órgão de meio ambiente convoca os solicitantes, através de correspondência registrada, e divulga em órgãos da imprensa o local, a data e o horário de sua realização.

No caso de haver solicitação de audiência pública e na hipótese de o órgão de meio ambiente não realizá-la, a licença ambiental concedida não terá validade.

A *audiência pública* é dirigida pelo representante do órgão de meio ambiente que, após a exposição objetiva do projeto e do seu respectivo RIMA, abre a discussão com os interessados presentes.

Ao final de cada audiência pública é lavrada uma ata sucinta, anexando-se a ela todos os documentos escritos e assinados entregues ao presidente dos trabalhos, durante a sessão. A ata da(s) audiência(s) pública(s) e seus anexos servem de base, juntamente com o RIMA, para análise e parecer do órgão de meio ambiente sobre o licenciamento ambiental do projeto.

7. BIBLIOGRAFIA

ALMEIDA, J.R. *Avaliação de Impactos Ambientais.* In: I Encontro Brasileiro de Ciências Ambientais. Rio de Janeiro, BNDES, (2): 1065-1075, 1994.

ABNT — Associação Brasileira de Normas Técnicas. *Coletânea de normas de mineração e meio ambiente.* Rio de Janeiro, Cia. Vale do Rio Doce, 1993.

AGRA FILHO, S. *Os estudos de impacto ambiental no Brasil — Uma análise de sua efetividade.* Tese de Mestrado. Rio de Janeiro: PPE/COPPE/UFRJ, out./1991.

AGUIAR, R.C. *Auditoria — Um enfoque analítico.* Curso de Especialização em Auditoria. Brasília: Fundação Centro de Formação do Servidor Público — FUNCEP, UnB, 1985.

ARGENTO, M.S. & MARQUES, J.S. *Aplicações de Sistemas de Informações em Projetos de Gerenciamento Ambiental.* Geociências, São Paulo, 7: 21-42, 1988.

ASSIS, L.F.S. de. *Avaliações de impactos e prospectiva ambiental.* Encarte da revista *BIO*, Rio de Janeiro. Ano II, n? 5, set./out., 1993.

ÁVILA, H.A & SANTOS, M.P.S. *Cenários: O estudo de futuros alternativos.* Ciência e Cultura. Rio de Janeiro, 41 (3): 241-249, março, 1989.

BASTOS, A.C.S. *Impactos Ambientais na Costa Verde do Estado do Rio de Janeiro: Uma Análise Metodológica Necessária para a Tomada de Decisão.* Brasília, CNPq, 1990, 280p. (Relatórios.)

BEZERRA, M.C.L & OLIVEIRA, T.A. *O licenciamento ambiental como instrumento de melhoria da qualidade de vida urbana no Distrito Federal — O caso dos estudos de impacto ambiental.* Brasília, Secretaria do Meio Ambiente, Ciência e Tecnologia do Distrito Federal, 1992.

BISSET, R. Methods for Environmental Impact Assessment. A Selective Survey Case Studies. Department of Geography University of Aberdeen, Scotland, 1987.

BOLEA, M.T.E. *Evaluacion del Impacto Ambiental.* Madrid, Fundacion MAPFRE, 1984.

CETESB. Legislação estadual: controle de poluição ambiental — Estado de São Paulo. São Paulo. Cetesb, 1995.
CAVALCANTI, T.R. *Aspectos institucionais e da legislação relativos à avaliação de impacto ambiental no Brasil e no Canadá.* Tese de Mestrado. Rio de Janeiro: PPE/COPPE/UFRJ, 1992.
CONAMA — Conselho Nacional do Meio Ambiente. *Resoluções CONAMA 1986-1991.* Brasília: IBAMA, 1992.
CULHANE, P.J. *et al. Forecasts and Environmental Decision Makking.* The Content and Predictive Accuracy of Environmental Impact Statement. Colorado, Westview Press, 1987, 306p.
FARIA, S.C. *Análise do risco ecológico.* II Seminário de Desenho Urbano. Universidade de Brasília, 1986.
FBCN. Fundação Brasileira para Conservação da Natureza. *Legislação de Conservação da Natureza.* 4 ed., São Paulo, CESP, 1986, 720p.
FEEMA. Fundação Estadual de Engenharia do Meio Ambiente. Documentos do Promol. Rio de Janeiro, 1990.
_____. Fundação Estadual de Engenharia do Meio Ambiente. *Introdução à elaboração de estudo e relatório e impacto ambiental* (coletânea dos documentos apresentados em curso realizado de 8 a 12 de dezembro de 1986). Rio de Janeiro, FEEMA, 1986, 166p.
_____. Fundação Estadual de Engenharia do Meio Ambiente. *Manual do meio ambiente.* Rio de Janeiro, 1983.
IBAMA. Instituto Brasileiro do Meio Ambiente e dos Recursos Naturais Renováveis. *Coletânea da legislação federal de meio ambiente.* Brasília, 1992.
LEE, N. *Environmental Impact Assessment: a Review.* Applied Geography, 1983, 3v., 1983.
LEI Nº 6.938, de 31 de agosto de 1981, que dispõe sobre a Política Nacional do Meio Ambiente, seus fins e mecanismos de formulação e aplicação.
LEIS, H. R. *Ecologia e política mundial.* Rio de Janeiro: Vozes/Fases/PUC, 1991.
LEOPOLD, L.B. *A Procedure for Evaluation Environmental Impact.* Washington, D.C., Geological Survey Circular 645, 1971, 13p.
MACHADO, P.A.L. *Direito Ambiental Brasileiro.* São Paulo, Revista dos Tribunais Ltda., 1982., 318p.
_____. *Direito Ambiental Brasileiro.* São Paulo: Revista dos Tribunais, 1989.
MAGALHÃES, M.L.F. *Legislação e aspectos institucionais.* Brasília: IBAMA, 1992 (mimeo.).
MAGRINI, A. *Metodologias de Avaliação de Impacto Ambiental.* Rio de Janeiro, COPPE/UFRJ, 1990 (Relatório).

_____. *Metodologia de avaliação de impacto ambiental: o caso das usinas hidrelétricas.* Tese de Doutorado. Rio de Janeiro: COPPEAD/UFRJ, 1992.

MARGULLIS, S. (editor). *Meio Ambiente, aspectos técnicos e econômicos.* Rio de Janeiro, IPEA, Brasília, IPEA/PNUD, 1990.

MINISTÉRIO DA FAZENDA. *Manual de auditoria.* Brasília, 1975.

MONOSOWSKI, E. *Avaliação de impactos ambientais: possibilidades e problemas de aplicação nos países em desenvolvimento.* São Paulo: Sinopses nº 9, FAU-USP, junho de 1986.

MOREIRA, I.V. *A experiência brasileira em avaliação de impacto ambiental.* Anais do Seminário sobre Avaliação de Impacto — Situação e Perspectivas. São Paulo: EDUSP, 1991.

MUNN, R.E. *Environmental Impact Assessment. Principles and Procedures.* Scope Report 5, Toronto, Canadá, 1979, 190p.

_____. Environmental Impact Assessment. Principles and Procedures. Scope Workshop on Impact Studies in the Environment (WISE), UNEP, Environment Canadá and UNESCO. Toronto, Canadá, 1975.

OLIVEIRA, A. I. A. *O Licenciamento Ambiental.* Rio de Janeiro. FEEMA, 1986, 22p.

_____. *Políticas ambientais e desenvolvimento no Brasil.* São Paulo: Cadernos FUNDAP, ano 9, nº 16, junho de 1989.

PÁDUA, J. A. *Ecologia e política no Brasil.* Rio de Janeiro: Espaço e Tempo, 1987.

PREFEITURA MUNICIPAL DO RIO DE JANEIRO. Meio Ambiente: Legislação, Ementário Municipal. Rio de Janeiro: Secretaria de Administração, 1993.

RAU, J.G. & WOOTEN, D.C. *Environmental Impact Analysis Handbook.* New York, Van Nostrand Reinhold Company, 1988.

RESOLUÇÃO Nº 03/90 — CONAMA, que trata de padrões de qualidade do ar.

RESOLUÇÃO Nº 05/89 — CONAMA, que institui o Programa Nacional de Controle da Qualidade do Ar.

RESOLUÇÃO Nº 009/90 — CONAMA, que trata das normas específicas para o licenciamento ambiental de extração mineral das classes I, III, IV, V, VI, VII, VIII e IX, conforme o Decreto-Lei nº 227/67, que normaliza as atividades minerárias, e o artigo 18, do Decreto nº 98.812/90, que trata das diretrizes político-institucionais para o setor minerário.

RESOLUÇÃO Nº 010/90 — CONAMA, que trata dos critérios específicos para o licenciamento ambiental de extração mineral da classe II (Decreto-Lei nº

227/67), visando ao melhor controle dessa atividade, conforme preconizam as Leis nº 6.567/76, 6.938/81, 7.804/89 e 7.805/89.

RONA, D.C. *Environmental Permits, a Time-Saving Guide.* New York, Van Nostrand Reinhold Company, 1988.

ROSA, C.F.B. *Abordagem metodológica na Avaliação de Impactos Ambientais. Propostas de critérios de AIA em São Paulo.* Ciência e Cultura, Rio de Janeiro, 39 (5/6): 483-488, mai./jun. 1987.

SANCHEZ, L.H. *Os papéis da avaliação de impacto ambiental.* Anais do Seminário sobre Avaliação de Impacto Ambiental — Situação Atual e Perspectivas. São Paulo: EDUSP, 1991.

SEMA — Secretaria Especial do Meio Ambiente. Manual de Procedimentos de Avaliação de Impacto Ambiental. Brasília, 1987 (Relatório).

_____. Secretaria de Estado do Meio Ambiente — Paraná, IAP — Instituto Ambiental do Paraná. *Manual de avaliação de impactos ambientais* (2ª edição), convênio de cooperação técnica Brasil—Alemanha, GTZ-GBH, Programa de Impactos Ambientais de Barragens. Curitiba, 1993.

Capítulo 3

Diagnose dos Sistemas Ambientais: Métodos e Indicadores

Josimar Ribeiro de Almeida
Marcos Faria Tertuliano

1. Introdução

  Sistema é um conjunto de unidades com relações entre si. Essas unidades possuem propriedades comuns. O conjunto encontra-se organizado em virtude das inter-relações entre as unidades, e o seu grau de organização permite que assuma a função de um todo que é maior do que a soma de suas partes. Cada unidade tem seu estado controlado, condicionado ou dependente do estado das outras unidades.
  Os sistemas devem ter elementos ou unidades que são as suas partes componentes. Os elementos integrantes dos sistemas encontram-se inter-relacionados, um dependendo do outro, através das ligações que indicam os fluxos. As qualidades que se atribuem aos elementos ou ao sistema, a fim de caracterizá-los, denominam-se atributos. Estes podem se referir à área, ao volume, características da composição, densidade dos fenômenos observados e outros.
  O conceito de sistema é essencialmente funcional, podendo ser aplicado às comunidades de plantas ou aos grupos humanos complexos. As fronteiras do sistema devem distinguir entre os elementos componentes do sistema e os elementos pertencentes ao ambiente.
  Os sistemas encontram-se incorporados em conjuntos maiores, mantendo conexões de matéria e energia, que constituem o seu ambiente.

Em sentido amplo, o ambiente do sistema é composto de todas as partes do mundo externo dentro do qual o sistema existe e que integra-se com ele. O ambiente representa um "sistema de ordem mais elevada, no qual o sistema que está sendo examinado é uma parte, e modificações nos elementos do primeiro acarretarão mudanças diretas nos valores dos elementos contidos no sistema sob exame".

O estado do sistema é caracterizado por sua organização, composição e fluxo de energia e matéria, podendo ser medido através das variáveis. Os valores relacionados com as variáveis do sistema em determinado momento descrevem o estado do sistema naquela oportunidade. Quando a estrutura e as relações se mantêm em torno de valores aproximadamente constantes das variáveis, em virtude de funcionamento adaptado aos *inputs* fornecidos, o sistema encontra-se em estado estacionário ou constante. Se houver alteração nos *inputs*, ultrapassando a capacidade de absorção do sistema, há mudança para outro estado. Um sistema pode atingir diversos estados e não há processo determinístico para se estabelecer a posição seguinte — a concepção claramente utilizada é a do tratamento probabilístico.

2. *Análise Ambiental por Abordagem Sistêmica*

2.1. Equilíbrio dos Sistemas Ambientais

O equilíbrio de um sistema representa o ajustamento completo das suas *variáveis internas* às condições externas. Isso significa que as formas e os seus atributos apresentam valores dimensionais de acordo com as influências exercidas pelo ambiente, que controla a qualidade e a quantidade de matéria e energia a fluir pelo sistema.

Quando as condições externas permanecem imutáveis, o equilíbrio *dinâmico* pode chegar ao estado que melhor exprima a organização interna em função das referidas características exteriores, chegando a obter a condição estática de máxima *entropia*. Esse *estado constante* ou de *estabilidade* (*steady state*) é atingido quando a importação e a exportação de matéria e energia forem equacionadas por meio do ajustamento das formas do próprio sistema, permanecendo constantes enquanto não se alterarem as condições externas. Assim sendo, o estado de estabilidade é independente do tempo, e as suas formas e organização não se modificam pelo simples transcorrer da variável temporal.

Em uma *bacia hidrográfica*, por exemplo, as condições climáticas, litológicas, biogeográficas e outras vão condicionar a estruturação de determinada rede de drenagem e de determinadas formas de relevo. Alcançando o estado de estabilidade, a geometria da rede fluvial e a da morfologia encontram-se em perfeito estado de equilíbrio e só sofrerão modificações se porventura houver alterações nas variáveis condicionantes.

Como os sistemas de processos-respostas funcionam conforme as condições do fornecimento de matéria e energia, havendo a interação entre processos e formas, dois temas são importantes para análise e verificação do equilíbrio nos sistemas: a análise das características de fluxos e a análise dos mecanismos de ajustagem entre os elementos.

2.2. Características de Fluxo dos Sistemas Ambientais

A descrição dos eventos que expressam o fornecimento de matéria e energia aos sistemas é importante, pois são eles que regulam o funcionamento e a organização do sistema. Todavia, como são provindos do ambiente, as categorias de entradas são independentes da organização interna do referido sistema.

Cada evento fornece determinada quantidade de matéria ou energia ao sistema. O valor dessa quantidade representa a sua *magnitude* (intensidade ou grandeza). Entretanto, os eventos apresentam variabilidade muito grande no fornecimento dessas quantidades. As chuvas, por exemplo, em determinada área têm fraca intensidade e ocorrem com maior freqüência, enquanto os aguaceiros prolongados são raros. Esta verificação permite-nos distinguir os fenômenos de pequena magnitude e alta freqüência dos que apresentam baixa freqüência e alta magnitude.

No transcorrer do fluxo pelos sistemas em seqüência, em cada subsistema há transformações entre o padrão e qualidade da entrada recebida e o padrão e qualidade de saída. Essas transformações são responsáveis pelo surgimento de novos processos e pela elaboração de novas formas.

Cada informação obtida representa a magnitude de um evento.

O conjunto dos dados constitui a população estatística, que deve ser analisada sob a condição de ser uma distribuição normal. A análise estatística envolve o cálculo das medidas de tendência central (média, mediana e moda) e as de dispersão (variância e desvio padrão). Verifica-se que, em geral, a média é maior do que a mediana. E esta, por sua vez, é maior do que a moda. Sob essas condições, a assimetria é positiva. No caso em que a distribuição é assimétrica, evita-se analisar os dados originais e utiliza-se normalizar os dados obtidos, através de transformação logarítmica.

A predominância das distribuições assimétricas positivas nos fenômenos ambientais pode ser ocasionada quando a magnitude de determinado evento é limitada no limite inferior (não é possível, por exemplo, ter precipitação, débito fluvial ou população inferior a zero), mas não é no limite superior. Por isso, os eventos infreqüentes de alta magnitude causam as características da assimetria.

Os eventos raros, de baixa freqüência e elevada magnitude, representam outro aspecto importante nas características das entradas e saídas.

Todo fluxo através do sistema provoca algum efeito, mas essas mudanças variam grandemente com a intensidade da entrada. Em sua ajustagem, o sistema é capaz de absorver determinada amplitude de variação sem que ocorram alterações. A importância dos eventos de alta magnitude é grande, muitas vezes provocando ultrapassagem nos limiares de absorção e promovendo modificação intensa no sistema. No entanto, os eventos de magnitude média e de maior freqüência são os mais efetivos, a longo prazo.

Para a análise dos eventos raros, usa-se a teoria de estatística dos extremos, permitindo estabelecer previsões e parâmetros-chaves para sua ocorrência.

2.3. Ajuste entre os Elementos dos Sistemas Ambientais

Os *sistemas ambientais* sempre estão funcionando perante flutuações no fornecimento de *matéria e energia*. Todavia, a ajustagem interna dos mesmos permite que haja absorção das flutuações dentro de determinada amplitude, sem que o estado seja modificado. Quando as flutuações ocorrem nessa faixa de amplitude, e o sistema se mantém estabilizado diante dessas oscilações, ele se encontra em estado estacionário (*steady state*).

O estado estacionário não é imutável, mas representa o comportamento em torno de determinada amplitude de variação. A escala temporal representa o melhor critério para verificar a estabilidade ou instabilidade do sistema. Se o comportamento do sistema for observado durante determinada escala temporal, e se a média e a variância das variáveis que descrevem o *output* permanecem constantes ou estatisticamente estáveis, então as flutuações que ocorrem no *output* durante o referido período de tempo são irrelevantes.

Quando o sistema funciona em condições de manter um equilíbrio estabilizado, conforme a manutenção das entradas fornecidas e das restrições apresentadas, há tendência para a distribuição eqüitativa da energia que vai caracterizar o surgimento de estados mais prováveis na organização dos sistemas de determinada categoria.

Cada organização representa um caso, que apresenta descrição específica sobre a estrutura, intensidade das relações e dos fluxos. Considerando a quantidade de elementos e das relações que compõem determinada classe de sistema, são inúmeros os arranjos possíveis de organização espacial. Se imaginarmos que os tipos de organizações espaciais possíveis se distribuem conforme o previsto para a normalidade de uma população estatística, os dados mais prováveis serão os arranjos mais freqüentes.

Quando a introdução de novas forças gera movimentos que ultrapassem o grau de absorção, há reajuste em busca de novo estado de equilíbrio.

Quando um evento de entrada ultrapassa o limiar compatível com a organização do sistema, há profunda alteração e o sistema tende a se reajustar. Nesse reajuste, o sistema pode voltar a estado semelhante ao precedente ou atingir estado estacionário em novo posicionamento. Vamos considerar o caso de uma praia: quando afetada por uma tormenta, gerando ondas de elevada potência, a erosão e as forças atuantes modificam profundamente os seus aspectos paisagísticos. Posteriormente, com a constante atuação das ondas predominantes, a praia pouco a pouco vai readquirindo as suas características anteriores e apagando os sinais deixados pela tormenta.

O desarranjo introduzido no estado estabilizado do sistema provoca o início de uma transformação que passa por diversas fases. O tempo de reação corresponde ao período e o começo da alteração no sistema. A fase de transição entre o estado de equilíbrio existente e o do novo equilíbrio a ser atingido corresponde ao tempo de readaptação do sistema. Os diversos estados transitórios seguidos pelo sistema na passagem entre os dois estados de equilíbrio constituem a trajetória de readaptação.

O tempo de readaptação varia de um sistema para outro e será mais longo se houver elementos de maior resistência à mudança no interior do sistema. A habilidade em enfrentar as influências externas é maior e mais típica nas comunidades vegetais e animais e menos pronunciada nos componentes inorgânicos. Quando ocorre um distúrbio no equilíbrio de um dos componentes do geossistema, entra em ação um conjunto de relações retroalimentadoras, resultando que o sistema todo novamente atinja o equilíbrio após passar através de uma série de estados transitórios. Se a modificação inicial for reversível, o equilíbrio restaurado será semelhante ao estado precedente. O tempo de readaptação é controlado por quatro fatores principais:

- A resistência oferecida às mudanças pelos componentes individuais do sistema, com seus diferentes tempos de reação e de readaptação;
- A complexidade do sistema, envolvendo o número de componentes e a freqüência e natureza dos seus relacionamentos;
- A magnitude e a direção do evento entrada que pode reforçar a tendência de mudança existente no próprio sistema ou ser contrário a ela;
- O ambiente da energia do evento entrada oferecido ao sistema. As rápidas flutuações ocorridas no evento podem ser filtradas por subsistemas do ambiente, a fim de manter tendências mais simples no decorrer do fluxo.

A noção de limiar significa um nível de separação entre dois subsistemas, funcionando como critério demarcador. Quando determinado sistema ultrapassa a "linha demarcatória", ele ingressa em outra categoria, estabelecendo nova estrutura e assumindo novos aspectos. Essa ultrapassagem geralmente é realizada quando acontecimentos de alta intensidade estão agindo.

Por exemplo: em regiões quentes e úmidas, as vertentes sofrem contínuo desgaste pela ação das chuvas, o que constitui fato comum. Entretanto, em raras ocasiões, quando há chuvas muito intensas ou muito prolongadas, as forças erosivas assumem magnitude que ultrapassa a resistência do regolito (manto de alteração), ocasionando deslizamentos de enorme quantidade de material, como nos casos de catástrofes.

A *ruptura do equilíbrio* e o desenvolvimento da trajetória de *readaptação* ocorrem, pois, quando o estímulo exterior apresentar magnitude suficiente, ultrapassando a *capacidade de absorção*. Ultrapassando o limite divisório crítico da faixa de absorção, o sistema espontaneamente se modifica e atinge novo estado de equilíbrio. No geossistema, os diversos subsistemas componentes possuem escalas diferentes para a reajustagem frente às modificações provocadas externamente, até que restaure o equilíbrio perdido, podendo oscilar da escala medida em anos até a de milhões de anos.

A *readaptação* só ocorre nos sistemas abertos, e a facilidade e rapidez de sofrer mudanças e se readaptar estão relacionadas com o grau de abertura do sistema. Quanto maior for o número de conexões com o ambiente, maior será o número de fontes e de estímulos passíveis de afetar o sistema, mas também será maior a sua organização. A probabilidade de ocorrer modificação está diretamente relacionada com o grau de conectividade do sistema, que, por sua vez, está relacionado com a complexidade organizacional do sistema.

Toda vez que ocorre transformação do estado do sistema, passando de um equilíbrio para outro, em virtude de um estímulo exterior, verifica-se uma *fase ou etapa na história do sistema*. As transformações ao longo da escala temporal assinalam a *evolução do sistema*.

2.4. Composição de Arranjos Espaciais

De acordo com o modelo hortoniano, a estruturação das redes de drenagem estaria plenamente desenvolvida se apresentasse semelhança com os padrões previstos pelas seguintes leis da composição da drenagem:

- Lei do número de canais — em uma bacia determinada, a soma do número de canais de cada ordem forma uma série geométrica inversa, cujo primeiro termo é a unidade, e a razão é a relação de bifurcação;

- Lei do comprimento dos canais — em uma bacia determinada, os comprimentos médios dos canais de cada ordem ordenam-se segundo uma série geométrica direta, cujo primeiro termo é o comprimento médio dos canais de primeira ordem, e a razão é a relação entre os comprimentos médios;
- Lei das áreas — em uma bacia hidrográfica determinada, a área média das bacias de drenagem dos canais de cada ordem ordena-se aproximadamente segundo uma série geométrica direta, na qual o primeiro termo é a área média das bacias de primeira ordem;
- Lei da declividade — em uma determinada bacia há relação definida entre a declividade média dos segmentos de ordem imediatamente superior, que pode ser expressa por uma série geométrica inversa, na qual o primeiro termo é a declividade média dos segmentos de primeira ordem, e a razão é a relação entre os gradientes dos segmentos.

Em cada segmento de determinada bacia hidrográfica devem-se, portanto, obter os dados pertinentes ao comprimento, área e declividade do canal, e calcular o comprimento médio, a área média e a declividade média de cada ordem. Os valores obtidos devem ser representados em gráfico traçado em papel semilogarítmico, com linhas unindo os seus vários pontos.

Dividindo-se o valor médio de determinada ordem pelo valor médio da ordem imediatamente superior (ou pelo valor médio da ordem imediatamente inferior, como no caso do comprimento médio e das áreas) obtém-se uma relação: a relação entre os números de segmentos, a relação entre os comprimentos médios, a relação entre as áreas médias e a relação entre as declividades médias. Com base em tais valores podemos calcular a média geométrica, cujo valor servirá de base para traçar a reta ideal da série geométrica prevista pelas leis da composição da drenagem.

Quando houver similitude entre a linha traçada, entre os valores reais e a linha correspondente à ideal, traçada com base no valor da média geométrica, pode-se inferir a existência de desenvolvimento ajustado, equilibrado, na rede hidrográfica. Quando houver desvios significativos, pode-se supor a presença de desajustes, de desequilíbrios, ocasionados pela interferência de algum fator. Quanto mais distante for a amplitude, mais acentuado o desajuste.

A inter-relação realizada é, obviamente, neste exemplo, conforme as pressuposições do modelo hortoniano. Todavia, não se deve esquecer que a proposição de um modelo deve levar sempre em consideração que ele seja submetido à análise crítica: as suas premissas são válidas? As suas leis são relevantes? Todas as suas leis possuem a mesma sensibilidade para assinalar a ajustagem no desenvolvimento da rede e seus desvios?

2.5. Contexto Espacial

A predominância de determinado aspecto na organização espacial faz com que a área se apresente como relativamente homogênea, uniforme. A ocorrência de formas semelhantes provoca o predomínio de certa característica, que se torna a responsável pela fisionomia que se observa nas *paisagens*. Se analisarmos parâmetros ou variáveis dessas *áreas fisionômicas*, iremos verificar que os valores se agrupam em torno de classes distintas. A tendência para o agrupamento em torno de valores característicos, apresentada pelas variáveis geométricas (declividade, comprimento, espaçamento interfluvial, etc.), é sintoma de que há equilíbrio na organização espacial da referida área. Desta maneira, o equilíbrio em uma paisagem manifesta-se como tendência para o predomínio das condições médias das unidades morfológicas.

2.6. Equilíbrio Biogeocenótico

As inter-relações entre produtores e consumidores estão determinadas pelo seu número, pela efetividade com que a energia é aproveitada pelos níveis tróficos inferiores, pela velocidade de renovação das populações dominantes, pela capacidade dos produtores de renovar a produção consumida e pela relação entre a energia que se precisa para a manutenção e a que está disponível para a produção nas espécies dominantes das distintas cadeias tróficas. Estas inter-relações determinam a produtividade e a estabilidade das biogeocenoses (BGC) e as peculiaridades da transferência de energia e matéria.

- Diferenças entre biomas

Cálculos aproximados mostram que existem diferenças fundamentais nos *índices biogeocenóticos* entre vários biomas. Na tundra, a biomassa das plantas é 15 vezes superior à da zoomassa; nos bosques caducifólios 300 vezes e nos bosques de coníferas 1.200 vezes superior. A produção anual da fitomassa comparada com a da *zoomassa* mostra também grandes diferenças: este índice é 3 para o bosque caducifólio e 20 para os bosques de coníferas.

A *estrutura dos consumidores* também é distinta. As proporções de saprófagos:fitófagos:predadores são de 20:2:1 nos bosques de coníferas, 250:30:1 nas matas de carvalho e 20:5:1 nas estepes secas. A estrutura e função da BGC muda de forma inevitável e, drasticamente, com a alteração da espécie dominante. Por exemplo, na tundra, a biomassa total dos fitófagos é dez vezes superior à dos predadores durante os anos normais, e mais de 1.000 vezes superior durante os máximos de população dos lemingues.

Também se descobrem grandes diferenças na estrutura de BGC relacionadas geográfica e funcionalmente. O desenvolvimento harmonioso de distintas estruturas nas BGC interatuantes se mantém mediante mecanismos especiais de *coadaptação* entre os processos de produção nos distintos ecossistemas dentro de uma mesma BGC.

O desenvolvimento de espécies em ecossistemas adjacentes deve estar naturalmente bem coordenado; do contrário, um aumento notável em uma fase determinada desenvolvida à custa de um sistema originaria perturbações em outro caracterizado por um pressuposto energético mais ajustado.

- A influência das flutuações da população

Os mecanismos da população que regulam os *processos biogeocenóticos* desempenham um papel mais importante quando o número de indivíduos de uma das espécies dominantes aumenta muito. Nos ecossistemas naturais (não perturbados pelo homem) até as reproduções em massa das espécies dominantes não alteram o equilíbrio da BGC. Além disso, existem indicações que permitem afirmar que a reprodução em massa de determinadas espécies, durante muito tempo considerada como uma perturbação do equilíbrio da natureza, é na realidade um fator necessário para a preservação da produtividade da BGC.

Deve-se assinalar que a resposta fitocenótica aos máximos nas populações de consumidores não é, como se pode supor, tão extremamente distinta dos *processos biogeocenóticos* que têm lugar durante os "anos normais". Para manter o número de indivíduos a um nível constante, mas não elevado, muitas espécies dominantes experimentam um aumento geométrico na reprodução, acompanhado por uma mortalidade igualmente elevada.

- A influência dos consumidores sobre a produção primária

A essência dos mecanismos populacionais que regulam os processos biogeocenóticos se baseia no fato geral de que o máximo da população deve ser seguido pela eliminação da mesma, antes que o equilíbrio da BGC se veja perturbado em níveis tróficos diferentes. Na natureza estes mecanismos desempenham um papel importante na vida da BGC unicamente com respeito às *espécies dominantes*. Por isso é necessário demonstrar que uma estrutura de BGC típica se caracteriza por um pequeno número de espécies reduzidas, que formam a base principal dos níveis tróficos, e *espécies satélites,* cuja função é assegurar a atividade normal das dominantes.

Em conjunto, o número total de animais que desempenham papéis similares no ecossistema varia pouco. A mudança de uma espécie dominante no interior de um nível trófico é de grande importância. O papel específico de uma espécie determinada não deve ser subestimado, mas tampouco deve exagerar-se quando se trata de características biológicas gerais.

- Diferenças entre a ação dos consumidores homeotérmicos e a dos poiquilotérmicos

Os distintos tipos de adaptação dos animais homeotermos e poiquilotérmicos a seus ambientes têm outras conseqüências biogeocenóticas. Para manter um peso corporal de uns 20g, um casal de aves insetívoras precisa consumir 9kg de alimento ao ano. Nas mesmas condições, um casal reprodutor de rãs consome não menos de 20kg de insetos. Diferenças similares existem entre espécies estreitamente aparentadas, mas ecologicamente distintas. Uma combinação de animais, que diferem pela energia que requerem para preservar o tamanho médio de sua população e por sua influência nos níveis tróficos inferiores em uma determinada BGC, assegura o equilíbrio dinâmico dos ecossistemas.

• Diferenças intra e interespecíficas

Um *equilíbrio biogeocenótico* estável depende não apenas das estruturas ótimas da BGC e dos distintos encadeamentos das cadeias tróficas, ou do número de espécies unicamente, mas também da regulação da população baseada na ação específica dos metabólicos animais.

Os metabólicos que regulam o desenvolvimento e o crescimento dos animais se acumulam no ambiente ao aumentar a *densidade da população*. Como resultado, a população fica dividida em grupos de indivíduos que se desenvolvem em diferentes ritmos. Em um momento determinado, poucos animais da população crescem rapidamente e consomem alimento. Influenciados pelos *metabólicos* dos jovens, completam rapidamente sua metamorfose e abandonam a água. Deste modo se liberam *recursos vitais* para que possa desenvolver-se um novo grupo de indivíduos. Os recursos alimentares são pois utilizados pela população com eficiência máxima.

O desenvolvimento harmônico da BGC depende dos mecanismos populacionais que regulam o número de espécies dominantes, e as *inter-relações ótimas* por evolução entre as espécies pertencentes a níveis tróficos distintos.

2.7. Equilíbrio em Populações e Comunidades Bióticas

• Gradiente ambiental e tipos de equilíbrio

Em alguns casos é possível um *equilíbrio estável* entre as populações se o ambiente permanece constante, inclusive se os microlugares são idênticos. Duas espécies podem formar um equilíbrio neutralmente estável se, em um ponto particular ao longo de um *gradiente ambiental* que os microlugares representam, as espécies forem equivalentes, desde o ponto de vista da competência, e possuam a mesma relação entre sua *taxa de mortalidade* e o número médio de *descendentes* por *progenitor* que são viáveis depois da predação que sofrem as sementes ou filhotes e que se estabeleceram sem alcançar os microlugares vazios.

Entre os casos possíveis de equilíbrios estáveis em comunidades vegetais contam-se:

a) uma espécie com uma *vantagem competitiva* frente a uma espécie com uma *vantagem reprodutiva*;

b) ao menos uma das espécies está estabilizada por um fluxo constante de propágulos (que não alcançam e nem ocupam todos os microlugares) procedentes de uma zona maior;

c) *perturbação contínua local* ou *heterogênea*, com as espécies diferenciando-se em sua sincronização no uso de microlugares depois da perturbação;

d) *zonas de microlugares* inicialmente idênticos são colonizadas e mantidas por uma ou outra das duas espécies que (mediante a dispersão desde estas zonas para outros microlugares limitados) podem então coexistir;

e) *manchas de uma espécie* se ampliam e se dispersam (por *efeitos autotóxicos* ou outros em seu centro), e os microlugares abandonados são ocupados por outra espécie;

f) os microlugares são modificados biologicamente de maneira que os brotos de cada espécie sobrevivem melhor em microlugares influenciados por indivíduos grandes de outra espécie.

À *estabilidade relativa de populações* de duas ou mais espécies que se movem em um mosaico de microlugares inicialmente iguais (e é nele que alguns microlugares podem ficar vazios) vamos chamar de *estado estacionário em mosaico* ou *equilíbrio em mosaico*.

Em uma comunidade real, os microlugares diferirão, e será modificado, em conseqüência, o equilíbrio em mosaico. Em alguns microlugares a diferença ambiental que não provém da modificação ecológica supõe que as plantas de uma espécie ou de outra que compete têm mais probabilidade de sobreviver. Outros microlugares são igualmente favoráveis para ambas as espécies, de modo que a primeira ao chegar exclui os competidores destes microlugares, ao que se pode aplicar diretamente um equilíbrio em mosaico. São sugeridas as seguintes deduções:

A princípio, os equilíbrios em mosaico e sua modificação para permitir a diferença de *microhabitats* podem facilitar a interpretação de alguns dos equilíbrios relativamente estáveis que observamos nas populações vegetais de *comunidades estáveis*. Observamos, assim mesmo, diferenças na utilização de recursos por parte das plantas adultas (profundidade das raízes, por exemplo) e no tipo e época de reprodução. Daí deduzimos que se trata de *diferenças de nicho* que podem permitir, em várias combinações com as diferenças na preferência dos brotos por microlugares que estamos supondo, a coexistência continuada de espécies vegetais que dependem todas dos mesmos recursos principais: luz, água, nutrientes e CO_2.

Também é provável que as diferenças na predação formem parte dos equilíbrios. A população de cada espécie funciona em um *ciclo de estado estacionário* que implica densidade de sementes, sua freqüência nos microlugares adequados, sobrevivência das plantas e crescimento até a idade reprodutiva segundo sejam afetados pelo uso de recursos, a aptidão, a *predação*, a *simbiose* e o *risco ambiental*, e a densidade de sementes que a população de plantas sobreviventes maduras liberam num mosaico de microlugares. A relação entre microlugares disponíveis e freqüência de sementes nos mesmos pode desempenhar um papel-chave na regulação deste ciclo, porém todos os demais fatores mencionados podem afetar o fluxo de plantas através do ciclo e, portanto, a freqüência de sementes nos microlugares.

• Gradiente ambiental e comunidade estável

É possível que três ou mais espécies existam em equilíbrio ao longo de um gradiente de microlugares, porém o caso torna-se mais claro se os microlugares diferem em várias características (luz, umidade, profundidade até a rocha) que podem contribuir para estes equilíbrios. Podemos conceber esses microlugares como ordenados em um *hiperespaço*, definido por *fatores físicos e químicos* desses microlugares.

Cada espécie vegetal tem seu *centro de preferência*, o de *máxima sobrevivência* de brotos, neste hiperespaço; e as preferências das espécies diferirão, de modo que suas populações tenderão a encher o hiperespaço. Concebemos assim um equilíbrio em *mosaico modificado, multiespecífico* e *multidimensional*, entre as plantas nos microlugares. A partir desta pauta estrutural se nota a qualidade de autocomplicação da estrutura. Quanto mais espécies, mais variadas são suas influências nos microlugares, e daí existirem mais qualidades distintas de microlugares para manter os equilíbrios entre as populações de espécies presentes e de novas espécies que podem agregar-se.

As comunidades diferem sem dúvida na importância relativa das *influências biológicas* e das físicas e químicas não-biológicas sobre os microlugares. Suponhamos que a importância relativa das influências biológicas sobre a diferença em microlugares, e por isso na manutenção da diversidade dos vegetais e das espécies da comunidade, aumenta desde os bosques boreais aos tropicais.

A população de uma espécie determinada em uma comunidade estável se acha mantida, contida de maneira elástica, em uma fração (uma porção em forma de nuvem) do hiperespaço de microlugares, através do qual sua população flui em um ciclo de estado estacionário, contido nesta fração pelas características de sua própria *função populacional* e pelas pressões que sobre ela exercem a competição e a predação.

A proporção de microlugares ocupados, junto com o tamanho das próprias plantas, afeta a parte correspondente dos *recursos da comunidade* que fluem através do *metabolismo da população* de uma espécie. As curvas de *dominância-diversidade* baseadas na produtividade dizem algo sobre as diferenças entre comunidades e *taxocenoses* na maneira na qual os recursos se dividem entre as espécies. Deve assinalar-se que os equilíbrios da população para este ponto implicam fluxos em dois níveis: o fluxo de brotos através do mosaico ou hiperespaço de microlugares, e o fluxo de recursos através do metabolismo dos indivíduos que mantém seu crescimento e reprodução.

- Flutuação ambiental, estabilidade e flexibilidade

O que conta no tempo evolutivo não é se a população de uma espécie flutua mais ou menos, ou se as espécies têm limites a seu aumento dependentes da densidade bem definidos. O que conta é a sobrevivência. O que por sua vez conta para a *sobrevivência* é a limitação da flutuação descendente da população: *mecanismos de amortecimento* que reduzem as perdas da população em períodos adversos e assim evitam a extinção.

A *heterogeneidade ambiental* é um dos principais efeitos amortecedores que são fundamentais para a *estabilidade* e a *flexibilidade* a longo prazo que uma comunidade possui. Um significado do amortecimento é a sobrevivência dos indivíduos mais favorecidos pelas características do microlugar, ou genéticas, ou ambas de uma vez.

Ao conceito de *comunidade* (populações de espécies dispersas em um hiperespaço de microlugares) acrescentamos agora a *flutuação do ambiente*. É provável que um equilíbrio em mosaico, não modificado, que em teoria pode permitir a coexistência de espécies sem diferença de nicho em um ambiente estável, não permita esta coexistência em um ambiente flutuante.

Entretanto, ao trocar o ambiente temporal, as populações se contraem e se expandem, vão e vêm de diversas formas na posição de microlugar, ou bem entram ou saem de estados do ciclo biológico protegidos. Deste modo, a pauta de relações do estado estacionário entre as populações da comunidade pode persistir de uma época à seguinte, até que mude numericamente de um tempo sazonal a outro. Assim, a comunidade pode persistir como um sistema de fluxo que pulsa regular ou irregularmente. Em certo sentido, a comunidade se acha, pois, diminuída por variados mecanismos de amortecimento de suas espécies.

As espécies de uma comunidade se diferenciam pelo modo da função da população, pelo tipo de amortecimento e pelo grau de flutuação. As diferenças pelas quais as espécies sobrevivem em uma mesma comunidade incluem diferenças nas respostas às flutuações do ambiente e de outras espécies.

Ao hiperespaço de microlugares podemos adicionar eixos para as relações temporais e as interações com outras espécies. O hiperespaço com eixos para todas as variáveis intensivas que relacionam as espécies de uma comunidade entre si é o hiperespaço do nicho. Mediante a posição da espécie no hiperespaço, e portanto sua relação com outras espécies que vivem juntas e podem interatuar, descrevemos seu nicho ecológico.

As comunidades diferem amplamente no tipo e na extensão de suas flutuações de população, e em conseqüência em seu grau de estabilidade. Essas diferenças são até certo ponto interpretáveis como adaptações a distintos tipos de flutuações ambientais.

Chamamos de *adaptação* as diferenças no *comportamento populacional* das espécies dominantes que realmente estamos observando. Esses tipos de adaptações são flexíveis; é bem possível ter juntos prado e chaparral em um mesmo clima, com respostas populacionais bem distintas às mesmas *flutuações climáticas*. Poderíamos dizer: distintos tipos de ambientes e tipos de espécies dominantes que evoluíram e formam comunidades nesses ambientes.

As comunidades diferem pela maneira com que o *clímax* e a *sucessão* se relacionam entre si e pelo grau em que as perturbações localizadas e as sucessões em pequena escala, dentro de uma matriz da comunidade maior e relativamente estável, formam parte de sua função normal de comunidade e são uma base para sua *diversidade específica*.

• Estabilidade: das espécies, do ecossistema, do ambiente

A constância é unitária, mas os desvios da constância são vários. Para cada uma das variáveis que concernem aos sistemas ambientais, podemos eleger e aplicar a estabilidade-instabilidade: à amplitude relativa de uma flutuação regular; à irregularidade relativa da flutuação e à presença de valores zero na flutuação. Além disso, dada uma pauta de flutuação com qualquer combinação de fatores, podemos considerar como estabilidade a duração dessa pauta no tempo evolutivo.

Essas quatro qualidades de flutuação e duração podem aplicar-se tanto à comunidade como ao ambiente. Isso supõe oito aspectos de estabilidade, ao que devemos somar a capacidade da comunidade, ou do sistema formado por várias espécies, de recuperar-se da perturbação. A sobrevivência da população à flutuação ambiental depende em grande parte do que é chamado amortecimento. Em certo sentido, as comunidades são coleções de espécies que todavia não se têm extinguido devido ao seu amortecimento ou tolerância frente à flutuação que de fato tem permitido a sua sobrevivência às mudanças ambientais (e às pressões biológicas) que têm encontrado até o presente.

A amplitude relativa da flutuação da população parece algo menos fundamental e mais variável. Esperamos que as espécies alcancem diferentes tipos de trocas adaptativas que supõem distintas taxas intrínsecas de aumento e distintos graus de flutuações de população. Devemos esperar grandes diferenças entre espécies na amplitude de flutuações nas comunidades, assim como entre espécies dominantes de distintas comunidades.

O terceiro aspecto da estabilidade é a constância relativa do metabolismo total da comunidade ou de sua produtividade, de um ano ao outro. Podemos pensar que isso está primariamente determinado pelo fluxo de recursos (especialmente de água e nutrientes), regido pela disponibilidade, pelo clima como fator externo e por características da própria comunidade.

Esses três tipos de estabilidade não têm necessariamente relação alguma entre si. Quando falamos de estabilidade nos ecossistemas, estamos falando de acúmulo de fenômenos. Isso não quer dizer que estes distintos aspectos da estabilidade se acham completamente desconectados; por exemplo, os fluxos de recursos são, a distintos níveis, parte da base de estabilidade relativa da função da comunidade e das populações de algumas espécies determinadas.

A estabilidade das espécies, se a definirmos mediante a amplitude ou a sobrevivência, parece depender dos mecanismos populacionais e do amortecimento de determinadas espécies ou das interações e dependências de pequenos grupos de espécies. Pode imaginar-se que toda a comunidade compreende comunidades componentes entrelaçadas largamente, cada uma delas com espécies vegetais, herbívoros e simbiontes adaptados à química dessas espécies de plantas e outras espécies que interagem com esses herbívoros e simbiontes.

Ainda que as comunidades componentes estejam ligadas de distintas maneiras pelas espécies que compartilham, cada uma delas pode ser auto-reguladora em certo grau. A diversidade crescente da comunidade em conjunto não implica necessariamente um aumento de estabilidade de cada uma das espécies e grupos de espécies que interatuam.

A estabilidade ambiental tem um significado ambivalente em relação à diversidade específica. Esperamos que um ambiente estável, favorável e uniforme, permita a evolução de uma elevada diversidade específica, e que muitas espécies adaptadas à saturação se acomodem uma à outra por uma estrita especialização dos nichos, e algumas delas tenham populações relativamente estáveis.

2.8. Equilíbrio nos Ecossistemas

Em termos gerais, a produção de um sistema ambiental por unidade de tempo é proporcional à quantidade (massa) de matéria disponível, à quantidade de energia necessária para a transformação e, visto que a fonte de matérias-primas é esgotável, à sua taxa de renovação.

• Energética da produção primária

Os autótrofos ou produtores primários de um ecossistema determinam a quantidade de energia disponível. Para um conjunto similar de condições físicas, a produção primária anual é notadamente estável, apesar das distintas estruturas do ecossistema em questão.

Por exemplo, na zona temperada e em ecossistemas sem déficit de água pode esperar-se que a quantidade de energia fixada por metro quadrado e por ano se encontre dentro do intervalo entre 4.800 e 7.200kcal na maioria dos casos, seja qual for o tipo de ecossistema: prado, bosque ou campo cultivado. Isto é igual a 1-1,5% da eficiência da radiação fotossinteticamente ativa.

• Equilíbrio térmico e hídrico

Os distintos ecossistemas terrestres, bosques, pradarias e campos cultivados, têm modelos diferentes de equilíbrios térmicos e hídricos. Da quantidade de radiação fotossinteticamente ativa (FAR) incidente, o bosque intercepta a maior proporção de energia, e o campo de cultivo a menor (Tabela 1).

A relação entre a água transpirada e a precipitação total diminui assim mesmo em igual sentido. Mas a eficiência da fotossíntese, calculada como a relação entre a produção primária líquida e a energia interceptada pelo ecossistema, dirigida na direção oposta (ou seja, aumenta desde o bosque ao campo), é igual à relação entre a produção líquida e o custo energético da transpiração (Tabela 1). Assim, o ecossistema de bosque intercepta mais energia e água, porém as utiliza menos economicamente que a estepe e, em especial, que o sistema de campo de cultivo.

Estes mecanismos compensadores podem explicar por que a quantidade de energia fixada pelos produtores primários é menos variável entre ecossistemas distintos do que os componentes do equilíbrio térmico e hídrico. Se a estrutura da vegetação (composição específica, estratificação, aspectos estacionais, etc.) permite uma maior interceptação da energia solar, ou de compostos inorgânicos como água, e estabiliza as condições microclimáticas, há lugar para um uso menos eficiente da energia ou da água interceptada. Este tipo de economia é característico dos ecossistemas de bosque. Deve-se destacar que as regiões que têm uma entrada maior de água estão cobertas por bosques.

Tabela 1 — Economia energética fotossintética e hídrica dos ecossistemas

Parâmetros energéticos	Bosque	Vegetação herbácea	Campos cultivados
Radiação fotossinteticamente ativa (FAR), cal/cm^2/ano (Q)	45.000	45.000	45.000
cal/cm^2/ano (Q i)	25.000	18.000	11.000
Q i : Q	0,56	0,40	
Precipitação (r), mm/ano	750	680	680
Transpiração (E), mm/ano	500	300	170
E : r	0,67	0,44	
Produção líquida (P), cal/cm^2/ano	640	520	440
(P : Q) . 100	2,6	2,9	4,0
(P : EL) . 100	2,2	2,9	4,4

L = Calor latente de evaporação de água (600cal/g).

A quantidade total de energia interceptada por um ecossistema pode caracterizar-se pelo valor da radiação líquida. O aquecimento do solo, a convecção do calor do ar e o custo energético da evapotranspiração constituem a maior contribuição à participação da energia interceptada. O calor do solo e do ar influi sobre a taxa de reações químicas e bioquímicas, de modo que, indiretamente, determina os processos de produtividade. Entre os ecossistemas terrestres, são as florestas, devido à sua complexa estrutura, os que têm o maior efeito modificador sobre a distribuição do calor nos ecossistemas; os bosques e as pradarias ricas têm um efeito moderado, porém superior ao dos campos de cultivo, enquanto que os desertos não apresentam praticamente nenhum.

A relação média do custo energético da evapotranspiração à energia fixada pelos produtores primários é a energia utilizada nos processos de meteorização das rochas; abaixo do solo é aproximadamente de 100:1:0,01.

O índice de transpiração, ou seja, a quantidade de água transpirada por grama de matéria orgânica produzida, pode ser empregado como uma aproximação do componente de transpiração. Tomando o valor do calor latente de vaporização da água (aproximadamente 600cal/g) e o valor calorífero das plantas, calcular-se-ão as seguintes relações do custo energético da transpiração à produção:

Para árvores	33,3:1
Para gramíneas	76,7:1
Para plantas cultivadas	85,0:1
Média para todas as espécies	69,0:1

As árvores apresentam uma economia notavelmente eficiente no uso de energia para transpiração.

O movimento da água, componente essencial do protoplasma e transportador dos nutrientes, é do ponto de vista energético um componente muito caro da produção nos ecossistemas terrestres. A água, portanto, é um dos fatores cruciais para a produtividade, do mesmo modo que o calor ambiental (são os subsídios de energia de Odum). Em contraste com os ecossistemas terrestres, na água o fitoplâncton não transpira, e a água se obtém mediante processos de osmose e difusão energeticamente muito mais baratos. A água é rica em dióxido de carbono, e os requerimentos básicos para a produção são os nutrientes, como o nitrogênio e o fósforo.

• Armazenamento de energia nos ecossistemas

Para os ecossistemas terrestres, o maior armazenamento de energia se dá na floresta úmida, depois nas estepes, devido ao acúmulo de húmus (Tabela 2). O húmus é o primeiro componente do armazenamento de energia nas pradarias secas e nos semidesertos e, por questões muito distintas (baixa temperatura), na tundra. Nos oceanos, a matéria orgânica solúvel é o principal componente no armazenamento de energia orgânica; a relação de matéria orgânica solúvel a organismos vivos é da ordem de 100:1. Nos ecossistemas de água doce, a matéria orgânica solúvel é ainda assim o maior componente energético, porém sua relação com o peso do organismo é muito menor.

• Energética dos nutrientes vegetais

Os processos de meteorização das rochas são fontes muito importantes de nutrientes inorgânicos para os produtores primários. A relação entre a energia acumulada na matéria orgânica viva e morta e o custo energético da meteorização da rocha pode ser considerada como um índice da intensidade da entrada de nutrientes para a produção vegetal. Valores baixos desse índice assinalam uma reduzida capacidade de armazenamento de energia em relação ao custo energético da entrada de nutrientes e por isso indicam uma economia de nutrientes mais intensa do sistema em termos energéticos. A menor relação entre o armazenamento de energia em formas orgânicas (mortas + vivas) e o custo energético da meteorização da rocha se encontra nos semidesertos, depois nas estepes, e a mais alta na taiga e floresta pluvial. Portanto, os ecossistemas de pradaria têm uma economia mais intensa que os bosques e (devido à baixa temperatura) que a tundra.

A maior economia de nutrientes dos ecossistemas de pradaria se reflete, deste modo, por um maior conteúdo de cinzas na biomassa vegetal. Um quilograma de cinzas está contido em 20kg de biomassa vegetal nos desertos e em 30kg de biomassa vegetal nas estepes, enquanto que as florestas caducifólias e subtropicais para obter 1kg de cinzas devem queimar 35kg de biomassa vegetal, e de 50 a 100kg nos bosques de coníferas.

De maneira que uma relação baixa entre a energia acumulada na matéria orgânica viva e morta e o custo energético da meteorização da rocha coincide com um elevado conteúdo em cinzas na biomassa vegetal do ecossistema.

• Energia da produção secundária

Os heterótrofos influem sobre a taxa de renovação da matéria nos ecossistemas mediante seus processos metabólicos e suas atividades, como a destruição de plantas. A contribuição dos heterótrofos ao processo de mineralização da matéria orgânica nos ecossistemas pode ser medida pela sua respiração. A relação, bem conhecida, entre peso corporal e respiração descreve a eficiência de mineralização dos heterótrofos de distintos tamanhos. Pode supor-se com segurança que em geral a respiração da meso e macrofauna do húmus e do solo é proporcional à potência 0,808 (aproximadamente 80%) do peso corporal.

Os mamíferos têm um nível metabólico mais baixo que as aves. As aves passeriformes têm um nível metabólico mais elevado que as não-passeriformes. Entre os anuros, apenas os bufonídeos têm uma taxa metabólica significativamente menor.

A mudança na estrutura de tamanho em populações de nematóideos ou de colêmbolos pode influir sobre a mineralização da matéria orgânica em medida muito maior que as mudanças em estrutura de tamanho nos oniscóideos ou os oribátidos. O peso médio de alguns grupos, como os lumbrícidos, os colêmbolos, muitas famílias de coleópteros e os aracnídeos, é maior nos ecossistemas de florestas que nos de prado ou, em especial, nos de campos cultivados. Pelo menos para esses grupos pode esperar-se um impacto maior sobre a mineralização da matéria orgânica nas pradarias e nos campos de cultivo.

A produção secundária é uma medida da capacidade de armazenamento de matéria orgânica por parte dos heterótrofos. Os homeotérmicos armazenam matéria orgânica de modo bastante ineficiente; a relação entre produção e assimilação (respiração + produção) se situa entre 1,4 e 1,8%.

Uma gradação funcional dos invertebrados em saprófitos, herbívoros e predadores apresenta eficiência de produção que cresce no sentido indicado. A margem de variação dentro de cada grupo é elevada, o que reflete as distintas adaptações dos animais. Os saprófitos, em geral, podem caracterizar-se como o grupo que apresenta a eficiência de produção mais baixa e por isso seu papel nos processos de mineralização é maior que, por exemplo, o dos herbívoros. As bactérias do solo em condições naturais podem pertencer à classe dos poiquilotérmicos que têm eficiências de produção altas.

Os roedores apresentam eficiência de produção muito baixa em comparação com os invertebrados. Isto é devido ao elevado custo respiratório da homeotermia nesses micromamíferos. Se os valores de "r" podem interpretar-se como uma medida potencial da produção por unidade de peso de uma população, então os organismos unicelulares têm capacidade relativa de armazenamento (retenção) superior para a matéria orgânica que os metazoários. As estimativas indicam que pode esperar-se que tanto a respiração como a eficiência de produção aumentem conforme diminui o tamanho do corpo.

• Interações entre autótrofos e heterótrofos

A influência direta dos herbívoros sobre as plantas (consumo) nos ecossistemas terrestres é pequena, exceto em situações de pululações, e só raramente alcançando os 10%. A retroação da atividade heterotrófica sobre os produtores primários é menos conhecida. Estas atividades incluem a destruição das plantas, com um impacto sobre o número de descendentes que sobrevivem até a estação seguinte de crescimento, a transferência de nutrientes vegetais devido à atividade de escavação, de transporte de terra, etc. Estes impactos podem agrupar-se em quatro categorias principais:

a) impactos da destruição de um componente;
b) impactos do movimento de materiais;
c) impactos da alteração do ambiente;
d) impactos que se referem a outros heterótrofos.

Todos esses tipos de impactos podem influir sobre os processos de produtividade de um ecossistema.

Os restos vegetais transferidos ao solo podem influir sobre fatores tão diversos como o armazenamento de água edáfica e a temperatura do solo. Os resultados da atividade escavadora são ainda mais surpreendentes, visto que as substâncias químicas liberadas podem ser uma importante fonte de nutrientes, uma vez que controlam o pH do solo, em especial em alguns ecossistemas.

Os efeitos da atividade escavadora são muito mais eficientes do ponto de vista energético para a transferência de substâncias químicas do que a passagem do solo através do corpo dos animais, durante os processos metabólicos.

- Biomassa e composição específica dos heterótrofos em distintos ecossistemas

    Os ecossistemas de bosque apresentam a maior biomassa animal, em especial a floresta pluvial. Os ecossistemas aquáticos, com exceção das zonas de afloramento e estuários, têm uma biomassa animal que é menor do que a das savanas e das pradarias tropicais. De modo que a retenção de matéria orgânica no componente animal de um ecossistema é maior nos bosques, o que pode estar relacionado com o maior tamanho dos animais silvícolas. A distribuição dos microorganismos não está relacionada com a quantidade de húmus edáfico; a maior abundância de microorganismos por grama de solo se encontra em solos pardos e cinzas. Em contraste com os microorganismos, a abundância de macrofauna edáfica está bem correlacionada com a quantidade de húmus.

Portanto, os principais traços da economia da energia e da matéria nos distintos tipos de ecossistemas podem caracterizar-se da seguinte maneira:

a) Os ecossistemas de bosque (florestal) cobrem distintas etapas da sucessão até as comunidades-clímax, e têm uma estrutura muito complexa. Os bosques mudam os fatores climáticos, produzindo microclimas diferenciados; interceptam grande quantidade de energia radiante e de água, porém as utilizam de maneira menos eficiente que os demais ecossistemas. Os bosques têm uma grande capacidade de armazenamento de matéria orgânica nos seres vivos, tanto nas plantas como nos animais.

A energia armazenada na biomassa vegetal pode superar o valor da radiação líquida anual no caso da floresta pluvial. A relação entre a energia acumulada na matéria orgânica viva e morta e o custo da meteorização da rocha é alta nos bosques. O conteúdo em cinzas das plantas é menor nos bosques do que em outros ecossistemas, de modo que os bosques têm uma economia mineral menos intensa, provavelmente devido à sua elevada capacidade de retenção. Nos ecossistemas florestais em clímax, o custo energético da produção de uma unidade de biomassa é elevado, posto que a biomassa é muito grande.

b) Os ecossistemas de pradaria, ou terras de pastos, correspondem a distintos estágios da sucessão até comunidades-clímax como a estepe ou a pradaria. Possuem uma estrutura mais simples que a dos bosques e apresentam maior capacidade de armazenamento de energia em forma de húmus. Devido à capa de húmus ser muito potente, não há lixiviação. Interceptam menos energia e água que os bosques, mas as utilizam de maneira mais econômica.

Estes ecossistemas estão controlados em grande parte pelos fatores climáticos, especialmente a água, em uma seqüência de estações secas e úmidas. Praticamente toda a produção primária situada sobre o solo se perde anualmente, e os processos de mineralização são intensos. Os herbívoros atuam como um fator importante no ciclo dos minerais, especialmente em condições secas. O uso das pradarias para terras de pasto aumenta o impacto dos animais herbívoros, que pode levar a uma sobreexploração, em especial sem gestão do regime hídrico. Nos pastos, o impacto do homem nos processos de formação do solo é bastante reduzido.

c) Os campos cultivados são ecossistemas artificialmente mantidos em um estágio inicial da sucessão, com uma estrutura simples, poucas possibilidades de modificar o efeito dos fatores climáticos, elevada produtividade, baixo custo energético na produção de uma unidade de biomassa e com ciclos abertos de circulação de minerais. Nesses ecossistemas, os custos de manter sua estabilidade correm a cargo do homem. O homem influi praticamente sobre todos os processos desses ecossistemas.

• Diversidade e estabilidade nos ecossistemas naturais

A maioria das análises formais dos conceitos de estabilidade biológica se baseia em equações populacionais não-lineares. Ao se ter um sistema dessas equações, pode-se determinar se as populações estão em equilíbrio, fazendo todas as taxas de crescimento iguais a zero e depois analisando os efeitos das perturbações ao redor do equilíbrio. Um sistema comum é o emprego de uma matriz de "m × m", denominada matriz de interação, em que cada elemento descreve o efeito da espécie *i* sobre a espécie *i* acerca do equilíbrio. A análise de uma matriz de interação revela se o sistema é ou não estável — ou seja, se volta a seu estado original depois de uma perturbação — e a velocidade do retorno, que pode estimar-se a partir dos valores dos elementos.

• Significados de estabilidade

O conceito de estabilidade se refere à tendência de um sistema a permanecer nas proximidades de um ponto de equilíbrio ou a voltar a ele depois de uma perturbação. Estes significados podem descrever-se convenientemente utilizando pontos estáveis em um espaço de fases:

a) *Constância* — Ausência de mudanças nos parâmetros do sistema ambiental, como, por exemplo, o número de espécies, a composição taxonômica, a estrutura em tipos biológicos de uma comunidade, ou em alguma característica do ambiente físico.

b) *Persistência* — Tempo de sobrevivência de um sistema ambiental ou de alguns de seus componentes. Neste sentido, por exemplo, uma população poderia ser considerada mais "estável" que outra se o tempo médio (persistência) até a sua extinção for maior.

c) *Inércia* — Capacidade de um sistema ambiental para resistir às perturbações externas. As mudanças podem medir-se em vários parâmetros ou variáveis, que incluem as que se têm enumerado anteriormente. Este é o significado de estabilidade. Por exemplo, na estrutura da rede trófica, mudanças iguais na abundância de uma das espécies produzem mudanças distintas nas abundâncias das demais, caracterizando a capacidade inercial das mesmas. Isto é similar ao conceito de flexibilidade.

d) *Elasticidade* — Velocidade a que um sistema ambiental retorna a seu estado anterior depois de uma perturbação. Existe em nível formal a possibilidade de comparar elasticidade de uma maneira quantitativa.

e) *Amplitude* — Superfície sobre o qual um sistema ambiental é estável. Um sistema tem uma amplitude elevada se se pode mudar consideravelmente seu estado prévio e todavia retornar a ele. A este significado de estabilidade se tem referência muitas vezes como estabilidade global e tem particular interesse para vários problemas ecológicos aplicados, como perícia e auditoria ambiental.

f) *Estabilidade cíclica* — Propriedade de um sistema ambiental de ciclar ou oscilar ao redor de algum ponto ou zona central. Alguns importantes processos de interação ecológica, notavelmente os sistemas predador-presa, têm esta propriedade, uma pauta que se tem denominado ciclo limite estável.

g) *Estabilidade de trajetória* — Propriedade de um sistema ambiental de mudar algum ponto ou zona final, apesar das diferenças no ponto de partida. Este é o significado de estabilidade durante a sucessão ecológica, na que pode alcançar um único estágio-clímax a partir de vários pontos de partida.

Esta relação aos significados ligados ao conceito de estabilidade, não se pretende que seja um sistema de classificação porque os termos não são comparáveis. Constância e persistência são termos descritivos que não supõem nada acerca da dinâmica subjacente. A estabilidade cíclica e a de trajetória levam associadas medidas de inércia, elasticidade, amplitude etc. A separação de conceitos se apresenta sozinha para ilustrar os muitos significados de estabilidade, cuja existência reflete uma necessidade de distintas noções relacionadas com as flutuações.

• Respostas evolutivas a ambientes mutáveis

Posto que o ambiente físico é a variável básica que influi sobre a evolução dos organismos, sua constância relativa é um fator importante das características dos indivíduos e da maneira como respondem às perturbações. Em geral, é fácil determinar os fenótipos ótimos em ambientes constantes, porém é difícil fazê-lo em ambientes flutuantes.

Uma teoria geral das respostas aos ambientes flutuantes deve incluir os seguintes fatores:

a) a proporção de tempo em que um determinado estado ambiental existe em relação ao ciclo biológico de um organismo, ou seja, com que freqüência e durante períodos de que duração se acha o organismo confrontado com este ambiente; os efeitos de um estado ambiental sobre a eficácia biológica.

b) a inversão total que se requer para melhorar a eficiência em uma unidade neste ambiente (incluindo os custos e perdas energéticas em eficácia em outros estados).

c) a previsibilidade e regularidade com que tem lugar um estado.

• Respostas à variabilidade na disponibilidade dos recursos

Posto que a maioria dos ambientes naturais tem uma substancial variabilidade de recursos, uma dedução importante é que as diferenças na riqueza da comunidade se devem, em primeiro lugar, às diferenças no espectro total dos recursos e ao grau de especialização das espécies componentes, e não a diferenças nas quantidades de superposição na utilização dos recursos.

• Conseqüência para as comunidades das estratégias individuais

A partir da teoria da adaptação a ambientes variáveis, os mecanismos da exploração de recursos e das interações de competição entre predador e presa, podemos conjecturar de que maneira estes fatores afetarão a persistência, a constância, a inércia, a elasticidade, a amplitude, a estabilidade cíclica e a estabilidade de trajetória. Os fatores que reduzem essas estabilidades são, em geral, os inversos dos que as aumentam:

a) Alguns tipos de estabilidades, por exemplo, inércia e estabilidade cíclica, ou elasticidade e estabilidade de trajetória, em geral são afetados de forma similar.

b) A inércia depende muito da heterogeneidade temporal e espacial.

c) Elasticidade e amplitude são de forma diferente por vários fatores, e com freqüência podem estar inversamente correlacionadas.

Os bosques tropicais têm provavelmente uma inércia relativamente superior devido à elevada riqueza de espécies (heterogeneidade de presas e multiplicidade de rotas energéticas), porém podem ter elasticidade e amplitude reduzidas devido: à baixa dependência da densidade das taxas de nascimento; às especializações no hábito de muitas espécies; à ausência de vidas latentes nas sementes; às reduzidas taxas de dispersão médias e os poucos migrantes. Além disso, algumas perturbações, como a criação de cultivos vegetais monoespecíficos (o agroecossistema normalizado), são claramente mais arriscadas nas regiões tropicais. Por tudo isso, cabe esperar elevadas taxas de extinção dos bosques tropicais em pequenas "ilhas", enquanto que o tratamento similar produz relativamente poucas extinções nos bosques temperados.

Muitos tipos de perturbações que têm tido efeitos menores nas zonas temperadas podem ser mais significativos nos trópicos, onde representam um desvio mais radical das perturbações típicas.

O "paradoxo de May", de que na natureza a estabilidade (constância) se acha aparentemente associada com a diversidade, sugere que o comportamento do ecossistema, em resposta às perturbações, depende, antes de tudo, das características adaptativas dos organismos do ecossistema.

Os benefícios da eficácia biológica são característicos de virtualmente todas as adaptações dos organismos. Alguns traços, como os de comportamento, podem ser mais flexíveis que outros, como os morfológicos, mas os compromissos são inevitáveis. Se conhecemos a inversão total por unidade, ou seja, a contribuição que cada um dá de retorno produtivo ao conjunto do qual faz parte, melhorando a eficácia para um conjunto de perturbações, e se conhecemos a extensão em que as espécies de um sistema ecológico estão adaptadas a estas perturbações, estaremos em uma posição melhor para prever os efeitos das perturbações novas e insólitas.

2.9. Vulnerabilidade Ambiental

• Carta e matriz de pressão das atividades humanas

A carta de pressão das atividades humanas é formulada pela integração das cartas de pressão industrial, pressão agrícola e pressão urbana.

A carta de pressão industrial tem o objetivo de identificar a pressão que as atividades industriais exercem sobre o ambiente. Para sua realização, efetua-se o levantamento de unidades industriais potencialmente poluidoras, a partir dos critérios de ramo de atividade e poluição que cada uma delas exerce sobre o solo, água e ar. Os graus de pressão, na escala ordinal, são: baixa, média e alta. Devem estar relacionados ao porte da indústria, ramo de atividade, capacidade de produção, recursos afetados e histórico de funcionamento.

A carta de pressão agrícola deve retratar a intensidade do uso das terras cultivadas. Para isto, são utilizados quatro atributos operacionais da Comissão de Tipologia da Agricultura da União Geográfica Internacional: vetor de trabalho (em termos de pessoas empregadas na agricultura por hectare de terra); vetor de força mecânica (em termos de HP de máquinas agrícolas por hectare de terras cultivadas, inclusive pastagens); intensidade do uso das terras (medida pela percentagem da área colhida em relação ao total da área em cultivos temporários); e vetor de força animal (em termos de número de animais/tração por hectare). Da mesma forma que na carta anterior, a tabela ordinal tem as seguintes categorias: baixa, média e alta.

A carta de pressão urbana deve indicar a isodensidade populacional, ou seja, densidades populacionais diferentes com o mesmo desvio padrão, da região ou área estudada, bem como das atividades decorrentes da vida urbana. A inviabilidade de se obter intervalos regulares em virtude da distribuição irregular dos fenômenos conduz à utilização de metodologia que permita a obtenção de intervalos irregulares para distribuição irregular.

Uma vez estabelecidas as classes, procede-se à união dos pontos de igual densidade. Sugere-se a seguinte tabela: de zero a 3,8 hab/km^2, pressão fraca; de 3,9 até 25,5, pressão média; e acima desse valor, pressão alta.

A partir das cartas temáticas de pressão urbana, procede-se à distribuição de unidades (unidades de pressão = UP) para as classes encontradas na etapa anterior, da seguinte forma:

Pressão Industrial (PI)		Pressão Agrícola (PA)		Pressão Urbana (PU)	
Classe	UPI	Classe	UPA	Classe	UPU
1 baixa	10	1 baixa	10	1 baixa	10
2 média	20	2 média	20	2 média	20
3 alta	40	3 alta	40	3 alta	40

Classes ordinais de valores por unidade de pressão: industrial (UPI), agrícola (UPA) e urbana (UPU).

Após a superposição das cartas, efetua-se a soma das unidades dos parâmetros de pressão (UPI + UPA + UPU) e conseqüente estabelecimento dos intervalos de classes (baixa = B, média = M, alta = A), de tal modo que a matriz de pressão das atividades humanas (UPAH) tenha a contextualização sintética com três classes nominais: baixa (valores de 10 a 40 UPAH), média (valores de 50 até 80 UPAH) e alta (valores de 90 até 120 UPAH).

Soma das unidades dos parâmetros de pressão (UPAH)	0	10 20 30 40	50 60 70 80	90 100 110 120
Classe de pressão	nula	B B B B	M M M M	A A A A

Classe de pressão das atividades humanas (UPAH) obtida por combinações das pressões componentes (pressão industrial – UPI, pressão agrícola – UPA e pressão urbana – UPU), onde B = baixa, M = média e A = alta.

• Carta e matriz de vulnerabilidade biótica

A matriz de vulnerabilidade biótica é constituída por vulnerabilidade fitogeográfica (VF), vulnerabilidade zoogeográfica (VZ) e riscos ambientais (RA).

Os valores nominais da vulnerabilidade fitogeográfica (baixa, média, alta), cruzados com aquela de pressão das atividades humanas (IE, UPAH) (baixa, média, alta), estabelecem os valores nominais e ordinais da matriz de riscos ambientais (RA). Os valores são de risco 1 (baixo), risco 2 (médio) e risco 3 (alto). Com a integração das cartas pertinentes a essas matrizes obtém-se a carta de riscos ambientais (RA).

Pressão das atividades humanas (UPAH) Vulnerabilidade fisiográfica (VF)	Baixa UPAH de 10 a 40	Média UPAH de 50 a 80	Alta UPAH de 80 a 120
Baixa	(risco 1) RA baixo	(risco 1) RA baixo	(risco 2) RA médio
Média	(risco 1) RA baixo	(risco 2) RA médio	(risco 3) RA alto
Alta	(risco 2) RA médio	(risco 3) RA alto	(risco 3) RA alto

Matriz de riscos ambientais (RA) — a partir da tabela conclui-se que:

a) risco baixo ocorre em áreas de vulnerabilidade baixa e pressão baixa; área de vulnerabilidade média e pressão média; e áreas de vulnerabilidade média e pressão baixa.

b) risco médio em áreas de vulnerabilidade baixa e pressão alta; áreas de vulnerabilidade média e pressão média; e áreas de vulnerabilidade alta e pressão baixa.

c) risco alto em áreas de vulnerabilidade média e pressão alta; áreas de vulnerabilidade alta e pressão média; e áreas de vulnerabilidade alta e pressão alta.

Vulnerabilidade Fitogeográfica	Vulnerabilidade Zoogeográfica	Risco Ambiental (RA)
Classe UVF	Classe UVZ	Classe URA
Baixa 10	Baixa 10	Baixa 10
Média 20	Média 20	Média 20
Alta 40	Alta 40	Alta 30

Tabela de vulnerabilidade fitogeográfica (VF), zoogeográfica (VZ) e risco ambiental (RA).

As vulnerabilidades fitogeográficas (VF) e zoogeográficas (VZ) estão correlacionadas como decorrência das relações ecológicas entre flora e fauna. Na determinação dos valores nominais de vulnerabilidade desses componentes devem ser levados em conta: ocorrência de espécies ameaçadas de extinção, pressão de extrativismo, pressão de caça e pesca, tamanho da área, efeito de borda, estrutura das redes e teias alimentares e estágio de fitossucessão/fitoclimaces.

Para ambos os casos (VF e VZ), os valores nominais-ordinais devem ser: baixa (10), média (20) e alta (40). Valoração semelhante é entendida para riscos ambientais (RA): risco 1 (valor 10), risco 2 (valor 20) e risco 3 (valor 40).

A partir da soma dos componentes das classes de vulnerabilidade fitogeográfica (UVF), vulnerabilidade zoogeográfica (UVZ) e riscos ambientais (URA), estabelecem-se as classes de vulnerabilidade biótica (UVB).

A matriz de vulnerabilidade biótica apresenta três classes nominais: baixa (valores de 10 até 40 unidades de vulnerabilidade biótica – UVB); média (valores de 50 até 80 UVB); e alta (valores de 90 até 120 UVB).

2.10. Sensibilidade e Vulnerabilidade a Ações Antrópicas

Para se falar em sensibilidade ou vulnerabilidade de um dado fator natural a uma perturbação provocada pela ação humana, faz-se necessário definir o conceito de estabilidade do fator natural e a natureza da perturbação antropogênica. O fator natural é tanto mais estável quanto maior for a perturbação necessária para romper seu estado de equilíbrio. Quanto à natureza da perturbação, é preciso diferenciar se seu caráter de ocorrência temporal e espacial é randômico ou sistemático. Sistemas naturais são normalmente adaptados a perturbações randômicas de grande magnitude. As perturbações introduzidas pelo homem têm, quase sempre, um caráter sistemático, ou seja, ocorrem, ano após ano, abrangendo áreas cada vez maiores.

Há várias maneiras de se abordar o problema como testar a estabilidade de sistemas naturais a perturbações antropogênicas. Uma delas é pelo método dos "análogos". Procura-se no registro histórico paleoclimático uma situação análoga e sujeita a perturbações semelhantes. Daí, estuda-se como o sistema respondeu a tal perturbação. O problema com essa metodologia é que nem sempre é factível encontrar uma situação análoga, principalmente quando se considera que a magnitude das perturbações antropogênicas deste século não apresenta paralelo na história da humanidade.

Uma maneira mais promissora de se estudar a estabilidade dos sistemas naturais requer a construção de modelos matemáticos dos sistemas. Hoje ainda não é possível construir modelos completos do sistema global, que considere todos os aspectos físicos, geoquímicos e biológicos em suas múltiplas interações. Entretanto, há uma série de modelos que representam partes do sistema global. Por exemplo, existem complexos modelos que representam os aspectos físicos do clima acima da superfície, os chamados Modelos de Circulação Geral da Atmosfera (MCGA). Num grau de complexidade ainda maior, acoplam-se aos MCGA modelos oceânicos e modelos simplificados da biosfera.

• Indicadores da sensibilidade do solo

Como todo recurso natural, o solo se esgota, sobretudo quando explorado exaustivamente e sem adoção de medidas ou tratos conservacionistas. O uso adequado pode não só preservar as condições naturais de um solo, como também levá-lo ao melhoramento, principalmente no que diz respeito à manutenção ou enriquecimento dos teores de matéria orgânica, equilíbrio químico, drenagem e estabilidade diante dos fatores de intemperismo.

Os solos são sempre sensíveis aos danos causados pelo uso antrópico e, além das suas funções edáficas, outras funções, como a do armazenamento de lençóis aqüíferos e a capacidade de dissolução de compostos orgânicos, podem ser afetadas pelo uso inadequado, causando perdas ao ambiente e ao próprio homem, posto que o solo, juntamente com a atmosfera e a água, constitui a base fundamental de sustentação da vida no planeta.

Por definição, o solo possui atributos e propriedades de caráter intrínseco e extrínseco, alguns deles passíveis de sofrer modificações pelo uso antrópico, modificações essas que podem significar ou acarretar danos ao sistema "solo". Esses atributos e propriedades podem ser, via de regra, qualificados, quantificados e correlacionados às diferentes classes de solos, podendo ser utilizados como indicadores, para fins de avaliação da sensibilidade a danos causados pela ação antrópica. Os indicadores de sensibilidade do solo devem ser definidos em função do uso antrópico analisado, da disponibilidade de dados para quantificá-los e da profundidade que se pretenda imprimir aos estudos.

Os indicadores mais expressivos são:

a) *Espessura ou profundidade do solo* — que pode ser fator indutor ou restritivo ao desenvolvimento radicular de plantas, ou pode ser fator indutor ou restritivo à formação de aqüíferos livres;

b) *Textura* — que pode ser fator indutor ou restritivo ao uso do solo no desenvolvimento agrícola;

c) *Estrutura* — que pode ser fator indutor ou restritivo à percolação e armazenamento da água no subsolo;

d) *Capacidade de retenção hídrica e capacidade de infiltração* — que pode ser fator indutor ou restritivo ao desenvolvimento de culturas cíclicas ou perenes, ou fator indutor ou restritivo à implantação de infra-estruturas de desenvolvimento regional;

e) *Erodibilidade* — fator restritivo ao uso, associado aos indicadores espessura, capacidade de retenção hídrica e capacidade de infiltração;

f) *Drenalidade* — que pode ser fator indutor ou restritivo ao uso e está associado ao indicador estrutura.

• Indicadores da sensibilidade do clima e da atmosfera

Conceitualmente, pode-se separar a sensibilidade e/ou vulnerabilidade do fator natural clima a danos causados pelas atividades humanas em dois tipos relativamente independentes. Em primeiro lugar, há a sensibilidade da componente física do clima, isto é, como as atividades humanas poderiam alterar a circulação atmosférica e os balanços de energia e água da atmosfera, principalmente modificações desses balanços da qualidade do ar devido à injeção de poluentes produzidos pelas atividades humanas. Por último precisa-se verificar se esses dois tipos de sensibilidade afetam os diferentes biomas.

Em geral, os dois tipos de sensibilidade considerados podem ser analisados em separado. Em alguns casos, porém, a componente física do clima e a constituição da atmosfera estão intimamente associadas. O exemplo mais notável dessa inter-relação é o aumento do "efeito estufa", devido ao crescimento da concentração de gases radiativamente ativos na atmosfera (CO_2, CH_4, N_2O, CFCs, etc.). Nesse caso, uma modificação global na constituição química atmosférica, ao alterar o balanço de radiação de toda a atmosfera, pode modificar o clima. Um outro exemplo mostra o oposto, ou seja, como uma modificação na componente física do clima pode alterar a qualidade do ar. Se o microclima do solo de uma região se modificar, devido, por exemplo, à agricultura, levando a modificações nos ciclos de temperatura e umidade do solo, poderão ocorrer alterações nas reações químicas envolvendo nitrogênio, resultando em mudanças nas taxas de emissão de N_2O.

O microclima de uma região é intimamente dependente das características da superfície — de um corpo d'água vegetada ou solo desnudo e da topografia. Para áreas vegetadas o microclima ainda dependerá, fundamentalmente, do tipo de vegetação. Por exemplo, o clima próximo ao solo sob uma pastagem tropical é radicalmente diferente daquele sob uma floresta tropical densa. Na última, as flutuações diurnas de temperatura, umidade e ventos são mínimas com o microclima bastante estável.

De modo geral, pode-se dizer que a estabilidade microclimática da floresta tropical amazônica é extremamente vulnerável a modificações da vegetação. No pantanal, as grandes extensões cobertas por água determinam, em primeira instância, o seu microclima. Assoreamento de rios, construção de estradas, etc., podem alterar a distribuição das superfícies alagáveis e, dessa maneira, modificar o microclima. Pode-se dizer, então, que o microclima do pantanal é sensível nas regiões que sofrerem alterações na periodicidade com que são alagadas. Como o cerrado encerra várias fisionomias vegetais (campos, campo-cerrado, cerrado, cerradão, dentre outras), a sensibilidade do microclima a modificações na vegetação dependerá, diretamente, do sub-bioma em que estiver ocorrendo e da natureza da modificação.

Um outro aspecto da mudança climática diz respeito à suscetibilidade da qualidade do ar à injeção de grandes quantidades de poluentes por ocasião das queimadas. Não há a menor dúvida de que as queimadas têm impactos negativos em várias escalas. Na macroescala, contribuem significativamente para o aumento do "efeito estufa" ao injetar enormes quantidades de vários gases minoritários (CO_2, CH_4, N_2O, O_3, principalmente) e outros gases com o CO e NOx. A contribuição brasileira ao aumento global desses gases deriva majoritariamente da queima da biomassa das florestas tropicais e, em escala bem menor, da queima de combustíveis fósseis e outras fontes.

A permanência das nuvens de fumaça é tanto mais longa quanto mais longa for a condição de estabilidade da atmosfera, ligada a inversões térmicas em níveis baixos troposféricos menores que 2km, provocando acumulações ainda maiores dos produtos de queimadas. Essas nuvens de fumaça, de milhões de quilômetros quadrados, diminuem drasticamente a visibilidade atmosférica, provocando danos à segurança de vôo e tráfego aéreo e mesmo ao setor de transportes terrestres local, podendo afetar a saúde das populações. Alguns produtos das queimadas (partículas, aerossóis e gases mais reativos) são levados da atmosfera por ocasião das primeiras chuvas e não mais causam efeitos negativos. Nesse sentido, pode-se dizer que o efeito desses gases fica restrito ao período das queimadas. Por outro lado, os gases do

Tabela 2 — Indicadores de Sensibilidade para o Sistema Climático

Subfator Natural	Indicadores de Sensibilidade	Observações
Estabilidade do Microclima	Ciclos diurnos de temperatura, umidade, radiação solar, ventos; balanços de água e energia; temperatura e umidade do solo até um metro de profundidade.	A temperatura à superfície é o melhor indicador, em termos de praticidade de obtenção.
Estabilidade do Ciclo Hidrológico e do Clima Regional	Mudança nos padrões (espaciais e temporais) das chuvas, ventos, temperatura, umidade; alteração na freqüência de ocorrência de extremos e na duração da estação seca.	As vazões dos grandes rios são os melhores indicadores, porque integram a precipitação de enormes extensões.
Equilíbrio do Sistema Floresta	Mudanças de vegetação nas interfaces floresta-cerrado ou entre expressões vegetais do mesmo bioma: ao nível do indivíduo (fenologia, taxa fotossintética, produtividade, estratégia de reprodução, suscetibilidade a doenças e perda de variedade genética) e ao nível da comunidade (mudanças na fisionomia, perda ou substituição de espécies, invasão de espécies exóticas, perdas de extratos e mudança no índice de área foliar).	
Estabilidade da Composição da Atmosfera	Caracterização de queimadas (focos, área, biomassa); freqüência e altura das inversões térmicas; concentrações de poluentes na atmosfera: Hg vapor, CO_2, CO, O_3, CH_4, NsO, NO, SO_2, H_2S, outros hidrocarbonetos, agrotóxicos, material particulado).	A quantificação das queimadas, seja em área total ou em quantidade de biomassa envolvida nos processos de combustão, é o indicador mais óbvio da qualidade do ar em relação à emissão de poluentes pelas queimadas.

"efeito estufa" normalmente têm ciclo de vida muito mais longo e não são removidos pelas chuvas, podendo, por isso, ter efeito duradouro.

Os mecanismos de dispersão de poluentes na atmosfera e sua eventual remoção dependem do grau de estabilidade, ventos, umidade e chuvas. Estas características variam drasticamente entre os biomas.

Há indicadores da qualidade do ar com relação a poluentes que afetam a saúde dos seres humanos, animais e plantas. A sensibilidade da atmosfera é, portanto, dada por aqueles níveis críticos de concentração dos poluentes, acima dos quais poderá haver danos à saúde. Inclui-se nesse caso a poluição atmosférica por mercúrio, que necessita levantamento sistemático *in situ*.

Como indicador do efeito integrado dos poluentes liberados durante as queimadas, a concentração de O_3 na baixa troposfera é, talvez, o melhor indicador. Quanto maior o nível de poluentes atmosféricos das queimadas, tanto maior a concentração de O_3 troposférico. Além disso, o ozônio é também um potente oxidante, e altas concentrações desse poluente têm efeitos negativos na saúde e sobre as plantas.

• Indicadores de sensibilidade de águas interiores

Os efeitos das atividades humanas na qualidade da água são normalmente complexos e específicos para cada região (ou microrregião), dependendo de uma série de fatores biogeoquímicos.

A legislação brasileira se baseia na Resolução CONAMA nº 20, de 1986, que classifica os corpos hídricos interiores brasileiros em classes (classe especial e classes 1 a 4), em função dos usos potenciais da água.

As águas são classificadas em função de parâmetros e indicadores específicos, que são relacionados aos possíveis usos. Podem ser consideradas águas de boa qualidade aquelas que formam os corpos hídricos enquadrados nas classes especial, 1 e 2. A classificação é única para todo o território nacional. A resolução estabelece igualmente padrões para lançamento de efluentes.

Corpos d'água que atendam aos critérios acima asseguram um funcionamento normal do ecossistema aquático e corroboram com o senso comum de águas de boa qualidade. O objetivo básico do manejo da qualidade da água é, portanto, a manutenção (ou obtenção) de tais padrões de qualidade.

Já contaminantes patogênicos, associados à poluição orgânica doméstica, têm comportamentos bastante diferenciados. Bactérias e vírus patogênicos podem sobreviver dias em ambientes aquáticos e, mesmo diluídos, podem causar diversas doenças de veiculação hídrica, como cólera e hepatite.

Tabela 3 — Indicadores de Intensidade de Danos
Potenciais nos Ecossistemas de Águas Interiores
— Intervenções Humanas na Bacia

Uso Antrópico	Dano Potencial	Possibilidade de Controle e/ou Reversão
Silvicultura	PTOX, PORG, SDSU	1 — Emprego de práticas de manejo agrícola adequadas, sobretudo quanto a agrotóxicos.
Pecuária	PTOX, PORG, SDSU	1 — Emprego de práticas de manejo agropastoral adequadas. 2 — Não utilizar áreas com declividade alta nem ocupar/desmatar margens de rios e reservatórios.
Agricultura	PSAL, PTOX, PORG, SDSU	1 — Emprego de práticas de manejo agrícola adequadas. 2 — Não utilizar áreas com declividade alta nem ocupar/desmatar margens de rios e reservatórios.
Mineração	PTOX, PORG, SDSU	1 — Controle de toda e qualquer mineração e garimpagem clandestinas, proibição de minerações em cabeceiras de bacias. 2 — Reforço na fiscalização de minerações e garimpos legalizados, para que respeitem os padrões de emissão existentes.
Obras de Infra-Estrutura	SDSU	1 — Controle de erosão, respeitar áreas ambientalmente frágeis.
Desenvolvimento Urbano	PSAL, PTOX, SDSU	1 — Implantação de políticas adequadas de desenvolvimento urbano. 2 — Tratamento de efluentes urbanos (resíduos, líquidos e sólidos).
Indústria	PSAL, PTOX, PORG, SDSU	1 — Reforço na fiscalização de indústrias para que respeitem os padrões de emissão existentes. 2 — Planejamento das atividades industriais por bacia.
Queimadas	PORG, SDSU	1 — Fiscalização e controle de queimadas, sobretudo em cabeceiras de bacia e áreas de alta declividade.
Reservatórios	PSAL, PORG, SDSU	1 — Inclusão de fatores ambientais e sócio-econômicos no planejamento do setor elétrico. 2 — Reservatórios devem ter outros usos além da geração de energia.
Canais/Drenagem	PSAL, SDSU	1 — Mitigação de eventuais efeitos negativos com origem em mudanças da morfometria e regime sedimentológico de rios e lagos.
Portos	PTOX, PORG	1 — Controle de poluição e mitigação de riscos de acidentes.
Dragagem	SDSU	1 — Mitigação de eventuais efeitos negativos com origem em mudanças da morfometria e regime sedimentológico de rios e lagos.

Tabela 4 — Danos Potenciais aos Ecossistemas de Águas Interiores e Indicadores Associados

	Código	Descrição	Principais Indicadores
Poluição por Salinidade	PSAL	O uso intensivo da água na bacia, associado a um aumento da descarga sólida nos rios, pode provocar um maior desenvolvimento da cunha salina em regiões estuarinas, tendo como principal conseqüência prejuízos ao abastecimento industrial e doméstico e à irrigação.	1 — Salinidade da água.
Poluição Tóxica	PTOX	Normalmente associada à atividade mineral, a efluentes industriais em geral e ao uso de defensivos agrícolas. Pode sujeitar as comunidades aquáticas ao problema da biomagnificação, provoca prejuízos ao abastecimento industrial e doméstico, irrigação e pesca.	1 — Concentração de metais pesados, organoclorados, organofosforados e outros defensivos agrícolas na água, no sedimento e em comunidades aquáticas. 2 — Óleos e graxas, substâncias fenólicas, turbidez, cor.
Poluição Orgânica	PORG	Tem origem em efluentes domésticos, industriais (cargas pontuais), ou em cargas não-pontuais com origem na drenagem do continente (efeito direto da retirada da cobertura vegetal). Provoca prejuízos ao abastecimento industrial e doméstico, modifica a diversidade e quantidade de espécies aquáticas, pode ser foco para a disseminação de doenças de veiculação hídrica.	1 — Eutrofização e seus efeitos secundários. A eutrofização se manifesta por: aumento da disponibilidade de nutrientes e da demanda bioquímica de oxigênio, menores índices de oxigênio dissolvido, proliferação de macrófitas, mudanças na diversidade e quantidade de algas, entre outras. 2 — Óleos e graxas, substâncias fenólicas, turbidez, cor, coliformes fecais e totais (indicadores de contaminação patogênica), sólidos suspensos e dissolvidos.
Poluição por sólidos dissolvidos ou em suspensão	SDSU	Causada pela erosão dos solos devido à retirada da cobertura vegetal, mineração em rios e barragens ao longo dos cursos d'água, tem origem também em obras de infra-estrutura, em geral, prejudica o abastecimento industrial e doméstico, muda o regime hidráulico de rios (maiores cheias ou menores disponibilidades de água). Causa prejuízos à navegação.	1 — Descarga sólida 2 — Sólidos suspensos, dissolvidos e turbidez. 3 — Mudanças no regime hidráulico e na morfometria de rios e reservatórios.

Diversos elementos químicos, mesmo em pequenas doses, são nocivos à saúde, ou bioacumulam na cadeia alimentar. Muitos desses elementos persistem na água sem reagir com outras substâncias (são conservativos). Os processos físicos de mistura e autodepuração são, muitas vezes, ineficientes para a assimilação de diversos inorgânicos não-metálicos (como mercúrio, cádmio, chumbo e cromo), compostos inorgânicos (como benzeno e aromáticos polinucleares) e orgânicos halogenados (como policloretos de alquila).

Os ecossistemas de águas superficiais são, portanto, sensíveis a substâncias químicas conservativas, biomagnificantes e perigosas. O mesmo pode ser dito a respeito de elementos radioativos de longa e meia-vida.

a) Fatores físicos: vazão (rios), tempo de residência (reservatórios), radiação solar, temperatura, pressão, densidade, forças de cisalhamento externas, energias interna e cinética, entropia, regime sedimentológico, etc.

b) Fatores químicos: elementos químicos inorgânicos e orgânicos dissolvidos, material orgânico particulado, nutrientes, metais pesados e componentes tóxicos em baixas concentrações etc.;

c) Comunidades biológicas: produtores primários (diatomáceas, algas verdes e azuis, fitobentos), zooplâncton, zoobentos, peixes, organismos em diferentes estágios de vida, etc.

• Indicadores de sensibilidade da vegetação

A vegetação terrestre, seja ela espontânea ou introduzida pelo homem, encarada como resposta que reflete a interação dos fatores abióticos e bióticos como componente das paisagens construídas, tem como condições constituir-se em um instrumento de caracterização ambiental, bem como de avaliação da sensibilidade e da vulnerabilidade do ambiente. Vulnerabilidade e sensibilidade, neste caso, são funções da amplitude do intervalo dos limites de tolerância às variações dos fatores abióticos e bióticos. Quanto mais próximo ela estiver de um de seus limites, mais vulnerável será. Sua utilização como indicadora de condições ambientais e como instrumento de avaliação para fim de gestão ambiental exige, entretanto, que ela seja avaliada do ponto de vista do grau de detalhamento do nível de conhecimento desejado, dos critérios utilizados para obtenção da informação necessária e sua hierarquização. Em outras palavras, trata-se de optar pela condução do trabalho em nível macrorregional, regional ou local.

As mudanças ambientais, provocadas pela vegetação, têm seus fatores de alteração levantados, considerando-se as origens causadas pela atividade natural e antrópica.

a) Origem antrópica

Evidencia-se aqui o desmatamento ou corte raso para a implantação de atividades agro-silvo-pastoris, abertura de estradas, implantação de grandes obras de infra-estrutura e de reflorestamento com espécies exóticas. Assim, consideram-se impactos diretos e indiretos.

- Impactos diretos — Perda da biodiversidade e fragmentação da biota, proporcionando o insulamento ao nível do indivíduo e das comunidades vegetais. Invasão por espécies exóticas e ruderais.
  Aceleração do processo erosivo e perda da fertilidade quando utilizados níveis de manejo incompatíveis com a aptidão agrícola e compactação do solo com uso de equipamento mecanizado do tipo trator de esteira; possibilidade de avanço de pragas e doenças, como conseqüência da suscetibilidade a agentes patogênicos e a predadores insetívoros, quando a área for destinada à monocultura, e invasão de espécies exóticas; contaminação do aqüífero pela utilização de corretivos e fertilizantes; alteração na distribuição da temperatura do solo e do ar, e erosão eólica com formação de nuvens de poeira na fase de preparação do terreno, em particular nos topos aplainados de regiões de acentuada estacionalidade climática.
- Impactos indiretos — Perda da fertilidade do solo por lixiviação de micronutrientes, diminuição da capacidade de armazenamento hídrico do solo, implantação de processos erosivos e conseqüente assoreamento dos cursos d'água e perda do solo arável. Formação de voçorocas.

b) Origem animal

Muito embora de menor efeito sobre o ambiente, não podem ser omitidas as mudanças ambientais provocadas por eventos naturais decorrentes de processos erosivos como as voçorocas, as corridas de lama e os escorregamentos de taludes íngremes (*lanslides*). Esses processos têm origem, em geral, na infiltração subsuperficial das águas e sua atuação em rochas de texturas diferentes que alternam sedimentos arenosos e argilosos, com alteração.

c) Indicadores de sensibilidade/perturbação

Os indicadores de sensibilidade/perturbação que devem ser considerados na análise da vegetação, em nível das espécies e em nível de comunidade vegetal, na área a ser estudada, são:

Tabela 5 — Indicadores de Sensibilidade/Perturbação

Espécies	Comunidade
1 — Mudança no Padrão Fenológico	1 — Mudança Completa na Fisionomia
2 — Mudança na Taxa de Fotossíntese	2 — Mudança Parcial na Fisionomia
3 — Mudança na Produtividade	Perda de SPP
4 — Mudança na Estratégia Reprodutiva	Substituição de SPP
5 — Aumento da Suscetibilidade a Doenças	Perdas de Estratos
6 — Perda de Variabilidade Genética	Mudança na Cobertura (IAF)

• Indicadores de sensibilidade da fauna

A fauna, bem como sua "qualidade" (entendida como, por exemplo, produtividade, estrutura, complexidade, estratificações, adaptações, etc.), é conseqüência da vegetação local presente, em escalas temporal e espacial pequenas. Embora exista interação entre a parte biótica e abiótica, na manutenção da biota essa relação pode não ser detectável em uma escala temporal curta.

A história paleoclimática, eventos geológicos, relevo, hidrografia, clima, solo, vegetação, assim como a ação antrópica, têm implicações sobre as espécies e suas populações, modificando a composição da fauna local original. Essa fauna, por sua vez, pode dar uma "velocidade" diferente à dinâmica de sucessão da vegetação. A fauna é de vital importância nos processos ecológicos, inclusive das espécies vegetais econômicas, pois promove a dispersão de sementes e polinização.

Os processos de vida existem em diferentes escalas de tempo, espaço e complexidade. Organismos são de tamanhos diferentes e isto influencia, em parte, as escalas dos processos em que cada espécie opera.

a) Sensibilidade da fauna a danos causados pelo homem

Dependendo da escala das alterações ou de quem é afetado na comunidade faunística, ocorrerão mudanças na composição ou nas populações (em particular). No limite da intensidade de cada alteração, e dependendo da escala, ocorrem alterações completas na composição, com a extinção local ou aumento do número populacional de determinada(s) espécie(s).

A sensibilidade de uma espécie, ou população, pode ser avaliada pelos seus atributos biológicos intrínsecos e extrínsecos (como, por exemplo, o habitat).

Vários fatores podem influir na sensibilidade de espécies e comunidades, dependendo da escala, a saber:

- Fatores que influem na sensibilidade de espécies: tamanho da população; distribuição da população; sistemas sociais que afetam a população efetiva (que contribuem para reprodução); probabilidade de desastres naturais e dieta.
- Fatores que influem na sensibilidade das comunidades: número de espécies; estruturas de cadeias alimentares/nível trófico; tempo de existência da comunidade; taxas de entradas e extinção e presença de espécies-chaves.
- A fauna com ampla distribuição geográfica tem menor sensibilidade a impactos que a fauna de área de distribuição restrita.

- O tamanho do território, caso seja pequeno, terá baixa sensibilidade. Caso seja grande, terá alta sensibilidade. Existe a possibilidade de que a ocupação de uma área coincida com o território pequeno de uma população localizada. Nesse caso, a sensibilidade também será alta. Como exemplo, o caso de várias pererecas com populações localizadas e pequenos territórios.
- A dieta, quanto mais ampla, menor a sensibilidade. Para um especialista, a modificação do habitat torna sua sensibilidade alta. Nos onívoros, a capacidade de comer diferentes itens aumenta a capacidade de exploração dos recursos; ao nível trófico, as espécies de base (herbívoros) apresentam baixa sensibilidade, enquanto as espécies de topo (carnívoros) têm sensibilidade maior.
- Quanto mais alto o potencial reprodutivo, mais baixa a sensibilidade e vice-versa; a fauna com menor peso tem sensibilidade mais baixa que a fauna de maior peso.
- A fauna de alta mobilidade representa menor sensibilidade da espécie, o contrário ocorrendo para a de baixa mobilidade. São especialmente sensíveis a impactos antrópicos as espécies que necessitam de seguir rotas migratórias latitudinais, em grandes bandos, com fidelidade aos sítios de repouso.
- As espécies de gerações contínuas têm sensibilidade mais baixa que as espécies de gerações discretas.
- A distribuição espacial ampla tem baixa sensibilidade comparada à distribuição restrita; as espécies com capacidade de dispersão, recrutamento, adaptabilidade, tolerância a *stress*, potencial colonizador e taxa de sobrevivência alta têm sensibilidade mais baixa que as espécies com atributos opostos, e as espécies com baixa fidelidade ao território têm sensibilidade mais baixa que as espécies com alta fidelidade ao território.

Os atributos biológicos citados podem ou não ser combinados. A ação isolada desses fatores antrópicos não explica o empobrecimento da fauna de peixes fluviais do Brasil. O normal tem sido a presença simultânea de alguns ou de todos eles, numa entropia desastrosa para a fauna aquática nacional.

2.11. Diretrizes Gerais para Elaboração de Planos de Monitoramento

Um plano de monitoramento ambiental não é necessariamente um sinônimo de levantamento das condições ou características ambientais. Por definição, monitor é um aparelho, uma pessoa ou, no caso específico do ambiente, um processo ou estrutura capaz de emitir alertas a respeito do mau funcionamento de sistemas como um todo de partes desses sistemas.

Levantamentos com finalidades científicas abrangem a exploração, ao longo do espaço e do tempo, de uma determinada área, com o objetivo de compreender a estrutura e o funcionamento de sistemas.

Vigilância ambiental ou monitoramento se resume ao uso de protocolos predeterminados, visando à detecção de alterações ambientais que possam causar efeitos deletérios sobre recursos econômicos, processos ecológicos, ou a própria saúde humana. É por isso que os objetivos de programas de monitoramento devem ser cuidadosamente definidos, já que a mera coleta contínua de dados pode não ter qualquer aplicabilidade real ou potencial. É necessário desenvolver estratégias amostrais de modo a: assegurar a avaliação de gradientes de poluição reais ou potenciais; adequar o esforço de monitoramento a normas jurídicas de controle de poluição; definir padrões de distribuição espaço-temporal com um mínimo de esforço e um máximo de previsibilidade.

A escolha dos parâmetros para monitoramento não pode, no entanto, prescindir de um levantamento inicial das condições gerais e dos organismos e comunidades presentes na área de interesse. *Baseline survey* tem por objetivo fornecer informações em relação às quais informações de monitoramento posteriores possam ser comparadas. Em outras palavras, este levantamento seria imprescindível para o teste *a posteriori* de hipóteses de nulidade, segundo as quais um presumível(is) poluente(s) não acarreta(m) efeitos significativos sobre o ambiente.

Em síntese, monitorar implica estudar ambientes com a finalidade expressa de detectar alterações que possam ser atribuídas a fontes poluentes e dar o alerta em caso de impacto. Um produto necessário dos estudos de monitoramento é a elaboração de planos de contingência, com a identificação e mapeamento dos *hot spots* e áreas vulneráveis, além das estratégias e prioridades para proteção, levando em consideração fatores ecológicos e econômicos.

Grupos de especialistas reunidos para a elaboração de termos de referência para planos de monitoramento deveriam ter como objetivos primários:

- fornecer as justificativas para o monitoramento de variáveis físico-químicas e biológicas, levando em consideração as atividades humanas já existentes e planejadas para a área;
- justificar, com fundamentação científica, a escolha de determinadas variáveis físico-químicas e biológicas para o monitoramento. Em outras palavras, avaliar a sensibilidade, praticidade, confiabilidade e previsibilidade dos diferentes métodos de se detectar poluição;
- estabelecer procedimentos práticos já em rotina (ou desenvolver novos procedimentos, em função das especificidades regionais) para o monitoramento de variáveis biológicas e físico-químicas relacionadas com a poluição.

- Justificativas para o monitoramento de variáveis físico-químicas e biológicas

A contaminação ambiental é avaliada em termos de análises químicas, imprescindíveis para uma primeira aproximação ao problema da poluição, já que fornecem uma indicação das concentrações das substâncias selecionadas para estudo. Entretanto, informações sobre sistemas biológicos, que incorporam ou são afetados por estas substâncias, são necessárias em algum estágio do monitoramento de processos de poluição. A natureza, o alcance e o detalhamento desse tipo de informações podem ser muito variados. O elevado grau de variabilidade espaço-temporal de sistemas biológicos é um sério obstáculo à sua utilização rotineira como monitores de situações de impacto. No entanto, a análise de variáveis biológicas em casos de poluição é indispensável por uma série de razões:

a) Efeito de dose — Pequenas variações nas concentrações de contaminantes ambientais podem ter grandes conseqüências sobre a qualidade dos sistemas biológicos;

b) Efeito de sinergia — Substâncias químicas, inócuas por si só, podem se combinar, originando compostos poluentes;

c) Efeito de alvo — Substâncias desconhecidas, ou cuja presença não foi detectada por métodos usuais, podem afetar sistemas biológicos;

d) Efeito de bioacumulação — Organismos podem acumular poluentes.

- Critérios para a escolha de variáveis biológicas em programas de monitoramento

Nem todas as variáveis biológicas têm a mesma importância em programas de monitoramento. É preciso estabelecer critérios mínimos para a sua escolha, visando a otimizar a relação custo/benefício. Estes critérios devem levar em conta, em ordem de prioridade: aspectos científicos fundamentais; eficiência e valor prático das variáveis ou índices biológicos; fundamentações logísticas e administrativas.

a) Efeito de interveniência — Critérios científicos.

b) Significado ecológico (sensibilidade) — Podem ser atribuídos a determinado agente causal variações de sobrevivência, crescimento e reprodução de indivíduos, comunidades.

c) Efeito de ano: Detecção de especialidade — Até que ponto as conseqüências do impacto são específicas para o agente causal?

d) Reversibilidade — Qual a capacidade de retorno da variável analisada a um estado "original" após a remoção do agente causal?

e) Amplitude taxonômica — Até que ponto o efeito é restrito a determinados grupos taxonômicos?

- Eficiência e valor prático

a) Aspectos quantitativos: previsibilidade — Relação quantitativa do efeito com a causa ou agente poluidor.

b) Velocidade de resposta: lapso de tempo — Qual o tempo de resposta da variável ao agente poluidor?

c) Taxa sinal/ruído: confiabilidade — O efeito (sinal) pode ser facilmente detectado acima da variabilidade natural (ruído)?

d) Precisão: confiabilidade — A variável pode ser medida com precisão e confiabilidade?

• Aspectos administrativos

a) Custos: praticidade — Qual o preço da mensuração de determinada variável?
b) Aplicabilidade: praticidade — Até que ponto já foi possível demonstrar a adequação de determinada variável para se detectar poluição?

• Variáveis biológicas recomendadas

A medida ou avaliação da poluição em vários níveis da organização biológica apresenta uma série de vantagens. Medidas em organismos ou em níveis suborganísmicos (níveis celular e molecular) são em geral mais sensíveis e fornecem os primeiros alertas de futuro comprometimento ambiental, embora apresentem menor significado ecológico. Por outro lado, medidas tomadas sobre as populações ou comunidades podem fornecer melhores indicações das conseqüências da poluição sobre aspectos ecológicos e sócio-econômicos do meio ambiente. Avaliações completas de processos poluidores devem, portanto, medir efeitos biológicos em diversos níveis.

Com base nesses critérios, o GESMP (*Group of Experts on the Scientific Aspects of Pollution*) da Unesco recomendou a utilização das seguintes variáveis para uso imediato nas mais diversas regiões do globo:

a) Efeitos ecológicos — Biomassa das comunidades; abundância; diversidade de eqüitabilidade; diversidade de riqueza de espécies; crescimento individual (bioindicadores); reprodução populacional; estrutura populacional; desvantagens: baixa taxa sinal/ruído e baixa velocidade de resposta; vantagens: facilidade de obtenção.

b) Bioensaios — Utilizados primariamente para a avaliação da qualidade da água. São altamente quantitativos, sensíveis e precisos no que se refere à identificação de *hot spots*. Têm elevada taxa sinal/ruído e alta velocidade de resposta, combinados com baixo custo. No entanto, a resposta medida isoladamente pode ter pouco significado ecológico. São sugeridos bioensaios com larvas de equinodermas e bivalvos, microalgas e hidróides.

c) Efeitos fisiológicos — São mais sensíveis, quantitativos e de resposta mais rápida do que efeitos ecológicos. Tendem a ser mais caros no que se refere a equipamento e treinamento de pessoal.

d) Efeitos morfológicos e patobiológicos — Diversos efeitos morfológicos e patobiológicos podem ser examinados em populações de peixes, com baixo custo, sem pessoal altamente qualificado e sem equipamento sofisticado. Estes efeitos são indicados para a detecção inicial de *hot spots*. No entanto, coleta de informações a partir da pesca comercial pode não ser conveniente, devido ao descarte de indivíduos lesionados antes da comercialização. Variáveis: alterações na estrutura corpórea de órgãos; relação entre peso de órgão e peso corporal; ulcerações no corpo; lesões no corpo; assimetria.

e) Efeitos bioquímicos — Efeitos bioquímicos caem em duas categorias, os gerais (ou não-específicos) e os que são indicadores de ação tóxica específica de poluentes particulares. A produção primária de microalga e outros microorganismos pode ser um bom indicador das condições ambientais, mas tem as desvantagens de não apresentar relação quantitativa muito clara com a poluição e de ter uma baixa taxa sinal/ruído. Dois testes bioquímicos são recomendados:

— Taxa de taurina/glicina — técnica quantitativa e moderadamente sensível, mas de uso restrito a bivalvos marinhos e a laboratórios com analisadores de aminoácidos.
— Alterações na estabilidade lisossômica podem ser facilmente analisadas em um programa de monitoramento. Trata-se de um efeito quantitativo, sensível, com elevada velocidade de resposta e elevada taxa sinal/ruído, que pode ser aplicado a uma variedade de organismos e já foi testado em trabalhos de campo. A principal desvantagem é o elevado custo do equipamento e o baixo significado ecológico.

• Fases do monitoramento biológico

Existem vários objetivos possíveis em programas de monitoramento:

a) controle do *input* de poluentes;
b) proteção da saúde humana;
c) determinação de tendências espaciais e temporais de processos de contaminação e de seus efeitos nos ecossistemas;
d) obtenção de dados para o manejo ambiental.

Sejam quais forem os limitantes de tempo ou recursos, estes programas devem seguir estratégias consistentes. Três fases podem ser reconhecidas:

Fase I — Identificação

Esta fase compreende o mapeamento dos *hot spots* de poluição (distribuição das áreas-fonte e das áreas com elevados níveis de contaminação na água, no sedimento e na biota). Isto permite que o esforço posterior seja concentrado em áreas-alvo, onde a probabilidade de ocorrência de impactos seja maior.

Nesta fase, as análises químicas são indispensáveis para caracterizar os níveis de contaminação e poluição. As variáveis biológicas devem ser precisas e sensíveis, ou seja, devem ser capazes de responder a variações muito pequenas do ambiente físico-químico (alta taxa sinal/ruído). Devem ser baratas e de aplicabilidade geral. São sugeridos os seguintes tipos de análises:

— condições morfológicas anormais em peixes (estágios iniciais de desenvolvimento e adultos);
— bioensaios com amostras de água do mar;
— estabilidade lisossômica.

Ainda nesta fase deve ser conduzido um trabalho de caracterização geral (*baseline survey*), seja por meio de campanhas oceanográficas ou pela reavaliação e síntese de dados pretéritos.

Fase II — Quantificação do grau ou extensão do dano

A demonstração da existência de um *hot spot* não indica por si só dano biológico ou ecológico. São necessárias a confirmação e a quantificação deste(s) dano(s), através do exame de variáveis de relevância ecológica. Nesta fase, medidas no nível das comunidades são importantes, apesar de seu custo maior, de sua relativa insensibilidade e dos problemas de interpretação. Há evidências e mesmo recomendações (ICES *Workshop/* GESAMP *workshop*) de que a análise de comunidades bênticas, incluindo comunidades litorâneas, é mais eficaz do que a análise de associações planctônicas. No entanto, não há evidência de que análises detalhadas, em nível específico, dos bentos sejam particularmente mais informativas ou adequadas do que a análise de parâmetros mais grosseiros, como a abundância total, biomassa total, diversidade, etc.

Fase III — Determinação de relações causais

Nesta fase já deve ser possível a determinação das causas de eventuais efeitos, a partir de evidências circunstanciais. A estratégia a ser adotada é novamente a intensificação de análises químicas, mas já em um novo contexto. Esta fase compreende a quantificação e a compreensão das relações dose-resposta, exigindo o conhecimento da especificação das substâncias químicas e de sua partição nos diversos compartimentos biológicos. Os procedimentos a serem adotados seriam: análises químicas específicas da água, sedimento e biota, à procura de contaminantes suspeitos; a realização de bioensaios com modificações específicas das amostras de água; e a adoção de técnicas bioquímicas específicas para determinadas substâncias ou classes de substâncias.

• Aspectos temporais de programas de monitoramento

O conhecimento de tendências ou variações ambientais pode ser obtido:

— pela repetição de um mapeamento espacial inicial em uma seqüência temporal adequada (sazonal ou anual);
— pela repetição freqüente de observações em um mesmo sítio.

O tipo de escala temporal a ser adotado dependerá da natureza, do alcance e da própria permanência dos *inputs* contaminantes.

As estratégias para a determinação de mudanças temporais de variáveis biológicas ou físico-químicas podem ser as mesmas sugeridas anteriormente. Por exemplo, o uso de bioensaios fornece uma boa base para a medida de variações na qualidade da água, desde que se levem em consideração variações naturais causadas por *blooms* (picos populacionais), mudanças na drenagem continental, influência sazonal, etc.

3. ANÁLISES DE CONJUNTURA E DE MULTIPERSPECTIVAS

3.1. ANÁLISE DE CONJUNTURA

Um processo contínuo de mudanças não constitui nada de verdadeiramente novo; a mudança é intrínseca à própria vida. A velocidade com que ocorrem as mudanças é o que passa a ser cada vez mais a marca de nosso tempo. Esta velocidade das mudanças se acelera ao longo da história. Nas eras neolíticas, o progresso era calculado por milênios; de aproximadamente dois mil anos para cá, ele tem sido medido por séculos, mas hoje precisamos considerá-los em décadas; em algumas atividades, como, por exemplo, a informática, torna-se necessário usar medidas de tempo ainda muito mais curtas. As idéias se tornam obsoletas ou inadequadas com grande velocidade.

Para criar uma visão da questão ambiental é possível partir de determinadas categorias implícitas em uma análise de conjuntura:

1. acontecimentos;
2. cenários;
3. atores;
4. relações de força;
5. articulação entre estrutura e conjuntura.

Na análise dos acontecimentos é preciso selecionar aqueles que marcam a evolução da atual questão ambiental em um emaranhado de fatos e dados. Fuga de capitais, intercâmbio comercial, colapso nos serviços sociais podem ser alguns aspectos nessa seleção de dados.

Quanto aos cenários, é preciso determinar em que espaços têm se desenvolvido tanto os desastres ecológicos, como as lutas por um meio ambiente mais bem cuidado. Neste caso, o cenário se torna realmente global, visto que desastres ecológicos e movimentos sociais relacionados ao meio ambiente são fenômenos ocorrentes em todas as regiões do planeta.

Entre os atores envolvidos, podemos destacar a atuação de determinados indivíduos como atores sociais, além de grupos e categorias sociais. A idéia de "ator" não precisa se limitar a pessoas ou grupos sociais. Instituições podem também atuar como importantes atores sociais. Este é o caso das ONGs, dos sindicatos, dos partidos políticos, dos governos e das empresas. As ONGs não substituem os atores sociais, mas passam a ser elas mesmas um dos mais importantes personagens.

Nas questões de meio ambiente, a análise das relações de força assume um papel importante e complexo. As classes sociais, os grupos, etc., estabelecem relações uns com os outros. O teor dessas relações varia, indo desde a cooperação ou da coexistência pacífica, até posições de hostilidade ou domínio.

Encontrar formas de verificar a relação de forças e ter uma idéia mais clara dessa relação é decisivo se se quer tirar conseqüências práticas da análise de conjuntura. Essas forças podem se revelar de forma quantitativa, como, por exemplo, através de eleições; ou podem se apresentar de maneira mais subjetiva, como no caso de movimentos sociais que atuam dinamicamente e em constante mudança.

Entre as possíveis forças a serem consideradas, encontra-se o Fundo Monetário Internacional (FMI), regulador absoluto da dívida dos países menos desenvolvidos. A idéia de capital mundial relaciona-se com a existência do Fundo Monetário Internacional que, como um grande auditor, controla as finanças internas através das dívidas externas contraídas.

Atualmente nenhum país periférico consegue renegociar sua dívida com os bancos internacionais, ou obter novos créditos sem o aval do FMI. As fabulosas quantias das dívidas externas servem de indicadores do grau de transnacionalização e controle externo das economias internas.

Quanto à articulação entre estrutura e conjuntura, podemos dizer que tanto os acontecimentos quanto as ações desenvolvidas pelos atores sociais não se dão no vazio, mas sim dentro de um contexto histórico de onde emergem as relações sociais, políticas e econômicas. Acontecimentos como o desastre de Chernobyl ou como a Rio-92 não surgem do acaso; pelo contrário, são o resultado de um longo processo e se situam numa determinada estrutura industrial e política de sua época.

3.2. ANÁLISE DE MULTIPERSPECTIVAS

a) Percepção do problema: informação, experiência, formação e pressão de grupos/organizações.

b) Aproximação e interação das ópticas das diferentes perspectivas — Modelos de Análise: política (método de Landz), comportamento, conhecimento, problemas (método de Linstone).

4. BIBLIOGRAFIA

CLARK, B.D.; Chapman, K.; Bisset, R. & Wathern, P. — Methods of Environmental Impact Analises. Built. Environment, 4 (2): 11-121, 1979.

CLÁUDIO, C.F.B.R. — Abordagens Metodológicas na Avaliação de Impacto Ambiental. Propostas de critérios de AIA em São Paulo. Ciência e Cultura, 39 (5/6): 483-8, Rio de Janeiro, 1987.

DEE, N.; Baker, J.; Drobny, N.; Duke, K.; Whitman & Fahringer, D. — An Environmental Evaluation System for Water Resource Planning. Wat. Resour. Ec. Res., 0: 523-35, 1973.

FISHER, D.W. and Davies, G.S. — An Approach up Assessing Environmental Impacts. J. Environ. Mgmt. 1: 207-27, 1973.

GILLILAND, M.W. and Risser, P.G. — The Use of Systems Diagrams for Environmental Impact Assessment Procedures and an Application. Ecol, Modelling, 3: 183-209, 1977.

GUELBERG, P.H.; Benesh, F.H. and MC Curdy, T. — Secondary Impacts of Major Land Use Projects. J. Am. Inst. Plann. 43: 260-70, 1977.

HART, H.T. and Cullen, P. — Principles of Environmental Impact Assessment. Search, 7: 231-5, 1976.

HOLLICK, M. — Environmental Impacts Assessment as a Planning Tool. J. Environ. Mgmt, 12: 79-90, 1981.

HUECK, K. — *As florestas da América do Sul.* Editora Universidade de Brasília, Ed. Polígono, São Paulo, XXIII + 446 pp., 1972.

HUTICHINSON, G.E. — Introduccion a la ecologia de poblaciones. Blume Ecology, Barcelona, 492 p., 1981.

KLINK, H.J. — *Geoecologia e Regionalização Natural.* Universidade de São Paulo. Inst. de Geografia. Série Biogeografia, São Paulo, nº 17, 1981.

MARGALEF, R. — Ecology. Omega, Barcelona, 951 p., 1974.
MAY, R. — Theoretical Ecology. Principles and Applications. Blackwell, Oxford, 317 p., 1976.
MUNN, R.E. — Environmental Impact Assessment: Principles and Procedures. Toronto, Canadá. SCOPE 5: 160 p., 1975.
ODUM, E.P. — *Fundamentos de Ecologya*, 3ª ed., Fundação Calouste Gulbenkian, Lisboa, 595 p., 1979.

CAPÍTULO 4

PERÍCIA AMBIENTAL EM AÇÕES CIVIS PÚBLICAS

Lilian Alves de Araújo

1. INTRODUÇÃO

O presente capítulo introduz os principais conceitos e normas jurídicas que orientam a prática da Perícia Ambiental e apresenta os resultados de uma investigação desta prática no Município do Rio de Janeiro, no âmbito da Ação Civil Pública, principal meio processual de defesa do meio ambiente e principal fonte de demanda por perícias ambientais.

Os conflitos advindos da crescente concentração populacional aliados a um modelo de desenvolvimento econômico que compromete o equilíbrio ecológico e, conseqüentemente, a qualidade de vida dos cidadãos, têm gerado demandas judiciais cada vez mais complexas envolvendo questões ambientais.

Sobretudo com a instituição da Lei da Ação Civil Pública editada em 1985, os conflitos ambientais levados a Juízo tanto cresceram em quantidade quanto em complexidade técnica, a ser absorvida e solucionada pelo Poder Judiciário.

O esforço de se proteger o meio ambiente e solucionar esses conflitos, que na maioria das vezes resultam num alto custo ambiental e social, tem demandado, nos últimos anos, a construção de teorias, princípios, métodos e instrumentos inovadores tanto na área do Direito quanto nas diversas áreas do conhecimento relacionadas com a questão ambiental.

Inclusa neste processo, encontra-se a *"Perícia Ambiental"*, uma importante especialidade de perícia, relativamente nova no Brasil, mas que tem evoluído consideravelmente nos últimos anos, principalmente devido ao aprimoramento da legislação ambiental.

Trata-se de uma atividade profissional de relevante interesse social, de natureza complexa e ainda em fase inicial de estruturação, a exigir uma prática multidisciplinar e a atuação de profissionais altamente qualificados para o trato das questões ambientais, além de estudos e pesquisas que fundamentem o desenvolvimento de seus aspectos jurídicos, teóricos, técnicos e metodológicos.

2. PERÍCIA JUDICIAL

Perícia é um meio de prova utilizada em processos judiciais, disciplinada nos artigos "420 a 439 da Seção VII — Da Prova Pericial" (CAPÍTULO VI — DAS PROVAS), do Código de Processo Civil (CPC).

Nunes (1994) define perícia nos seguintes termos:

"PERÍCIA — Exame realizado por técnico, ou pessoa de comprovada aptidão e idoneidade profissional, para verificar e esclarecer um fato, ou estado ou a estimação da coisa que é objeto de litígio ou processo, que com um deles tenha relação ou dependência, a fim de concretizar uma prova ou oferecer o elemento de que necessita a Justiça para poder julgar. No crime, a perícia obedece às normas estabelecidas pelo Código de Processo Penal (arts. 158 e seguintes), devendo ser efetuada o mais breve possível, antes que desapareçam os vestígios. No cível compreende a vistoria, a avaliação, o arbitramento, obedecendo às normas procedimentais do Código de Processo Civil, arts. 145 e 420."

A versão mais recente do *Código de Processo Civil* foi editada pela Lei nº 5.869, de 11/01/1973, passando por algumas alterações ao longo do tempo. Em 1992 foram alterados importantes dispositivos referentes às perícias pela Lei nº 8.455, de 24/08/1992, transcritos a seguir com a nova redação, destacando-se, através de *Notas,* as alterações citadas (NEGRÃO, 1995):

"CAPÍTULO VI — DAS PROVAS
Seção VII — Da *Prova Pericial*

Art. 420. A prova pericial consiste em exame, vistoria ou avaliação.
Parágrafo único. O juiz indeferirá a perícia quando:
I — a prova do fato não depender do conhecimento especial de técnico;
II — for desnecessária em vista de outras provas produzidas;
III — a verificação for impraticável.

Art. 421. O juiz nomeará o perito, fixando de imediato o prazo para a entrega do laudo.
Parágrafo 1º Incumbe às partes, dentro em cinco (5) dias, contados da intimação do despacho de nomeação do perito:
I — indicar o assistente técnico;
II — apresentar quesitos.
Parágrafo 2º Quando a natureza do fato o permitir, a perícia poderá consistir apenas na inquirição pelo juiz do perito e dos assistentes, por ocasião da audiência de instrução e julgamento a respeito das coisas que houverem informalmente examinado ou avaliado.
Nota: *Redação do parágrafo 2º, de acordo com a Lei nº 8.455, de 24/08/92. O texto primitivo assim se dispunha: "Havendo pluralidade de autores ou de réus, far-se-á a escolha pelo voto da maioria de cada grupo; ocorrendo empate, decidirá a sorte."*

Art. 422. O perito cumprirá escrupulosamente o encargo que lhe foi cometido, independentemente de termo de compromisso. Os assistentes técnicos são de confiança da parte, não sujeitos a impedimento ou suspeição.
Nota: *Redação de acordo com a Lei nº 8.455, de 24/08/92. O texto primitivo assim se dispunha: "O perito e os assistentes técnicos serão intimados a prestar, em dia, hora e lugar designados pelo juiz, o compromisso de cumprir conscienciosamente o encargo que lhes for cometido."*

Art. 423. O perito pode escusar-se (art. 146), ou ser recusado por impedimento ou suspeição (art. 138, III); ao aceitar a escusa ou julgar procedente a impugnação, o juiz nomeará novo perito.
Nota: *Redação de acordo com a Lei nº 8.455, de 24/08/92. O texto primitivo assim se dispunha: "O perito ou o assistente técnico pode escusar-se*

(art. 146), ou ser recusado por impedimento ou suspeição (art. 138, III); ao aceitar a escusa ou ao julgar procedente a impugnação, o juiz nomeará novo perito e a parte poderá indicar outro assistente técnico."

Art. 424. O perito pode ser substituído quando:

I — carecer de conhecimento técnico ou científico;

II — sem motivo legítimo, deixar de cumprir o encargo no prazo que lhe foi assinado.

Parágrafo único. No caso previsto no inciso II, o juiz comunicará a ocorrência à corporação profissional respectiva, podendo, ainda impor multa ao perito, fixada tendo em vista o valor da causa e o possível prejuízo decorrente do atraso no processo.

Nota: *Redação do* caput *de acordo com a Lei nº 8.455, de 24/08/92. O texto primitivo assim se dispunha: "O perito ou o assistente pode ser substituído quando."*

Redação do inciso II de acordo com a Lei nº 8.455, de 24/08/92. O texto primitivo assim se dispunha: "II — sem motivo legítimo, deixar de prestar compromisso."

Redação do parágrafo único de acordo com a Lei nº. 8.455, de 24/08/92. O texto primitivo assim se dispunha: "No caso previsto no nº. II, o juiz impor-lhe-á multa de valor não superior a um (1) salário mínimo vigente na sede do Juízo."

Art. 425. Poderão as partes apresentar, durante a diligência, quesitos suplementares. Da juntada dos quesitos aos autos dará o escrivão ciência à parte contrária.

Art. 426. Compete ao juiz:

I — indeferir quesitos impertinentes;

II — formular os que entender necessários ao esclarecimento da causa.

Art. 427. O juiz poderá dispensar prova pericial quando as partes, na inicial e na contestação, apresentarem sobre as questões de fato pareceres técnicos ou documentos elucidativos que considerar suficientes.

Nota: *Redação de acordo com a Lei nº 8.455, de 24/08/92. O texto primitivo assim se dispunha: "O juiz, sob cuja direção e autoridade se realizará a perícia, fixará por despacho:*

I — o dia, hora e lugar em que terá início a diligência;

II — o prazo para a entrega do laudo."

Art. 428. Quando a prova tiver de realizar-se por carta, poderá proceder-se à nomeação de perito e indicação de assistentes técnicos no Juízo, ao qual se requisitar a perícia.

Art. 429. Para o desempenho de sua função, podem o perito e os assistentes técnicos utilizar-se de todos os meios necessários, ouvindo testemunhas, obtendo informações, solicitando documentos que estejam em poder de parte ou em repartições públicas, bem como instruir o laudo com plantas, desenhos, fotografias e outras quaisquer peças.

Art. 430. REVOGADO

Nota: *Este artigo foi revogado pela Lei nº 8.455, de 24/08/92. O texto primitivo assim se dispunha:"O perito e assistentes técnicos, depois de averiguação individual ou em conjunto, conferenciarão reservadamente e, havendo acordo, lavrarão laudo unânime.*

Parágrafo único. O laudo será escrito pelo perito e assinado por ele e pelos assistentes técnicos."

Art. 431. REVOGADO

Nota: *Este artigo foi revogado pela Lei nº 8.455, de 24/08/92. O texto primitivo assim se dispunha:"Se houver divergência entre o perito e os assistentes técnicos, cada qual escreverá o laudo em separado, dando as razões em que se fundar."*

Art. 432. Se o perito, por motivo justificado, não puder apresentar o laudo dentro do prazo, o juiz conceder-lhe-á, por uma vez, prorrogação, segundo o seu prudente arbítrio.

Nota: *O parágrafo único deste artigo foi revogado pela Lei nº 8.455, de 24/08/92. O texto primitivo assim se dispunha:"O prazo para os assistentes técnicos será o mesmo do perito."*

Art. 433. O perito apresentará o laudo em cartório, no prazo fixado pelo juiz, pelo menos vinte dias antes da audiência de instrução e julgamento.

Parágrafo único. Os assistentes técnicos oferecerão seus pareceres no prazo comum de dez dias após a apresentação do laudo, independentemente da intimação.

Nota: *Redação do* caput *de acordo com a Lei nº 8.455, de 24/08/92. O texto primitivo assim se dispunha: "O perito e os assistentes técnicos apresenta-*

rão o laudo em cartório pelo menos dez (10) dias antes da audiência de instrução e julgamento."
Redação do parágrafo único de acordo com a Lei nº 8.455, de 24/08/92. *O texto primitivo assim se dispunha: "Se o assistente técnico deixar de apresentar o laudo dentro do prazo assinado pelo juiz ou até dez (10) dias antes da audiência, esta realizar-se-á independentemente dele. Se remisso for o perito nomeado pelo juiz, este o substituirá, impondo-lhe multa, que não excederá dez (10) vezes o salário mínimo vigente na sede do Juízo."*

Art. 434. Quando o exame tiver por objeto a autenticidade ou a falsidade de documento, ou for de natureza médico-legal, o perito será escolhido, de preferência, entre os técnicos dos estabelecimentos oficiais especializados. O juiz autorizará a remessa dos autos, bem como do material sujeito a exame, ao estabelecimento, perante cujo diretor o perito prestará o compromisso.

Parágrafo único. Quando o exame tiver por objeto a autenticidade da letra e firma, o perito poderá requisitar, para efeito de comparação, documentos existentes em repartições públicas; na falta destes, poderá requerer ao juiz que a pessoa, a quem se atribuir a autoria do documento, lance folha de papel, por cópia, ou sob ditado, dizeres diferentes, para fins de comparação.

Art. 435. A parte, que desejar esclarecimento do perito e do assistente técnico, requererá ao juiz que mande intimá-lo a comparecer à audiência, formulando desde logo as perguntas, sob forma de quesitos.

Parágrafo único. O perito e o assistente técnico só estarão obrigados a prestar os esclarecimentos a que se refere este artigo, quando intimados cinco (5) dias antes da audiência.

Art. 436. O juiz não está adstrito ao laudo pericial, podendo formar a sua convicção com outros elementos ou fatos provados nos autos.

Art. 437. O juiz poderá determinar, de ofício ou a requerimento da parte, a realização de nova perícia, quando a matéria não lhe parecer suficientemente esclarecida.

Art. 438. A segunda perícia tem por objeto os mesmos fatos sobre que recaiu a primeira e destina-se a corrigir eventual omissão ou inexatidão dos resultados a que esta conduziu.

Art. 439. A segunda perícia rege-se pelas disposições estabelecidas para a primeira.

Parágrafo único. A segunda perícia não substitui a primeira, cabendo ao juiz apreciar livremente o valor de uma e outra.

2.1. PERITO

Na concepção jurídica, o perito é um auxiliar da Justiça que assessora o juiz na formação de seu convencimento quando as questões em pauta exigem conhecimentos técnicos ou científicos específicos para a elucidação dos fatos. O perito é nomeado pelo juiz, que o considera de sua confiança.

O Instituto Brasileiro de Avaliações e Perícias de Engenharia (IBAPE, 1994) define:

> "PERITO: Profissional legalmente habilitado, idôneo e especialista, convocado para realizar uma perícia."

A função de *perito judicial* é disciplinada nos artigos 145 a 147 da Seção II — Do Perito (CAPÍTULO V — DOS AUXILIARES DA JUSTIÇA), do CPC, que também sofreu alterações em alguns dispositivos pela Lei nº 8.455, de 24/08/1992, transcritos a seguir com a nova redação, destacando-se, através de *Notas,* as alterações citadas (NEGRÃO, 1995):

> "CAPÍTULO V — DOS AUXILIARES DA JUSTIÇA
> Seção II — Do Perito
>
> **Art. 145.** Quando a prova do fato depender de conhecimento técnico ou científico, o juiz será assistido por perito, segundo disposto no art. 421.
> **Parágrafo 1º** Os peritos serão escolhidos entre profissionais de nível universitário, devidamente inscritos no órgão de classe competente, respeitado o disposto no Capítulo VI, seção VII, deste Código.
> **Parágrafo 2º** Os peritos comprovarão sua especialidade na matéria sobre que deverão opinar, mediante certidão do órgão profissional em que estiverem inscritos.

Parágrafo 3º. Nas localidades onde não houver profissionais qualificados que preencham os requisitos dos parágrafos anteriores, a indicação dos peritos será de livre escolha do juiz.

Art. 146. O perito tem o dever de cumprir o ofício, no prazo que lhe assina a lei, empregando toda a sua diligência; pode, todavia, escusar-se do encargo, alegando motivo legítimo.

Parágrafo único. A escusa será apresentada dentro de cinco dias, contados da intimação ou do impedimento superveniente, sob pena de se reputar renunciado o direito a alegá-la (art. 423).

Nota: *Redação do parágrafo único de acordo com a Lei nº 8.455, de 24/08/92. O texto primitivo assim se dispunha: "A escusa será apresentada dentro de cinco (5) dias contados da intimação, ou do impedimento superveniente ao compromisso, sob pena de se reputar renunciado o direito a alegá-la (art. 423)."*

Art. 147. O perito que, por dolo ou culpa, prestar informações inverídicas, responderá pelos prejuízos que causar à parte, ficará inabilitado, por dois (2) anos, a funcionar em outras perícias e incorrerá nas sanções que a lei penal estabelecer.

O conhecimento das normas específicas que disciplinam a atividade pericial deve se somar ao conhecimento dos procedimentos e ritos processuais de jurisdição civil.

O profissional convocado para exercer a função de *perito judicial*, além de sua formação técnica específica, deve possuir uma noção básica de *Direito Processual Civil*, pois é no âmbito deste ramo da ciência jurídica que ele irá atuar, tendo, obrigatoriamente, que seguir os ritos previstos no CPC.

Na opinião de Bustamante (1994), para bem exercer a função de perito ou assistente técnico, é imprescindível que se tenha pleno conhecimento, além dos artigos do Código de Processo Civil acima transcritos, dos arts. 19; 33; 130; 138 e 440 a 443. Considerando-se tal importância, estes também serão transcritos a seguir, sendo que os arts. 440 a 443 serão transcritos em item posterior (NEGRÃO, 1995):

"CAPÍTULO II — DOS DEVERES DAS PARTES
E DOS SEUS PROCURADORES
Seção III — Das despesas e das multas

Art. 19. Salvo as disposições concernentes à Justiça gratuita, cabe às partes prover as despesas dos atos que realizam ou requerem no processo, antecipando-lhes o pagamento desde o início até a sentença final; e bem ainda, na execução, até a plena satisfação do direito declarado pela sentença.

Parágrafo 1º O pagamento de que trata este artigo será feito por ocasião de cada ato processual.

Parágrafo 2º Compete ao autor adiantar as despesas relativas a atos, cuja realização o juiz determinar de ofício ou a requerimento do Ministério Público.

Art. 33. Cada parte pagará a remuneração do assistente técnico que houver indicado; a do perito será paga pela parte que houver requerido o exame, ou pelo autor, quando requerido por ambas as partes ou determinado de ofício pelo juiz.

"CAPÍTULO IV — DO JUIZ
Seção I — Dos poderes, dos deveres e da responsabilidade do juiz

Art. 130. Caberá ao juiz, de ofício ou a requerimento da parte, determinar as provas necessárias à instrução do processo, indeferindo as diligências inúteis ou meramente protelatórias.

Seção II — Dos impedimentos e da suspeição

Art. 138. Aplicam-se também os motivos de impedimento e de suspeição:

I — ao órgão do Ministério Público, quando não for parte, e, sendo parte, nos casos previstos nos números I a IV do art. 135;
II — ao serventuário de justiça;
III — ao perito;

Nota: *Redação do inciso III de acordo com a Lei nº 8.455, de 24/08/92. O texto primitivo assim se dispunha: "III — ao perito e assistentes técnicos."*

IV — ao intérprete.

Parágrafo 1º A parte interessada deverá argüir o impedimento ou a suspeição, em petição fundamentada e devidamente instruída, na primeira oportunidade em que lhe couber falar nos autos; o juiz mandará processar o incidente em separado e sem suspensão da causa, ouvindo o argüido no prazo de cinco (5) dias, facultando a prova quando necessária e julgando o pedido.

Parágrafo 2º Nos tribunais caberá ao relator processar e julgar o incidente.

2.2. Assistente Técnico

O Instituto Brasileiro de Avaliações e Perícias de Engenharia (IBAPE, 1994) define:

"ASSISTENTE TÉCNICO: Profissional legalmente habilitado, indicado e contratado pela parte para orientá-la, assistir os trabalhos periciais em todas as fases da perícia e, quando necessário, emitir seu *parecer técnico*."

A nova redação do *Código de Processo Civil*, dada pela Lei nº 8.455, de 24/08/92, alterou profundamente as funções do assistente técnico, que passou a não mais estar sujeito a impedimento e suspeição pelo teor da parte final do artigo 422: "Os assistentes técnicos são de confiança da parte, não sujeitos a impedimento ou suspeição."

Isto significa que o assistente técnico pode incorrer em todos os impedimentos do artigo 134 (CPC), não podendo ser argüido de suspeição, ou seja, pode ser parcial.

2.3. Juiz

O Juiz é soberano ao tomar decisão sobre a lide, não estando obrigado a acatar o laudo do perito judicial por ele nomeado, podendo adotar o parecer de um dos assistentes técnicos ou ainda não acatar nenhum deles, solicitando nova perícia, ou formando sua convicção com outros elementos ou fatos que julgar provados nos autos, ou fazendo uma inspeção judicial, conforme artigos "440 a 443 da Seção VII — Da inspeção judicial" (CAPÍTULO VI — DAS PROVAS), do CPC (NEGRÃO, 1995):

"CAPÍTULO VI — DAS PROVAS
Seção VIII — Da inspeção judicial

Art. 440. O juiz, de ofício ou a requerimento da parte, pode, em qualquer fase do processo, inspecionar pessoas ou coisas, a fim de se esclarecer sobre fato que interesse à decisão da causa.

Art. 441. Ao realizar a inspeção direta poderá ser assistido de um ou mais peritos.

Art. 442. O juiz irá ao local, onde se encontre a pessoa ou coisa, quando:

I — julgar necessário para a melhor verificação ou interpretação dos fatos que deva observar;

II — a coisa não puder ser apresentada em Juízo, sem consideráveis despesas ou graves dificuldades;

III — determinar a reconstituição dos fatos.

Parágrafo único. As partes têm sempre o direito a assistir à inspeção, prestando esclarecimentos e fazendo observações que reputem de interesse para a causa.

Art. 443. Concluída a diligência, o juiz mandará lavrar auto circunstanciado, mencionando nele tudo quanto for útil ao julgamento da causa.

Parágrafo único. O auto poderá ser instruído com desenho, gráfico ou fotografia."

2.4. Quesitos e Laudo Pericial

- *Quesitos*

O juiz incumbe as partes (autor e réu) a apresentar *quesitos,* dentro do prazo de cinco dias, contados da intimação do despacho de nomeação do perito (art. 421 do CPC), permitindo ainda a apresentação de *quesitos suplementares* (art. 425 do CPC).

Segundo Tarcha (1993):

"QUESITOS são perguntas ou questões formuladas ao perito e assistentes técnicos, concernentes aos fatos da causa, que constituem o objeto da perícia."

Na maioria das vezes os quesitos são formulados pelos advogados das partes, sendo que o mais indicado seria que o fizessem sob a orientação de seus respectivos assistentes técnicos, se estes tiverem sido indicados, pois as argüições devem ser pertinentes à matéria em causa, envolvendo questões técnicas a serem elucidadas pelo perito e pelo assistente técnico da parte contrária.

Os quesitos podem, ainda, ser formulados pelo promotor de justiça e pelo juiz, sendo que também ao juiz compete indeferir aqueles que julgar impertinentes (art. 426 do CPC). Caso o juiz, por alguma razão, deixe de indeferir algum quesito impertinente, o perito deve abster-se em respondê-lo, justificando-se por tal atitude.

Ainda segundo Tarcha (1993), em função dos prazos legalmente estabelecidos para a apresentação dos quesitos, estes são assim designados:

— *quesitos originários:* são os apresentados no prazo da lei;
— *quesitos suplementares:* aqueles formulados posteriormente, mas antes da perícia;
— *quesitos intempestivos:* os formulados fora dos prazos legais;
— *quesitos elucidativos:* os apresentados em audiência, para esclarecer dúvidas sobre o laudo.

• *Laudo Pericial*

O art. 433 do CPC, ao sofrer alterações pela Lei nº 8.455, de 24/08/1992, passa a designar o resultado técnico subscrito pelo assistente técnico de *Parecer*, enquanto que apenas o trabalho subscrito pelo perito pode ser denominado *Laudo:*

Art. 433. O *perito* apresentará o *laudo* em cartório, no prazo fixado pelo juiz, pelo menos vinte dias antes da audiência de instrução e julgamento.

Parágrafo único. Os *assistentes técnicos* oferecerão seus *pareceres* no prazo comum de dez dias após a apresentação do laudo, independentemente da intimação.

Bustamante (1994) apresenta a seguinte definição:

"LAUDO é o resultado da perícia, expresso em conclusões escritas e fundamentadas, onde serão apontados os fatos, circunstâncias, princípios e parecer sobre a matéria submetida a exame do especialista, adotando-se respostas objetivas aos quesitos."

Fiker (1989), em seu *Manual de Redação de Laudos*, ensina que o laudo deve ser objetivo, completo e conciso, restringindo-se ao assunto da perícia, sem divagações. De acordo com o art. 429 do CPC, o laudo pode ser instruído com plantas, desenhos, fotografias e outras quaisquer peças. A legislação não determina a forma de apresentação dos laudos, mas além de publicações existem cursos específicos sobre o tema, não cabendo neste capítulo o aprofundamento nesta disciplina.

2.5. Prática Forense da Perícia

Em linhas gerais, os procedimentos processuais relacionados à perícia envolvem atos do juiz, do advogado do autor e seu assistente técnico (se indicado), do advogado do réu e seu assistente técnico (se indicado) e do perito do Juízo, conforme descreve Barros (1995):

• Do *Advogado*

    Desenvolvimento:
    — ajuíza ou contesta a ação;
    — requer as provas: pericial e outras;
    — indica assistente técnico;

— formula quesitos.
Requer:
— guia para depósito dos honorários do perito.
Desenvolvimento:
— comenta sobre o laudo pericial;
— requer ao Juízo, se necessário, esclarecimentos por parte do perito;
— formula quesitos para esclarecimentos.

• Do *Assistente Técnico*

Assessora a parte que o contratou (advogado do autor ou do réu):
— na formulação de quesitação;
— mantém-se em contato com o perito e procura atendê-lo quanto ao fornecimento de informações e documentos;
— acompanha os trabalhos periciais.
Atuação:
— comenta, criticando ou não, o laudo elaborado pelo perito;
— formula quesitação, se for o caso, para esclarecimentos do perito sobre o laudo apresentado;
— encaminha, se for o caso, laudo divergente ao laudo do perito, para o advogado.

• Do *Juiz*

Despacho:
— manda citar o réu para contestar;
— manda o autor à réplica.
Despacho saneador:
— saneia o processo;
— determina realização de provas: documental, pessoal, pericial;
— nomeia perito;
— faculta indicação de assistente técnico;
— faculta formulação de quesitos.
Homologa honorários:
— manda depositar honorários do perito.

Despacho:
— defere a *juntada do laudo* do perito;
— defere o levantamento dos honorários depositados para o perito;
— manda as partes falarem sobre o laudo.
Despacho:
— intima o perito para esclarecimentos, se necessário;
— marca dia e hora para *Audiência*;
— elabora *Sentença*.

• Do *Perito*

Toma conhecimento:
— da nomeação pelo juiz;
— do tipo da ação proposta;
— da vara em curso do processo;
— do escrevente;
— do nome das partes;
— do número do processo.
Análise dos autos do processo:
— lê os autos para ver do que trata a ação;
— analisa os quesitos formulados pelas partes;
— formula pedido de honorários;
— acompanha a efetivação ou não do depósito de honorários.
Procedimento técnico:
— retira os autos para a realização da perícia;
— comunica os assistentes técnicos do dia e hora da vistoria ao objeto da lide;
— vistoria local — descreve, fotografa, etc.
— elabora a minuta do laudo pericial;
— envia a minuta do laudo aos assistentes técnicos;
— elabora o laudo pericial;
— recolhe o Imposto de Renda e ART (Anotação de Responsabilidade Técnica).
Requer:
— a *juntada* do laudo pericial aos autos;
— levantamento dos honorários depositados.

Esclarecimentos:
— presta, se necessário, os esclarecimentos solicitados pelas partes ou pelo próprio juiz.

3. PERÍCIA AMBIENTAL

Existem diversas modalidades de perícia, que se definem pelas especificidades do objeto a ser periciado e pela área de conhecimento que as fundamentam.

Existem as perícias grafológica, contábil, médica, veterinária, de engenharia, entre outras.

O *Código de Processo Civil* regulamenta os procedimentos comuns a todas essas modalidades sem, contudo, agasalhar as especificidades.

A perícia ambiental é também um meio de prova utilizado em processos judiciais, sujeita à mesma regulamentação prevista pelo CPC, com a mesma prática forense, mas que irá atender a demandas específicas advindas das questões ambientais, onde o principal objeto é o dano ambiental ocorrido, ou o risco de sua ocorrência.

A atividade pericial ambiental estará, ainda, vinculada à legislação tutelar do meio ambiente, designada *Legislação Ambiental*, que regulamenta a proteção ambiental nos níveis federal, estadual e municipal, no âmbito de uma nova disciplina do Direito, denominada *Direito Ambiental*.

3.1. DIREITO AMBIENTAL

Com base nas normas constitucionais e legais vigentes, Custódio (1993) procura dar uma noção genérica do que seja o Direito Ambiental:

"... considera-se *Direito Ambiental* o conjunto de princípios e regras, o qual disciplina todas as atividades direta ou indiretamente relacionadas com o *uso racional dos recursos naturais* (ar, águas superficiais e subterrâneas, águas continentais, costeiras, marítimas e oceânicas, solo e subsolo, espécies animais e vegetais, alimentos, bebidas em geral, luz e energia), bem como com a promoção e proteção dos bens culturais (de valor histórico, artístico, monumental, paisagístico, turístico, arqueológico, paleontológico, espeleológico, ecológico e científico), tendo por objetivo a defesa e a preservação do patrimônio ambiental (natural e cultural) e por finalidade a incolumidade da vida em geral, tanto a presente como a futura."

As publicações sobre a matéria têm apontado uma convergência de opiniões no sentido de que o Direito Ambiental ainda não pode ser considerado um ramo autônomo do Direito. Antunes (1992) aprofunda-se na questão e conclui:

"Tudo aquilo que foi examinado até esta altura leva-me à conclusão de que as estruturas que estão envolvidas no sistema legal de proteção ao meio ambiente são, ainda, muito precárias e não chegam a se constituir em um perfeito ramo do Direito. Isto não impede que, cada vez mais, comece a se destacar, sobretudo do Direito Administrativo, um braço especializado na defesa ambiental que em algum tempo poderá vir a se constituir em um novo ramo do Direito: o Direito Ambiental. Em conclusão, parece-me razoável afirmar que ainda não existe um Direito Ambiental. Isto deriva da constatação de que os princípios relativos à tutela ambiental não estão suficientemente amadurecidos para que possam se impor sobre outros ramos do Direito."

Ainda, Antunes (1992) constata que numa primeira análise a tutela ambiental se faz mediante a aplicação de normas de Direito Administrativo, de Direito Civil, de Direito Penal, de Direito Financeiro, de Direito Processual Civil e Penal, assinalando que as normas de Direito Constitucional servem de base para todas as demais e que são esses ramos do Direito que contribuem para estabelecer o suporte jurídico para a tutela ambiental.

Consoante essas conclusões, Mukai (1992) apresenta seu conceito de Direito Ambiental:

"O Direito Ambiental — no estágio atual de sua evolução no Brasil — é um conjunto de normas e institutos jurídicos pertencentes a vários ramos do Direito reunidos por sua função instrumental para a disciplina do comportamento humano em relação ao seu meio ambiente."

3.2. Meios Processuais de Proteção Ambiental

Os meios processuais utilizados na apuração de responsabilidade pelos danos ambientais, além de se constituírem em sistema de controle sucessivo da proteção ambiental, podem também servir de controle preventivo, nas hipóteses em que se admite a tutela cautelar, como na ação popular, ou ação cautelar destinada a evitar o dano ambiental (Lei 7.346/85, art. 4º) (SILVA, 1994).

Existem várias obras especializadas sobre esses meios processuais, o que nos leva, portanto, a apenas citar os existentes, recomendando ao leitor mais interessado que busque essas fontes para seu conhecimento mais aprofundado.

Na esfera penal existe a *ação penal pública.*

Na esfera civil, as ações coletivas: *ação civil pública; ação popular; mandado de segurança coletivo* e *mandado de injunção.*

Ainda na esfera civil, em caso de ilícito comum: *ação de responsabilidade civil* (nos conflitos de vizinhança — art. 159 do Código Civil); *ação cominatória* (para impedir que o mau uso da propriedade vizinha prejudique a segurança, o sossego ou a saúde dos que a habitam); *ação de nunciação de obra nova* (impedir construção contrária à lei, ao regulamento ou à postura — art. 934, III, do Código Processo Civil), entre outros.

3.3. Legislação Ambiental

No tocante à compreensão do conteúdo e do alcance da legislação integrante do Direito Ambiental que, como salientado anteriormente, compreende normas dos diversos ramos da ciência jurídica, Custódio (1993) esclarece:

> "Assim é que pela própria evidência dos elementos integrantes do meio ambiente, o conteúdo e o alcance da legislação protecional correlata ora integram normas, notadamente de *Direito Urbanístico,* com sua legislação de uso e ocupação do solo, do *Código Florestal,* das *Leis de Proteção da Fauna e da Flora,* do *Código de Águas* com legislação complementar, ora *se relacionam,* direta ou indiretamente, com normas do *Estatuto da Terra* (Código Rural), do *Código de*

Mineração, do *Código Civil* (Direito das Coisas — Direito da Propriedade), do *Código da Saúde Pública*, do *Código de Defesa do Consumidor, Código Tributário, Código Penal, Direito Administrativo, Direito Econômico*, dentre outros ramos do Direito."

A legislação ambiental apresenta importantes conceitos e definições a serem considerados na delimitação da área de conhecimento da Perícia Ambiental.

Milaré (1993) destaca os "três marcos mais importantes da resposta recente que o ordenamento jurídico tem dado ao clamor social pela imperiosa tutela do meio ambiente".

O primeiro marco foi a edição da Lei nº 6.938, de 31.08.81; o segundo, a promulgação da Lei nº 7.347, de 24.07.85, e o terceiro, a edição da nova Constituição Federal, de 05.10.88, que deu à questão ambiental um significativo impulso.

Acrescente-se ainda a Lei nº 8.078, de 11.09.90, que instituiu o *Código de Defesa do Consumidor*, que, além de ampliar a defesa dos direitos individuais, coletivos ou difusos visando à proteção à saúde e segurança dos consumidores quanto aos produtos e serviços colocados no mercado de consumo, determinou alguns acréscimos à Lei nº 7.347 (Lei da Ação Civil Pública).

• Lei Federal nº 6.938, de 31.08.81

"Dispõe sobre a Política Nacional do Meio Ambiente, seus fins e mecanismos de formulação e aplicação, e dá outras providências."

Ainda segundo Milaré (1993), dentre tantos méritos atribuídos a esta lei, destacam-se:

— o de trazer para o mundo do Direito o conceito normativo de *meio ambiente*, como objeto específico de proteção em seus múltiplos aspectos, bem como os conceitos de *degradação da qualidade ambiental, poluição, poluidor e recursos ambientais*;
— o de estabelecer a obrigação do *poluidor pagador* de reparar os danos causados, segundo o princípio da *responsabilidade objetiva* (ou sem culpa), em ação movida pelo Ministério Público;

— o de propiciar o planejamento de uma ação integrada de diversos órgãos governamentais segundo uma política nacional para o setor e instituir o Sistema Nacional do Meio Ambiente.

Na fundamentação das ações de proteção ao meio ambiente, destacam-se os seguintes dispositivos:

"Art. 3º Para os fins previstos nesta Lei, entende-se por:

I — *meio ambiente*, o conjunto de condições, leis, influências e interações de ordem física, química e biológica que permite, abriga e rege a vida em todas as suas formas;

II — *degradação da qualidade ambiental*, a alteração adversa das características do meio ambiente;

III — *poluição*, a degradação da qualidade ambiental resultante da atividade que direta ou indiretamente:

a) prejudique a saúde, a segurança e o bem-estar da população;

b) crie condições adversas às atividades sociais e econômicas;

c) afete desfavoravelmente a biota;

d) afete as condições estéticas ou sanitárias do meio ambiente;

e) lance matérias ou energia em desacordo com os padrões ambientais estabelecidos;

IV — *poluidor*, a pessoa física ou jurídica, de direito público ou privado, responsável, direta ou indiretamente, por atividade causadora de degradação ambiental;

V — *recursos ambientais*, a atmosfera, as águas interiores, superficiais e subterrâneas, os estuários, o mar territorial, o solo, o subsolo e os elementos da biosfera, a fauna e a flora.

Art. 4º A *Política Nacional do Meio Ambiente* visará:

VII — à imposição, ao poluidor e ao predador, da obrigação de recuperar e/ou indenizar os danos causados e, ao usuário, de contribuição pela utilização de recursos ambientais com fins econômicos.

Art. 14. Sem prejuízo das penalidades definidas pela legislação federal, estadual e municipal, o não-cumprimento das medidas necessárias à preservação ou correção dos inconvenientes e danos causados pela *degradação da qualidade ambiental* sujeitará os transgressores:

I — à multa simples ou diária, nos valores correspondentes, no mínimo, a 10 (dez) e, no máximo, a 1.000 (mil) Obrigações Reajustáveis do Tesouro Nacional — ORTNs, agravada em casos de reincidência específica, conforme dispuser o regulamento, vedada a sua cobrança pela União se já tiver sido aplicada pelo Estado, Distrito Federal, território ou pelos municípios;

II — à perda ou restrição de incentivos e benefícios fiscais concedidos pelo Poder Público;

III — à perda ou suspensão de participação em linhas de financiamento em estabelecimentos oficiais de créditos;

IV — à suspensão de sua atividade.

Parágrafo 1º Sem obstar a aplicação das penalidades previstas nesse artigo, é o poluidor obrigado, independentemente da existência de culpa, a indenizar ou reparar os danos causados ao meio ambiente e a terceiros, afetados por sua atividade. O Ministério Público da União e dos Estados terá legitimidade para propor ação de responsabilidade civil e criminal, por danos causados ao meio ambiente.

Art. 15. O *poluidor* que expuser a perigo a incolumidade humana, animal ou vegetal, ou estiver tornando mais grave situação de perigo existente, fica sujeito à pena de reclusão de 1 (um) a 3 (três) anos e multa de 100 (cem) a 1.000 (mil) MVRs.

Parágrafo 1º A pena aumentará até o dobro se:

I — resultar:

a) dano irreversível à fauna, à flora e ao meio ambiente;

b) lesão corporal grave.

II — a poluição é decorrente de atividade industrial ou de transporte;

III — o crime é praticado durante a noite, em domingo ou em feriado.

Parágrafo 2º Incorre no mesmo crime a autoridade competente que deixar de promover as medidas tendentes a impedir a prática das condutas acima descritas.

Art. 18.

Parágrafo único. As pessoas físicas ou jurídicas que, de qualquer modo, degradem reservas ou estações ecológicas, bem como outras áreas declaradas como de relevante interesse ecológico, estão sujeitas às penalidades previstas no art. 14 desta Lei." (FEEMA, 1992)

Quanto ao conceito normativo de *meio ambiente,* vários autores, entre eles Silva (1994), apontam para a existência de três aspectos do meio ambiente, quais sejam:

— *meio ambiente natural* — constituído pela biosfera, ou seja, o solo, a água, o ar atmosférico, a flora e a fauna. É onde se dá a correlação recíproca entre as espécies e as relações destas com o meio físico que ocupam;
— *meio ambiente cultural* — integrado pelo patrimônio artístico, histórico, turístico, paisagístico, arqueológico e espeleológico;
— *meio ambiente artificial* — formado pelo espaço urbano construído, consubstanciado no conjunto de edificações, e pelos equipamentos públicos: ruas, praças, áreas verdes, e todos os demais assentamentos de reflexos urbanísticos.

• Lei Federal nº 7.347, de 24.07.85

"Disciplina a ação civil pública de responsabilidade por danos causados ao meio ambiente, ao consumidor, a bens e direitos de valor artístico, estético, histórico, turístico e paisagístico (vetado), e dá outras providências."

Essa lei, sem prejuízo da ação popular, disciplinada pela Lei nº 4.717, de 29.06.65, veio disciplinar a *ação civil pública* como um instrumento processual específico para a defesa do ambiente, possibilitando que a agressão ambiental finalmente viesse a se tornar um caso de Justiça e que também pudesse ser proposta pelas associações civis.

Teve o mérito, portanto, de abrir as portas do Poder Judiciário às associações que defendem o meio ambiente — o que, no plano da legitimação, foi considerado uma extraordinária transformação — e, ainda, o mérito de ter criado um fundo com recursos advindos das condenações em dinheiro, destinado à reconstituição dos bens lesados (art. 13).

As finalidades da *ação civil pública* são o cumprimento da obrigação de fazer; o cumprimento da obrigação de não fazer e/ou a condenação em dinheiro.

É imprescindível que os profissionais com atuação em perícias ambientais tenham pleno conhecimento da Lei nº 7.347, razão pela qual transcreveremos seu texto na íntegra com os acréscimos e nova redação dada, a alguns dispositivos, pela Lei nº 8.078, de 11.09.90, que instituiu o Código de Defesa do Consumidor, em seu Título VI — Disposições Finais — artigos 110 a 117.

"O Presidente da República.
Faço saber que o Congresso Nacional decreta e eu sanciono a seguinte Lei:

Art. 1º Regem-se pelas disposições desta Lei, sem prejuízo da ação popular, as ações de responsabilidade por danos causados:

I — ao meio ambiente;

II — ao consumidor;

III — a bens e direitos de valor artístico, estético, histórico, turístico e paisagístico;

IV — a qualquer outro *interesse difuso ou coletivo.*

Art. 2º As ações previstas nesta Lei serão propostas no foro do local onde ocorrer o dano, cujo juízo terá competência funcional para processar e julgar a causa.

Art. 3º A ação civil poderá ter por objetivo a condenação em dinheiro ou o cumprimento de obrigação de fazer ou não fazer.

Art. 4º Poderá ser ajuizada ação cautelar para os fins dessa Lei, objetivando, inclusive, evitar o dano ao meio ambiente, ao consumidor, aos bens de direitos de valor artístico, estético, histórico, turístico e paisagístico (vetado).

Art. 5º A ação principal e a cautelar poderão ser propostas pelo Ministério Público, pela União, pelos Estados e municípios. Poderão também ser propostas por autarquias, empresa pública, fundação, sociedade de economia mista ou por associação que:

I — esteja constituída há pelo menos 1 (um) ano, nos termos da lei civil;

II — inclua, entre suas finalidades institucionais, a proteção ao meio ambiente, ao consumidor, ao patrimônio artístico, estético, histórico, turístico e paisagístico, ou qualquer outro interesse difuso ou coletivo.

Parágrafo 1º O Ministério Público, se não intervir no processo como parte, atuará obrigatoriamente como fiscal da lei.

Parágrafo 2º Fica facultado ao Poder Público e a outras associações legitimadas nos termos deste artigo habilitar-se como litisconsortes de qualquer das partes.

Parágrafo 3º Em caso de desistência infundada ou abandono da ação por associação legitimada, o Ministério Público ou outro legitimado assumirá a titularidade ativa.

Parágrafo 4º O requisito da pré-constituição poderá ser dispensado pelo juiz, quando haja manifesto interesse social evidenciado pela dimensão ou característica do dano, ou pela relevância do bem jurídico a ser protegido.

Parágrafo 5º Admitir-se-á o litisconsórcio facultativo entre os Ministérios Públicos da União, do Distrito Federal e dos Estados na defesa dos interesses e direitos de que cuida esta lei.

Parágrafo 6º Os órgãos públicos legitimados poderão tomar dos interessados compromisso de ajustamento de sua conduta às exigências legais, mediante cominações, que terá eficácia de título executivo extrajudicial.

Art. 6º Qualquer pessoa poderá e o servidor público deverá provocar a iniciativa do Ministério Público, ministrando-lhe informações sobre fatos que constituam objeto da ação civil e indicando-lhe os elementos de convicção.

Art. 7º Se, no exercício de suas funções, os juízes e tribunais tiverem conhecimento de fatos que possam ensejar a propositura da ação civil, remeterão peças ao Ministério Público para as providências cabíveis.

Art. 8º Para instruir a inicial, o interessado poderá requerer às autoridades competentes as certidões e informações que julgar necessárias, a serem fornecidas no prazo de 15 (quinze) dias.

Parágrafo 1º O *Ministério Público* poderá instaurar, sob sua presidência, inquérito civil, ou requisitar, de qualquer organismo público ou particular, certidões, informações, exames ou perícias, no prazo que assinalar, o qual não poderá ser inferior a 10 (dez) dias úteis.

Parágrafo 2º. Somente nos casos em que a lei impuser sigilo, poderá ser negada certidão ou informação, hipótese em que a ação poderá ser proposta desacompanhada daqueles documentos, cabendo ao juiz requisitá-los.

Art. 9º. Se o órgão do Ministério Público, esgotadas todas as diligências, se convencer da inexistência de fundamento para a propositura da ação civil, promoverá o arquivamento dos autos do inquérito civil ou das peças informativas, fazendo-o fundamentalmente.

Parágrafo 1º. Os autos do inquérito civil ou das peças de informação arquivadas serão remetidos, sob pena de se incorrer em falta grave, no prazo de 3 (três) dias, ao Conselho Superior do Ministério Público.

Parágrafo 2º. Até que, em sessão do Conselho Superior do Ministério Público, seja homologada ou rejeitada a promoção de arquivamento, poderão as associações legitimadas apresentar razões escritas ou documentos, que serão juntados aos autos do inquérito ou anexados às peças de informação.

Parágrafo 3º. A promoção de arquivamento será submetida a exame e deliberação do Conselho Superior do Ministério Público, conforme dispuser o seu regimento.

Parágrafo 4º. Deixando o Conselho Superior de homologar a promoção de arquivamento, designará, desde logo, outro órgão do Ministério Público para o ajuizamento da ação.

Art. 10. Constitui crime, punido com pena de reclusão de 1 (um) a 3 (três) anos, mais multas de 10 (dez) a 1.000 (mil) Obrigações Reajustáveis do Tesouro Nacional — ORTNs, a recusa, o retardamento ou a omissão de dados técnicos indispensáveis à propositura da ação civil, quando requisitados pelo Ministério Público.

Art. 11. Na ação que tenha por objeto o cumprimento de obrigação de fazer ou não fazer, o juiz determinará o cumprimento da prestação da atividade devida ou a cessação de atividade nociva, sob pena de execução específica, ou de cominação de multa diária, se esta for suficiente ou compatível, independentemente de requerimento do autor.

Art. 12. Poderá o juiz conceder mandado liminar, com ou sem justificação prévia, em decisão sujeita a agravo.

Parágrafo 1º. A requerimento de pessoa jurídica de direito público interessada, e para evitar grave lesão à ordem, à saúde, à segurança e à economia pública, poderá o presidente do tribunal a que competir o conhecimento do respectivo recurso suspender a execução de liminar, em decisão fundamentada, da qual caberá agravo para uma das turmas julgadoras, no prazo de 5 (cinco) dias a partir da publicação do ato.

Parágrafo 2º. A multa cominada liminarmente só será exigível do réu após o trânsito em julgado da decisão favorável ao autor, mas será devida desde o dia em que se houver configurado descumprimento.

Art. 13. Havendo condenação em dinheiro, a indenização pelo dano causado reverterá a um fundo gerido por um conselho federal ou por conselhos estaduais de que participarão necessariamente o Ministério Público e representantes da comunidade, sendo seus recursos destinados à reconstituição dos bens lesados.

Parágrafo único. Enquanto o fundo não for regulamentado, o dinheiro ficará depositado em estabelecimento oficial de crédito, em conta com correção monetária.

Art. 14. O juiz poderá conferir efeito suspensivo aos recursos, para evitar dano irreparável à parte.

Art. 15. Decorridos 60 (sessenta) dias do trânsito em julgado da sentença condenatória, sem que a associação autora lhe promova a execução, deverá fazê-lo o Ministério Público, facultada igual iniciativa aos demais legitimados.

Art. 16. A sentença civil fará coisa julgada *erga omnes*, exceto se a ação for julgada improcedente por deficiência de provas, hipótese em que qualquer legitimado poderá intentar outra ação com idêntico fundamento, valendo-se de nova prova.

Art. 17. Em caso de litigância de má-fé, a associação autora e os diretores responsáveis pela propositura da ação serão solidariamente condenados ao décuplo das custas, sem prejuízo da responsabilidade por perdas e danos.

Art. 18. Nas ações de que trata esta lei, não haverá adiantamento de custas, emolumentos, honorários periciais e quaisquer outras despesas, nem condenação da associação autora, salvo comprovada má-fé, em honorários de advogado, custas e despesas processuais.

Art. 19. Aplica-se à *ação civil pública*, prevista nesta lei, o *Código de Processo Civil*, aprovado pela Lei nº 5.869, de 11 de janeiro de 1973, naquilo em que não contrarie suas disposições.

Art. 20. O fundo de que trata o artigo 13 desta lei será regulamentado pelo Poder Executivo no prazo de 90 (noventa) dias.

Art. 21. Aplicam-se à defesa dos direitos e *interesses difusos, coletivos* e individuais, no que for cabível, os dispositivos do Título III da lei que institui o *Código de Defesa do Consumidor*.

Art. 22. Esta Lei entra em vigor na data de sua publicação.

Art. 23. Revogam-se as disposições em contrário."

Trata-se, sem dúvida, do principal instrumento processual coletivo de defesa do meio ambiente, bem como da principal fonte de demanda por perícias ambientais.

Entretanto, ao mesmo tempo em que se identifica esta importante demanda por perícias ambientais, identifica-se também uma grave restrição ao seu atendimento, quando, no art. 18 desta lei, é estabelecido:

"**Art. 18.** Nas ações de que trata esta lei, não haverá adiantamento de custas, emolumentos, *honorários periciais* e quaisquer outras despesas, nem condenação da associação autora, salvo comprovada má-fé, em honorários de advogado, custas e despesas processuais."

De acordo com este dispositivo, os honorários periciais são depositados somente quando transitada em julgado a decisão condenatória, o que, na maioria das vezes, demanda bastante tempo, e as despesas, que no caso das demandas ambientais, por serem complexas e de natureza multidisciplinar, envolvem serviços de terceiros, como consultorias, exames laboratoriais, levantamentos topográficos, dentre outros, não podem ser adiantadas, estando, portanto, a cargo do perito nomeado.

Esta restrição imposta pela lei torna desestimulante a atuação profissional em perícias ambientais, resultando num mercado de trabalho pouco atrativo e, conseqüentemente, num empecilho ao deslinde das ações.

• Constituição Federal do Brasil, de 05.10.88

A partir do advento da Constituição Federal de 1988, a questão ambiental passou a ter relevo especial no Brasil, que, através de diversos ordenamentos jurídicos, têm avançado no sentido de encontrar soluções para a degradação do meio ambiente, procurando ajustar o Direito clássico a uma realidade antes desconhecida.

A Constituição brasileira incorporou à ordenação jurídica uma proteção ao Meio Ambiente que não confere ao Estado o monopólio da defesa ambiental. A sociedade e também o cidadão passam a ter o poder e dever de defender o meio ambiente, como bem determina o *caput* do art. 225, Capítulo VI — Do Meio ambiente:

> "Todos têm direito ao *meio ambiente* ecologicamente equilibrado, bem de uso comum do povo e essencial a sadia qualidade de vida, impondo-se ao Poder Público e à coletividade o dever de defendê-lo e preservá-lo para as presentes e futuras gerações."

- Outras leis importantes que fundamentam a prática da Perícia Ambiental

Na esteira da Constituição Federal vieram as Constituições Estaduais, seguidas das leis orgânicas dos municípios, consideradas verdadeiras constituições locais.

As Constituições Estaduais, de um modo geral, dispuseram amplamente sobre a *proteção ambiental*, utilizando da competência que a Constituição Federal reconheceu aos Estados nessa matéria.

Tomando como exemplo o Estado e Município do Rio de Janeiro, a base de seu ordenamento jurídico ambiental se compõe da Constituição do Estado do Rio de Janeiro promulgada em 05.10.89, dedicando o Capítulo VIII ao meio ambiente; da Lei Orgânica do Município do Rio de Janeiro promulgada em 05.04.90, dedicando ao meio ambiente o Capítulo VI, e da Lei Complementar nº 16/92, que dispõe sobre a política urbana do município e institui o *Plano Diretor Decenal da Cidade do Rio de Janeiro*, que trata, no Capítulo I do Título VII — *Da Política de Meio Ambiente e Valorização do Patrimônio Cultural*.

4. Ação Civil Pública e Demanda por Perícias Ambientais

Este item subdivide-se em dois tópicos, sendo que, no primeiro, descreve-se, sucintamente, o papel do Ministério Público no que se refere à defesa do meio ambiente e de seu principal instrumento jurídico nessa defesa, representado pela Ação Civil Pública.

O segundo tópico apresenta os resultados de uma investigação sobre a prática da Perícia Ambiental no Município de Rio de Janeiro, no âmbito da Ação Civil Pública.

4.1. Ministério Público e Ação Civil Pública

O Ministério Público (MP) é uma instituição de interesse público que, através de seus membros, os Promotores de Justiça, representa a sociedade, defendendo, perante o Poder Judiciário, os princípios e os valores maiores que a sustentam.

O Ministério Público (MP) desempenha um papel-chave em toda problemática ambiental, sendo-lhe atribuída a relevante tarefa constitucional de agir judicialmente em defesa dos bens ambientais, quando no art. 129, III, a Constituição Federal previu:

"**Art. 129.** São funções institucionais do Ministério Público:
III — promover o *inquérito civil* e a *ação civil pública*, para a proteção do patrimônio público e social, do meio ambiente e de outros *interesses difusos e coletivos*."

Para a preservação e proteção do meio ambiente, na esfera judicial, o Ministério Público recebeu a titularidade da *ação penal pública* e da *ação civil pública,* genericamente designadas *ação ambiental,* prevista na Lei nº 6.938, de 31.08.81, que dispõe sobre a Política Nacional do Meio Ambiente, no art. 14, parágrafo 1º:

"**Art. 14 — Parágrafo 1º** (...) O Ministério Público da União e dos Estados terá legitimidade para propor ação de responsabilidade civil e criminal, por danos causados ao meio ambiente."

Mas foi a ação civil pública que tornou-se o principal instrumento de defesa do meio ambiente que, na opinião de Antunes (1992), "... é uma das principais, senão a principal área de manobra do MP no ramo do *Direito Processual Civil*".

Na opinião de Machado (1995):

"A ação civil pública consagrou uma instituição — o Ministério Público — valorizando seu papel de autor em prol dos interesses difusos e coletivos. O MP saiu do exclusivismo das funções de autor no campo criminal e da tarefa de fiscal da lei no terreno cível, para nesta esfera passar a exercer mister de magnitude social."

A titularidade da ação civil pública é definida no art. 5º da Lei Federal nº 7.347, de 24.07.85, transcrita, anteriormente, no item Perícia Ambiental (item 3), subitem Legislação Ambiental (subitem 3.3), quando esta foi analisada.

4.2. Ações Civis Públicas e Perícia Ambiental no Município do Rio de Janeiro

No Município do Rio de Janeiro, o Ministério Público atua através da *Equipe de Proteção ao Meio Ambiente e ao Patrimônio Cultural*, criada em 1988, substituindo as Curadorias do Meio Ambiente e do Patrimônio Comunitário da capital e do interior.

A Equipe é subordinada ao Procurador-Geral de Justiça, e conta com Promotores de Justiça de Primeira Categoria. Os procedimentos da Equipe são descritos resumidamente, em relatórios internos anuais, na forma que se segue:

1. Com as notícias trazidas por pessoas físicas, associações, entidades de classe, ou ainda, com as notícias de que se tem conhecimento através da leitura de periódicos, instauram-se os procedimentos — *Inquéritos Civis* — que, numerados pelo Protocolo Geral, retornam para exame pela Equipe.

2. Durante a tramitação dos inquéritos são expedidos ofícios, requisitadas informações de órgãos municipais, estaduais e federais, com pedidos quase sempre objeto de diversas reiterações.

3. Finalmente, com os dados remetidos, opta a Equipe pela propositura de ação civil pública, assinatura de acordo ou pedido de arquivamento (este último submetido à apreciação do Egrégio Conselho Superior do Ministério Público).

Constam, relacionadas nos arquivos da *Equipe de Proteção ao Meio Ambiente e ao Patrimônio Cultural*, 110 ações civis públicas ajuizadas ou fiscalizadas pelo MP, na capital do Estado do Rio de Janeiro, no período de junho de 1986 a abril de 1997. (Tabela 1)

Tabela 1 — Ações Civis Públicas Ambientais Ajuizadas ou Fiscalizadas pelo MP (junho/1986 a abril/1997)

PERÍODO	junho 1986	1987	1988	1989	1990	1991	1992	1993	1994	1995	1996	abril 1997	TOTAL
Nº DE AÇÕES	2	6	7	4	4	9	19	16	4	15	15	9	110

Fonte: Dados atualizados até 1997, de Araújo (1996).

Das 110 ações civis públicas ambientais relacionadas (Tabela 2), 52 foram distribuídas para as Varas Cíveis (VC), 11 para as Varas Cíveis Regionais (VCR), 41 para as Varas de Fazenda Pública (VFP) e seis para as Varas Federais (VF).

Tabela 2 — Distribuição das Ações Civis Públicas Ambientais

DISTRIBUIÇÃO	junho 1986	1987	1988	1989	1990	1991	1992	1993	1994	1995	1996	abril 1997	TOTAL
VC	2	4	6	2	1	2	5	7	2	7	8	6	52
VCR	-	1	1	-	-	-	5	3	-	1	-	-	11
VFP	-	1	-	2	2	7	6	4	2	7	7	3	41
VF	-	-	-	-	1	-	3	2	-	-	-	-	6

Fonte: Dados atualizados até 1997, de Araújo (1996).

Nas ações civis públicas o Ministério Público atua como autor ou como fiscal da lei (quando qualquer outro ente legitimado for o autor — ações ajuizadas por terceiros) e ainda exerce o poder investigatório prévio à propositura da ação, mediante a instauração de inquérito civil.

Das 110 ações civis públicas ambientais ajuizadas na capital do Rio de Janeiro, no período mencionado, 94 são de autoria do MP, quatro são conjuntas do MP com outra entidade legitimada e 12 são de autoria de terceiros, onde o MP exerce função fiscalizadora (Tabela 3). Estima-se que um grande número de ações civis públicas ambientais ajuizadas por terceiros não são comunicadas ao MP, não constando, portanto, de seus arquivos.

Tabela 3 — Titularidade das Ações Civis Públicas Ambientais da Capital

TITULARIDADE	junho 1986	1987	1988	1989	1990	1991	1992	1993	1994	1995	1996	abril 1997	TOTAL
Ministério Público	2	5	7	4	2	5	15	13	3	14	15	9	94
Ministério Público e outro(s)	-	-	-	-	-	-	2	2	-	-	-	-	4
TERCEIROS	-	1	-	-	2	4	2	1	1	1	-	-	12
TOTAL	2	6	7	4	4	9	19	16	4	15	15	9	110

Fonte: Dados atualizados até 1997, de Araújo (1996).

Observa-se considerável ocorrência de ações contra o Poder Público por conceder licenças indevidamente, por não fiscalizar ou até por causar, ou contribuir diretamente para a ocorrência do dano ambiental. Das 110 ações civis públicas ambientais em análise, 39 foram ajuizadas contra o Poder Público, aí considerados o município, o estado e entidades públicas, federais, estaduais e municipais, o que representa 35,45%.

Ressalte-se que no período entre 1986 e 1988 não consta nenhum ajuizamento contra o Poder Público.

O Município do Rio de Janeiro é o mais acionado, totalizando 17 ações. Em segundo lugar figura o Estado do Rio de Janeiro, com seis ações.

Em terceiro lugar, empatam a COMLURB e CEDAE, com três ações cada uma e, em quarto, empatam a FEEMA e o METRÔ, com duas ações. O restante das entidades públicas contam com uma ação. (Tabela 4)

Tabela 4 — Ações Ajuizadas contra Entidades do Poder Público (junho/1986 a abril/1997)

Município do Rio de Janeiro	17
COMLURB	3
Estado do Rio de Janeiro	6
CEDAE	3
FEEMA	2
METRÔ	2
RIO-LUZ	1
FUNDERJ	1
UFRJ	1
FUNABEM	1
PETROBRÁS Distribuidora	1
Casa da Moeda do Brasil	1
TOTAL	39

Fonte: Dados atualizados até 1997, de Araújo (1996).

Das 110 ações civis públicas ambientais, em análise, houve deferimento de perícia técnica ambiental em 43 ações, representando 39%, sendo que das 67 ações restantes, uma parte, por tratar-se de ações recentes, ainda se encontra em fase anterior à determinação de prova técnica, e outra parte é constituída de ações onde não houve ou não haverá necessidade de determinação de perícia (Tabela 5).

Das 43 perícias ambientais deferidas pelo Juízo, 19 ainda não foram iniciadas, aguardando homologação de honorários profissionais do perito ou depósito; 10 estão em andamento; sete foram realizadas, aguardando sentença e sete foram realizadas e com sentenças já proferidas, representando 16,27%.

Das sete perícias realizadas e com sentenças já proferidas, quatro sentenças foram a favor do autor e três favoráveis ao réu. Das quatro sentenças favoráveis ao autor, três são de titularidade do Ministério Público e uma do Município do Rio de Janeiro. Nas três sentenças favoráveis aos réus, a parte autora é o Ministério Público (Tabela 6).

Tabela 5 — Perícia Ambiental nas Ações Civis Públicas da Capital
(junho/1986 a abril/1997)

PERÍCIA	junho 1986	1987	1988	1989	1990	1991	1992	1993	1994	1995	1996	abril 1997	TOTAL
Ações sem Perícia ou ainda fora da fase da Perícia	–	2	5	2	2	2	12	10	2	11	11	8	67
Ações com deferimento de Perícia	2	4	2	2	2	7	7	6	2	4	4	1	43
TOTAL	2	6	7	4	4	9	19	16	4	15	15	9	110

Fonte: Dados atualizados até 1997, de Araújo (1996).

Tabela 6 — Perícias Ambientais — Andamento — Abril/1997

Perícias ainda não iniciadas	19
Perícias em andamento	10
Perícias realizadas — Aguardando sentença	7
Perícias realizadas — Sentença favorável ao autor	4
Perícias realizadas — Sentença favorável ao réu	3
TOTAL	43

Fonte: Dados atualizados até 1997, de Araújo (1996).

O presente capítulo não se propõe a apresentar análises e conclusões aprofundadas a partir dos dados aqui expostos. Tais dados foram apresentados a título de informação geral sobre a ocorrência de perícias ambientais, no âmbito da ação civil pública, através da atuação da Equipe de Proteção ao Meio Ambiente e ao Patrimônio Cultural do Ministério Público do Estado do Rio de Janeiro, responsável pela tarefa de colocar em movimento os mecanismos de implementação da legislação ambiental.

No entanto, os dados colocam em evidência a atuação do Ministério Público e, transcorridos mais de treze anos após a instituição da Lei Federal nº 7.347, de 24/07/85, que disciplina a ação civil pública, muito há que se refletir e avaliar se o esforço despendido para a sua implementação tem se mostrado eficiente e capaz de estancar a devastação ecológica e proteger o patrimônio ambiental do Município do Rio de Janeiro, em todos os seus aspectos.

• Visão panorâmica do campo técnico da *Perícia Ambiental* no Município do Rio de Janeiro

Com o objetivo de identificar e quantificar os tipos de degradação da qualidade ambiental denunciados nas 43 ações civis públicas em que houve deferimento de perícia, adotou-se um critério de classificação a partir do agrupamento das ações referentes a riscos e danos de mesmas características ou semelhantes, descritas na petição inicial dos autos do processo, onde são relatados os fatos para a fundamentação da lide.

Esta identificação e quantificação possibilitam uma visão panorâmica do campo técnico da *Perícia Ambiental* no Município do Rio de Janeiro, pois os riscos e/ou a ocorrência da degradação da qualidade ambiental relatados na petição inicial, embora ainda não confirmados por provas técnicas, neste estágio, constituem o *objeto* da ação judicial e da perícia, apresentando as primeiras questões específicas a serem investigadas, provadas ou esclarecidas, posteriormente, pelo perito, no curso de realização da perícia.

Tendo em vista o critério adotado, as ações foram agrupadas sob a classificação dos tipos de degradação da qualidade ambiental em que mais se enquadram (Tabela 7).

Quanto à abrangência de cada tipo de degradação indicada na Tabela 7, esta se define pelo conjunto dos fatos circunstanciais, dos riscos, das ameaças e danos denunciados em cada uma das ações, sintetizadas de forma a priorizar os aspectos gerais das ocorrências sem a preocupação da descrição dos casos em particular.

1º — Poluição sonora — Verifica-se ser o tipo de degradação mais denunciado, totalizando oito ações.
— Poluição sonora relacionada a atividades diversas, cujos sons e ruídos extrapolam o interior dos recintos, provocando incômodo aos moradores vizinhos a sedes de clubes sócio-recreativos, casas noturnas e entidades religiosas, onde são utilizados aparelhos sonoros amplificados, ou a empresas e estabelecimentos comerciais, onde são utilizados equipamentos e aparelhos de oficina mecânica, serralheria, etc.

Tabela 7 — Tipos de Degradação da Qualidade Ambiental Denunciados nas Ações Civis Públicas em que Houve Deferimento de Perícia

CLASSIFICAÇÃO	QUANT. DE AÇÕES
POLUIÇÃO SONORA	8
DEGRADAÇÃO DE RECURSOS NATURAIS EM ÁREA DE PROTEÇÃO AMBIENTAL	7
DEGRADAÇÃO POR INSUFICIÊNCIA E/OU DEFICIÊNCIA DE SERVIÇOS PÚBLICOS	7
DEGRADAÇÃO DE BENS INTEGRANTES DO PATRIMÔNIO CULTURAL	6
DEGRADAÇÃO AMBIENTAL DECORRENTE DE EXPLORAÇÃO MINERAL	5
RISCO DE POLUIÇÃO ACIDENTAL	4
POLUIÇÃO DEGRADADORA DE RECURSOS NATURAIS	3
OCUPAÇÃO IRREGULAR EM ÁREA DE PROTEÇÃO AMBIENTAL	3
TOTAL	43

Fonte: Dados atualizados até 1997, de Araújo (1996).

2º — Degradação de recursos naturais em área de proteção ambiental e degradação por insuficiência e/ou deficiência de serviços públicos — A segunda maior ocorrência divide-se entre estes dois tipos de *degradação*, com sete ações cada uma, englobando as seguintes denúncias:

Degradação de recursos naturais em área de proteção ambiental:
— ameaça a espécies raras da fauna e da flora e ao sistema lagunar, em decorrência de aterro de área de formação de bosque brejoso;
— destruição da vegetação de manguezal e outras espécies da flora, com repercussão danosa à fauna;
— ameaça de modificação de paisagem, ambiência e topografia pela implantação de projeto de empreendimento imobiliário de grande porte;
— dragagem da Lagoa de Marapendi e aterro hidráulico de área marginal, sem EIA/RIMA;
— desmatamento em área considerada de preservação permanente, com destruição da vegetação nativa, suprimindo espécies da Mata Atlântica;

— destruição de reflorestamento de Reserva Florestal, por pastagem de gado.

Degradação por insuficiência e/ou deficiência de serviços públicos:
— insuficiência e/ou deficiência na prestação dos serviços de responsabilidade do Poder Público quanto à infra-estrutura sanitária e destino final do lixo;
— degradação decorrente de aterro sanitário;
— ausência de monitoramento adequado da qualidade da água consumida pela população;
— risco de deslizamento de encostas;
— concessão ilegal de licença para construção.

3º — Degradação de bens integrantes do patrimônio cultural — As seis ações sob esta classificação fundamentam-se, em sua maioria, na contestação de projetos ou licenças concedidas pelo Poder Público, e que representam ameaça a bens integrantes do patrimônio cultural, destacando-se:
— projeto de implantação de terminal de ônibus em área de entorno de bens tombados pelo Instituto Estadual do Patrimônio Cultural do Rio de Janeiro;
— licenciamento de construção com riscos de danos ao meio ambiente e ao patrimônio paisagístico, com impactos sobre a insolação, arejamento e paisagem da Praia do Pepino, São Conrado, RJ;
— riscos de graves danos ao patrimônio paisagístico da Praia de Botafogo, Rio de Janeiro, verdadeira extensão dos jardins projetados por Burle Marx no Parque do Flamengo, em decorrência de licença para instalação de um posto de abastecimento de combustível em canteiro central da Praia de Botafogo;
risco de impacto ambiental pelo corte de mais de 500 árvores nos bairros de Copacabana e Leme, Rio de Janeiro, no Projeto Rio-Cidade.

4º — Degradação ambiental decorrente de exploração mineral — As cinco ações sob esta classificação denunciam:
— ilegalidade na concessão de licenças para exploração das jazidas;
— corte de pedras junto ao curso d'água existente, alterando as margens e seu curso;
— processo de erosão;

— colocação de rejeitos em locais inadequados;
— desmatamentos;
— descaracterização da paisagem;
— poluição sonora, atmosférica e hídrica;
— desestabilização das encostas e alteração de seus perfis;
— assoreamento dos cursos d'água;
— *stress* sobre a fauna e a flora;
— permanência dos impactos adversos decorrentes da exploração predatória, sem a necessária recuperação ambiental.

5º — Risco de poluição acidental — As quatro ações sob esta classificação acusam:
— negligência quanto ao adequado armazenamento e controle do óleo ascarel, contendo PCB's (bitenilpoliclorados), substância altamente tóxica e nociva a toda e qualquer forma de vida, utilizada pela Light, Casa da Moeda e Metrô, em alguns de seus equipamentos;
— negligência no uso do agrotóxico Roundup, pela Comlurb.

6º — Poluição degradadora de recursos naturais e ocupação irregular em área de proteção ambiental — A sexta maior ocorrência divide-se entre estes dois tipos de degradação, com três ações cada um, englobando as seguintes denúncias:

Poluição degradadora de recursos naturais:
— poluição hídrica por rejeitos industriais com concentração de metais pesados lançados nos cursos d'água e poluição atmosférica com emissão de gases, acima dos padrões e critérios estabelecidos pelos órgãos públicos de controle e fiscalização;
— poluição hídrica em decorrência de aterro irregular por empresa construtora;
— poluição das areias da praia e água do mar em decorrência de lançamento de efluentes sanitários de um restaurante, sem o tratamento adequado.

Ocupação irregular em *área de proteção ambiental*:
— ocupação de faixa marginal de proteção da Lagoa da Tijuca, na Barra da Tijuca, Rio de Janeiro, por 90 famílias, causando desmatamento com

destruição da vegetação nativa, constituída essencialmente de manguezais, comprometendo gravemente o equilíbrio do ecossistema local, e poluição devido a inexistência de infra-estrutura sanitária básica, com lançamento de detritos fisiológicos e de lixo na lagoa e em suas margens;
— implantação irregular de empreendimento imobiliário em reserva florestal, em área de encosta acima da cota 100m a partir do nível do mar, com parcelamento ilegal do solo e abertura ilícita de logradouros;
— ocupação de via pública e espaço livre constituindo-se em dano intolerável ao patrimônio público e aos direitos legais dos adquirentes de imóveis curcunvizinhos, causando impacto na qualidade ambiental do local, afetando as condições de circulação que deve proporcionar acesso, luz e ar às propriedades lindeiras, permitindo o adequado tráfego de veículos, pessoas e a instalação de equipamentos urbanos.

• Especialização técnica dos profissionais nomeados para exercerem a função de peritos

Quanto à identificação da especialidade técnica dos profissionais nomeados para exercerem a função de peritos nas 43 ações em que houve deferimento de perícia, esta foi possível em 53% dos casos, tomados, portanto, como elementos amostrais.

Verificou-se que 73,91% dos profissionais nomeados são da área de engenharia, nas especialidades civil, de transportes, florestal, elétrica, sanitária e agronômica. A área das ciências biológicas vem em segundo lugar, com 21,74% de biólogos nomeados e, por último, a área de arquitetura, na especialidade de paisagismo, com 4,35%.

Embora a perícia ambiental seja de natureza *multidisciplinar*, excepcionalmente o juiz nomeia mais de um profissional para cada perícia. A multidisciplinaridade se efetiva, portanto, quando o perito nomeado contrata os serviços de outros especialistas para a elucidação de questões às quais não se acha preparado.

Evidencia-se o fato de que a *perícia ambiental* é de fundamental importância na elucidação das questões ambientais levadas a Juízo através da ação civil pública. Entretanto, o Ministério Público e os Tribunais deparam-se com um grande empecilho ao bom andamento das ações, representado pelo custo das perícias.

Não existe previsão de dotação orçamentária das entidades públicas, em especial do Ministério Público, para o pagamento de *honorários periciais* nas ações em que são parte, e tampouco para o pagamento de honorários de assistentes técnicos.

Para agravar ainda mais a situação, não podendo haver adiantamento de honorários periciais e quaisquer outras despesas, devido à restrição imposta pelo art. 18 da Lei da Ação Civil Pública, torna-se difícil e até constrangedora a nomeação, pelo juiz, de profissional qualificado, que além de só poder receber seus honorários quando transitada em julgado a decisão condenatória, ainda terá a obrigação de arcar com as despesas inerentes ao trabalho realizado, sendo duplamente onerado.

Na carência de uma solução favorável para este problema, tanto os juízes, na nomeação de peritos, quanto o MP, na contratação de assistentes técnicos, têm, por diversas vezes, convocado técnicos de órgãos públicos ou de instituições acadêmicas para desempenharem esta função, a título de cooperação. O MP vem firmando convênios com as universidades para a viabilização de assistência técnica, arcando apenas com as despesas materiais.

Tais alternativas, no entanto, representam apenas o adiamento de soluções para os impasses que sempre rondam a realização das perícias. Frente a essas dificuldades, Freitas (1993), em consonância com as necessidades dos profissionais que atuam na área da perícia ambiental, bem como de todos os interessados no deslinde das questões ambientais levadas a Juízo, através da ação civil pública, conclui:

"... para que possam ser realizadas perícias, de regras complexas e custosas, seria oportuno destinar-se verbas. Corre-se o risco de os especialistas acabarem recusando tal mister, apesar da boa vontade, em razão do tempo despendido e da costumeira falta de remuneração."

As referências à perícia ambiental são esparsas e reduzidas na literatura do Direito Ambiental e, quando ocorrem, ressaltam, sempre, sua enorme complexidade técnica e dificuldade de realização. Sampaio (1992), procurador do Município do Rio de Janeiro, faz menção à matéria, nos seguintes termos:

"Mesmo nos casos em que o *dano ambiental* pode, em tese, ser comprovado mediante realização de *prova pericial,* há dificuldades para a escolha do perito tecnicamente apto a desempenhar a tarefa com o padrão de qualidade necessário. Os danos ambientais são, não raro, de proporções substanciais, o que torna extremamente árdua — quando não impossível — a tarefa do *expert* de verificá-los em toda a sua extensão, para que possa, posteriormente, avaliá-los. A matéria ambiental é de natureza altamente específica, o que, por si só, já dificulta ao magistrado a designação de um especialista capaz de manuseá-la, especialmente quando, como dissemos, o dano possui características que tornam difícil sua mensuração."

Frente ao exposto, faz-se oportuna uma reflexão aprofundada sobre o atual estágio de desenvolvimento da área de conhecimento da Perícia Ambiental, e se a atuação dos profissionais a ela relacionados tem se mostrado eficiente no auxílio e apoio à Justiça.

Como bem expressa Benjamin (1993), Promotor de Justiça em São Paulo: "Os ataques ao meio ambiente em nosso país, continuados e impunes, não obstante o esforço que se faz para evitá-los e reprimi-los, forçam-nos a uma reflexão sobre os porquês e o que fazer."

Em face à preocupação, em escala planetária, de se evitar ou solucionar os problemas ambientais cada vez mais catastróficos e ameaçadores para a vida presente e futura da humanidade, a atuação profissional na área ambiental sugere, além do preparo técnico, a busca do fortalecimento da própria cidadania, pois as questões ambientais estão diretamente relacionadas com a qualidade de vida de cada cidadão e de toda a coletividade.

Daí a necessidade de um engajamento responsável na luta pelo contínuo aprimoramento e implementação da legislação ambiental, um passo de fundamental importância na conquista destes novos horizontes de conhecimento e ação relacionados à Perícia Ambiental.

5. BIBLIOGRAFIA

ANTUNES, P. de B. (1992) *Curso de Direito Ambiental.* Rio de Janeiro: Editora Renovar. 399 p.

ARAÚJO, L.A. de (1996) *Aspectos Teórico-Metodológicos da Prática da Perícia Ambiental no Município do Rio de Janeiro.* Monografia apresentada ao final do curso de Pós-Graduação em *Auditoria e Perícia Ambiental* da Universidade Estácio de Sá. Rio de Janeiro. 74 p.

BARROS, J.C.R. de (1995) *Prática Forense da Perícia.* Aula da disciplina *Perícias Judiciais* do curso de Pós-Graduação em *Auditoria e Perícia Ambiental* da Universidade Estácio de Sá. Rio de Janeiro. 6 p.

BENJAMIN, A.H.V. (1993) A Implementação da Legislação Ambiental: O Papel do Ministério Público, *in* Antonio Herman V. Benjamin. *Dano Ambiental: Prevenção, Reparação e Repressão.* São Paulo: Editora Revista dos Tribunais: p. 360-377.

BUSTAMANTE, R.S. (1994) *A Prova Pericial de Engenharia no Processo Cível — Fundamentos e Prática,* Rio de Janeiro: Editora Forense. 154 p.

CUSTÓDIO, H.B. (1993) A Questão Constitucional: Propriedade, Ordem Econômica e Dano Ambiental. Competência Legislativa Concorrente, *in* Antonio Herman V. Benjamin. *Dano Ambiental: Prevenção, Reparação e Repressão.* São Paulo: Editora Revista dos Tribunais: p. 115-43.

FEEMA — Fundação Estadual de Engenharia do Meio Ambiente (1992) *Legislação Ambiental Básica.* Rio de Janeiro. 383 p.

FIKER, J. (1989) *Manual de Redação de Laudos.* São Paulo: Editora Pini. 119 p.

FREITAS, V.P. de (1993) Sanções Administrativas e Meio Ambiente, *in* Antonio Herman V. Benjamin. *Dano Ambiental: Prevenção, Reparação e Repressão.* São Paulo: Editora Revista dos Tribunais: p. 346-56.

IBAPE — Instituto Brasileiro de Avaliações e Perícias de Engenharia (1994) *Glossário de Terminologia Básica Aplicável à Engenharia de Avaliações e Perícias do IBAPE/SP.* São Paulo. 12 p.

MACHADO, P.A.L. (1995) *Direito Ambiental Brasileiro.* 5ª ed. São Paulo: Malheiros Editores. 696 p.

MILARÉ, E. (1993) Processo Coletivo Ambiental, *in* Antonio Herman V. Benjamin. *Dano Ambiental: Prevenção, Reparação e Repressão.* São Paulo: Editora Revista dos Tribunais: p. 257-77.

MUKAI, T. (1992) *Direito Ambiental Sistematizado.* Rio de Janeiro: Editora Forense Universitária. 191 p.

NEGRÃO, T. (1995) *Código de Processo Civil e Legislação Processual em Vigor.* 26ª ed. São Paulo: Editora Saraiva.

NUNES, P. (1994) *Dicionário de Tecnologia Jurídica*. 12ª ed., 3ª tiragem. Rio de Janeiro: Editora Biblioteca Jurídica Freitas Bastos.

SAMPAIO, F.J.M. (1992) *O Dano Ambiental e a Responsabilidade*. Revista de Direito Ambiental da Procuradoria Geral do Estado do Rio de Janeiro. Rio de Janeiro, nº 44, p. 147.

SEAERJ — Sociedade dos Engenheiros e Arquitetos do Estado do Rio de Janeiro (1989) *A Prova Pericial e a Importância da Perícia Face ao Novo Código de Processo Civil — Entrosamento Perito/Juiz*. Curso Perícias Judiciais do SEAERJ. Rio de Janeiro, 4 p.

SILVA, J.A. da (1994) *Direito Ambiental Constitucional*. 2ª ed. rev. aum. São Paulo: Malheiros Editores. 243 p.

TARCHA, J. (1993) *Aspectos Jurídicos da Perícia de Engenharia*. Monografia. São Paulo. 107 p.

CAPÍTULO 5

SUBSÍDIOS PARA AVALIAÇÃO ECONÔMICA DE IMPACTOS AMBIENTAIS

Pedro Paulo de Lima-e-Silva
Antonio José Teixeira Guerra
Luiz Eduardo Duque Dutra

1. INTRODUÇÃO

Uma população mundial de quase seis bilhões de pessoas em contínuo crescimento consiste, por si só, num fator de preocupação. Se considerarmos que cada um dos seis bilhões anseia por melhor qualidade de vida, aquele crescimento potencializa algum tipo de colapso (como um esgotamento da capacidade regenerativa natural) nos sistemas de manutenção da vida que nos fornecem ar, água e solo para sobreviver. Na verdade, algumas pontas desse *iceberg* de desequilíbrio são observadas em diversas partes do planeta, como a destruição do ecossistema do Lago Vitória, na África, a tendência de desaparecimento do *Mar Aral*, na Rússia, a falta de água potável em diversas partes do mundo, a destruição da Mata Atlântica e da Floresta Amazônica, no Brasil, entre muitos outros. O problema do Mar Aral, por exemplo, recebeu um considerável aporte financeiro do Banco Mundial (US$ 300 milhões), na tentativa de impedir seu completo desaparecimento e os conseqüentes efeitos danosos para a população do entorno.

Mas a relação seres humanos-ambiente, sem dúvida profundamente preocupante e central, não é feita somente de desastres. Há atividades produtivas de impactos relevantemente positivos: a gestão responsável das unidades de conservação (parques e reservas), o reflorestamento de áreas degradadas, a cultura de plantas e animais (o que minimiza a coleta predatória), os chamados "negócios verdes" (reciclagem, produtos biodegradáveis, serviços de recuperação, etc.) e, por último, mas não menos importante, a gestão responsável do problema ambiental dentro das empresas. O objetivo final é evitar o esgotamento dos estoques naturais, mitigar a geração de rejeitos pelas empresas, e assim responder às necessidades de sustentabilidade do desenvolvimento. O círculo virtuoso de responder prontamente às necessidades de sustentabilidade, sintetizado na composição alerta-ação-resposta-correção, deve ser contínuo, uma vez que as metas desta sustentabilidade estão décadas à frente, com muitas incertezas em jogo.

O sistema social, visto como um todo, ainda age de forma visivelmente *insustentável*: os estoques de poluentes ainda são crescentes, a taxa de *conversão de terras* naturais em pastos e plantações também, e o *crescimento exponencial* da população mais pobre é o problema do século XXI. Se, ao que tudo indica, a relação entre a taxa de crescimento de uma população humana e sua *qualidade de vida* é inversa (*correlação negativa*), então as questões macroeconômicas de distribuição de riqueza, recursos e tecnologia progressivamente caminham para o primeiro plano das preocupações mundiais, e deve sobrepujar mesmo questões religiosas, étnicas ou disputas territoriais. Neste capítulo analisaremos apenas os impactos ambientais negativos, que são a nossa preocupação do momento.

Quando um estudo patrocinado pelo *Clube de Roma*, em 1972 (Relatório Meadows), afirmou que o mundo poderia entrar num colapso por volta de 2020, dadas determinadas premissas, houve uma avalancha de críticas, a grande maioria qualificando aquelas previsões de fantasiosas e alarmistas. Hoje, 27 anos depois, a maioria dos pesquisadores concorda que o problema da *poluição* e degradação ambientais foi subestimado, e diversos governos estão mesmo trabalhando no sentido de ajustar seus planejamentos na direção de um *desenvolvimento sustentável*. A Rio-92, reunião da ONU que trouxe representantes e chefes de estado de 166 nações ao Rio de Janeiro, foi o evento que mais países reuniu em toda a história da humanidade, e vem na seqüência de uma série de reuniões e acordos internacionais iniciados na década de 1970, e cuja preocupação principal tem sido a proteção do meio ambiente.

Aliado ao *crescimento populacional*, a *pressão ambiental* e social fez-se sentir, e trouxe à tona a necessidade de um desenvolvimento que não conduza à exaustão dos recursos naturais, nem degrade perigosamente os sistemas de manutenção da vida. A viabilidade deste projeto de sociedade ocorrerá mais rápida e facilmente se a sociedade, como um todo, incluindo administradores, agentes econômicos e representantes civis, considerar seriamente os custos associados aos danos ambientais. Em outros termos, o planeta é finito, e na verdade está ficando pequeno para os seres humanos.

Esta mudança de *paradigma* em relação ao ambiente, e portanto dos hábitos sociais, depende, primeiro, da utilização, pela Economia e pelo Planejamento, de métodos da *Teoria Geral de Sistemas* que permitam identificar as complexas inter-relações ambiente x produção, e assim valorar os custos envolvidos. Em seguida, é necessária a definição de uma estratégia apropriada de utilização de instrumentos econômicos (taxas, tributos e normas) como um mecanismo indireto de *proteção do ambiente*. Isto exige, porém, uma avaliação correta dos danos ambientais e também uma discussão a nível ético do que deve ou não ser valorado monetariamente.

Este capítulo foi construído como um sistema: a intenção é fazer dele um exemplo de trabalho integrado, onde três formações diferentes se propõem a refletir sobre uma questão atual e de dinâmica complexa.

2. *Impactos Ambientais no Presente*

A princípio, qualquer atividade humana causa impactos ambientais. Por conseguinte, a exploração de recursos naturais tem causado uma gama variada de danos ambientais. Diversos têm sido os autores preocupados com essas questões, os quais têm exposto de diversas maneiras, através dos seus trabalhos, a avaliação dos danos oriundos dessa exploração, do que acontece quando não se levam em conta os riscos dos impactos (Guerra, 1976; Gerrard, 1990; Goudie, 1992 e 1993; Allison e Thomas, 1993; Cunha e Guerra, 1996; Keller, 1996; Ross, 1996).

Atualmente, existe uma preocupação maior com os *riscos ambientais* do que no século passado. As pontas dos *icebergs* de desequilíbrio, citadas na introdução, são detectadas aqui e ali, numa grande diversidade de macrofenômenos como o da eventual destruição da *camada de ozônio* em várias partes da atmosfera do planeta. Além disso, questões como o *aquecimento global*, a *poluição das águas, do ar* e *dos solos* também têm sido consideradas pelos pesquisadores. Ou seja, existe uma preocupação constante em como explorar recursos naturais e, ao mesmo tempo, conseguir-se atingir o desenvolvimento sustentável (Keller, 1996).

As *mudanças ambientais* têm sido tema de estudo em diversos ramos do saber, quer seja na Geologia, Geomorfologia (Geografia), Ecologia (Biologia), Engenharia, Economia, Ciências Ambientais e da Terra, como um todo. O interesse pelas mudanças ambientais tem sido uma conseqüência dos debates políticos e da *percepção da sociedade* em relação aos danos que têm ocorrido na Natureza, em especial nas últimas três décadas. Isso tem levado a várias descobertas científicas sobre o funcionamento do ambiente, mas muito ainda se está por descobrir, em especial no que diz respeito às mudanças ambientais (Allison e Thomas, 1993). Para se compreender essas mudanças e, ao mesmo tempo, fazer previsões do que poderá ocorrer no futuro, não basta apenas entender a mecânica dos processos de mudanças, mas também as ligações entre os diversos componentes do sistema. Conceitos como limites de mudança, freqüência, magnitude, taxas de mudança e de recuperação são de grande relevância para se compreender as mudanças ambientais como um todo (Allison e Thomas, 1993). Através dessa base teórico-conceitual, acredita-se poder entender os danos ambientais nas áreas impactadas.

Dessa forma, esse item pretende identificar os diversos tipos de recursos naturais existentes, bem como avaliar os danos ambientais causados pela exploração desses recursos, tanto nas encostas como sobre os corpos líquidos, nas áreas urbanas e nas áreas rurais. Finalmente, algumas formas de degradação ambiental serão também abordadas conjuntamente com alguns procedimentos de recuperação dessas áreas.

• Tipos de Recursos Naturais

Os recursos podem ser divididos em renováveis e não-renováveis. A maioria dos recursos naturais existentes na Terra são não-renováveis; uma vez explorados indiscriminadamente, corre-se o risco de se levar à extinção. Isso tem acontecido com freqüência com diversas espécies vegetais e animais, bem como com recursos minerais em algumas partes da superfície terrestre. Nesses casos, os seres humanos não consideram o fato de que muitos recursos são simplesmente finitos. Além disso, o aproveitamento dos rejeitos da produção industrial ainda é incipiente, o que de outra forma amenizaria a pressão sobre o meio. Só mais recentemente é que o lixo vem sendo reciclado em alguns países, e mesmo assim em percentagens bem baixas em relação a tudo que é descartado. A exploração econômica dos recursos minerais, vegetais e animais será abordada em seguida com o objetivo de conhecê-los melhor e também de se avaliar seus riscos de extinção e os danos potenciais.

• Recursos Minerais

A grande maioria dos minerais está enquadrada no grupo dos *recursos naturais não-renováveis* e, portanto, sua exploração deve ser objeto de um planejamento que considere seu caráter finito, aproveitando-o de forma mais eficiente e com menos desperdício. Os recursos minerais estão presentes em quase tudo na nossa vida. Numa típica residência urbana, tudo é feito, direta ou indiretamente, com minerais, desde os materiais de construção (areia, pedra, cimento, ferro, alumínio, argila, vidro, etc.), passando pelos materiais de encanamento (cobre, chumbo e ferro), de pintura (pigmentos como ferro, zinco e titânio), as ferragens para banheiro e cozinha (ferro, cobre e muitos outros metais), a mobília (fibras sintéticas feitas de carvão e petróleo, molas de aço, etc.) e outros itens como janelas, lâmpadas, utensílios domésticos, etc. Além disso, os minerais estão presentes também nas nossas vidas através do seu uso, por exemplo, nos remédios, cosméticos, roupas e até alimentos (Keller, 1996).

Os minerais têm também aplicações industriais muito diversas. Na produção de metais e novos materiais, que podem ser abundantes (ferro, alumínio, cromo, manganês, titânio e magnésio) ou escassos (cobre, chumbo, zinco, ouro, prata, platina, urânio, mercúrio e molibdênio). São ainda utilizados como agregados para concreto (rochas, areia e calcário-cimento), argila para telhas e tijolos. Finalmente, existem aqueles utilizados nas indústrias petroquímicas que são a base para a produção de fertilizantes e de pesticidas para agricultura.

Dada esta extensiva dependência em relação aos recursos minerais, concorrente com sua *natureza finita*, critérios cuidadosos devem pautar a sua utilização. Além disso, a exploração, o transporte e o manuseio dos minerais podem causar uma série de danos ambientais, que serão analisados mais adiante. Um outro elemento a ser considerado é que a exploração deve ser economicamente racional, não só para evitar a espoliação imediata de recursos, mas também porque os benefícios gerados pelas reservas são limitados. Em outras palavras, geram um fluxo de caixa positivo apenas por alguns anos, no máximo duas ou três décadas, quando as reservas são realmente grandes.

Os fatores acima estão particularmente presentes quando se trata de alguns minerais que são fonte de energia, escassos e ainda responsáveis por grande parte da poluição atmosférica e líquida, como o *carvão* e o *petróleo*. Observe que, embora finitos, poucos crêem que eles se esgotarão. As maiores dificuldades estão relacionadas aos *custos sociais* envolvidos em sua queima. Incluem-se desde a *poluição atmosférica* e as *chuvas ácidas*, até os acidentes de trânsito e as horas perdidas nos congestionamentos. São fundamentais, não só por representarem elevados dispêndios que não param de crescer, mas também porque quem arca com eles não são nem os consumidores nem os produtores, mas a sociedade como um todo, donde seu enquadramento como custo social.

• Recursos Florísticos

Os recursos florísticos, ou vegetais, apesar de serem enquadrados no grupo dos *recursos renováveis*, podem se esgotar, em especial em áreas onde sua exploração não leve em conta os riscos e os danos associados a um aproveitamento imediatista e irracional. Isso porque as atividades desenvolvidas pelos seres humanos tendem a promover o desmatamento de grandes áreas. A *conversão de terras* para as atividades agropecuárias na Amazônia é uma ilustração atual. Sabe-se que os organismos vivos podem sobreviver dentro de certos limites, definidos pela coevolução das espécies e das condições ambientais em processos bastante complexos e específicos. O *sistema agrícola* maneja as condições naturais, criando artifícios que simulam as características do meio ótimo para uma determinada planta ou animal. Assim, a agricultura irrigada, a calagem, a adubação e as estufas são, efetivamente, alterações do meio para se chegar a condições que estejam dentro do *intervalo de tolerância* das espécies cultivadas. O problema é que, constantemente, essas alterações não levam em conta os limites do próprio ambiente. Muitas vezes as conseqüências são irreversíveis para o meio, como, por exemplo, o desaparecimento de algumas espécies vegetais e a desertificação de amplas regiões, causando ainda vários outros desequilíbrios de natureza social e cultural (Conti e Furlan, 1996).

O que está em questão nesta exploração irracional dos recursos vegetais é a evidente redução da *diversidade genética*, das espécies e dos *ecossistemas*. Nunca a *biodiversidade,* assim entendida, foi tão ameaçada como no presente. Cem por cento das planícies selvagens dos Estados Unidos estão, hoje, perdidas. Noventa por cento, no caso da Nova Zelândia. E o problema não é exclusivo dos países ricos. Oitenta por cento das savanas do Burundi e de Madagascar também estão perdidas (World Resource Institute e PNUMA). Um outro dado estarrecedor é sobre o recuo das zonas úmidas nos países industriais. Na antiga Alemanha do Oeste e nos Países Baixos, mais da metade simplesmente desapareceu entre 1950 e 1980 (OCDE).

Estes problemas podem parecer distantes, apesar dos números e da sua dimensão, mas a biodiversidade tem-se revelado também um elemento estratégico. Isto porque, além das perdas na vida selvagem, observa-se em paralelo uma perda significativa entre as variedades vegetais há muito conhecidas pelo homem. Assim, catalogaram-se mais de dez mil espécies e subespécies vegetais cultivadas na História; hoje, no entanto, os agricultores plantam menos que uma centena. Nos Estados Unidos, por exemplo, 96% das variedades classificadas no início do século não são atualmente encontradas nos supermercados, 86% das variedades de maçãs e 88% das de pêras igualmente sumiram. A revolução tecnológica trouxe a agricultura de altos rendimentos, mas baseada em um número extremamente reduzido de variedades. A *homogeneização* genética em excesso, por um lado, aumenta os riscos de ocorrência de *parasitos* e doenças e, por outro, diminui as possibilidades de enfrentá-los, ao eliminar as milhares de opções antes oferecidas pela natureza. As ameaças à biodiversidade envolvem então uma crescente incerteza: é viável continuar indefinidamente nesta via de uniformização? Uma boa resposta é essencial, uma vez que se trata da segurança alimentar do mundo.

No Brasil, sem dúvida, o principal problema hoje são as ameaças à biodiversidade causadas pela expansão da agropecuária na Amazônia. Esta atividade requer sempre grandes extensões de terra para o seu desenvolvimento. Oferece, em contrapartida, pouquíssimas oportunidades de trabalho, o que gera ocupações provisórias e anárquicas. Em geral, é acompanhada por um extrativismo vegetal predatório, acentuando os problemas para a fauna e flora da região, além de não trazer benefício a longo prazo. Este foi o caso dos *ciclos extrativistas* no nosso país.

Uma recente ilustração deste tipo de mau aproveitamento dos recursos vegetais tem sido dada pela exploração indiscriminada das *madeiras de lei*. Grandes extensões de florestas são cortadas por *madeireiras* estrangeiras que visam somente ao mercado externo, sem considerar a capacidade natural de regeneração da floresta, e aproveitando-se da carência de controle destas atividades por parte do Estado. A recuperação do estoque dos recursos dessas madeiras torna-se então inexeqüível, em função de custos impraticáveis. Por fim, as *florestas equatoriais* e *tropicais* têm sido grande fonte de recursos para a população nativa, quer seja através da exploração de madeiras, quer seja através do aproveitamento de outras riquezas naturais: borracha, babaçu, castanha-do-pará, carnaúba, erva-mate, etc.; nem todas de forma predatória. Ao contrário, há uma tendência de o pequeno coletor de recursos extrativos vegetais manter o equilíbrio ecológico existente na área de exploração, até porque ele depende diretamente daqueles recursos para sua sobrevivência. Além disso, a conservação das áreas de mata proporciona também a manutenção dos recursos animais ali existentes, dos solos, da qualidade dos mananciais e dos rios e, como conseqüência, dos ecossistemas como um todo.

• Recursos Faunísticos

Os recursos faunísticos, ou animais, são altamente vulneráveis, e várias espécies têm sido extintas em conseqüência da caça predatória e das atividades econômicas, que tendem a não levar em conta os riscos de suas extinções. Importante lembrar que a *extinção* é irreversível, não há recuperação, e portanto o custo econômico é infinito. Mais uma vez, a agropecuária é uma das atividades que mais causa danos à *fauna silvestre*, uma vez que requer grandes extensões de terra para desenvolver suas atividades. Sendo assim, o *desmatamento* generalizado, além de causar impactos à flora, também provoca impactos à fauna, uma vez que uma depende da outra para seu desenvolvimento. Muitos caçadores não se dão conta de que a destruição dos animais é um dos caminhos para a extinção da flora, pois grande parte das plantas depende dos animais para a disseminação de suas sementes.

Tanto a agricultura quanto a mineração, e ainda o lixo proveniente das cidades (doméstico e industrial), causam danos à fauna terrestre e aquática, seja na água doce ou salgada. Eventualmente alguns animais conseguem adaptar-se a condições adversas do ambiente. Há o caso, por exemplo, do peixe tambaqui, da Região Amazônica, que está bem adaptado ao complexo aquático formado por rios, lagoas e lagunas temporárias, e às composições bioquímicas das águas pretas, brancas e cristalinas. No *período da seca* a concentração de oxigênio é baixa, fazendo com que os peixes capturem gás por vias extrabranquiais. Este peixe, através de um processo bioquímico, consegue fazer com que o músculo cardíaco funcione por metabolismo anaeróbico, e nessas situações de baixa concentração de oxigênio aumenta sua resistência através desse metabolismo alternativo (Conti e Furlan, 1996).

O exemplo ilustra as adaptações que os animais possuem para garantir sua *sobrevivência*, mas em diversas oportunidades, a *interferência humana* tem provocado situações catastróficas. Em muitos casos, apesar de os animais não desaparecerem de uma determinada região, acabam vivendo sob estresse. Deste modo, tornam-se mais suscetíveis a doenças e morte prematura, o que aumenta significativamente seu *risco de extinção*. Além disso, o encadeamento das relações naturais é altamente complexo.

Um, dentre os inúmeros exemplos, encontra-se no caso do povoamento do *Lago Vitória* pela *perca do Nilo*. Há vários anos este peixe foi introduzido naquele grande lago do leste da África com o propósito bem intencionado de proporcionar comida adicional para os moradores da região, além de uma receita adicional para a balança comercial. Como simples princípios ecológicos foram ignorados, o resultado foi a virtual destruição de toda a pesca no lago. Até a introdução da perca, o lago sustentava *peixes endêmicos* de diversas espécies, mas principalmente ciclídeos, que se alimentam de detritos e plantas. A perca do Nilo é *carnívora*, portanto se alimentando de peixes menores como os ciclídeos.

Como *energia* é perdida em cada nível da *cadeia alimentar* (predadores consomem muito mais energia do que presas), peixes predatórios não podem ser produzidos numa taxa tão alta quanto espécies herbívoras; o *equilíbrio dinâmico* (*metaequilíbrio*) não se sustenta dessa forma (observe as populações de predadores e presas em todo ambiente natural; os predadores são sempre em número muito menor do que as presas). Além disso, os ciclídeos do lago não evoluíram com as percas, e portanto não possuíam qualquer espécie de mecanismo de defesa correspondente. Inevitavelmente a perca aniquilou as populações de ciclídeos, destruindo toda a pesca nativa, incluindo sua própria fonte de alimento. Devido a isso, seus hábitos vorazes trouxeram sua própria derrocada como um peixe comercialmente explorável. É verdade que a pesca local já estava um tanto quanto sobreexplorada, conseqüência da *explosão populacional* humana local e das tecnologias avançadas de pesca. Contudo, a solução teria sido um adequado manejo dos ciclídeos, e nunca a introdução de um predador eficiente sobre eles (Ricklefs, 1996).

Outras conseqüências transformaram essa história numa tragicomédia de erros. A carne da perca não é aprovada pela população local, acostumada à textura e sabor dos peixes nativos. Mais ainda, a oleosidade da perca requer *defumação* para ser preservada, em vez de secagem ao sol, e assim as florestas locais estão sendo rapidamente cortadas para produzir fogueiras. Devido à perca ser maior e mais forte, exige redes mais sofisticadas, e os pescadores locais de subsistência não conseguem competir com estrangeiros mais prósperos, mais bem preparados para a *pesca comercial*. A lição é trágica mas simples: os seres humanos são uma parte importante da *ecologia* do Lago Vitória. A pesca local tradicional manteve-se em *harmonia* por milhares de anos, até que a explosão populacional e a necessidade de desenvolvimento incitaram a uma decisão ecologicamente insana, que prenuncia um *desastre econômico e social*.

A eventual extinção de certos animais, devido à destruição de seus habitats ou à sua caça predatória, pode ser revertida caso haja uma fiscalização mais rigorosa. O *jacaré* no *Pantanal Mato-grossense* é ilustrativo da importância do *controle público*. Além disso, muitas vezes o estímulo da criação desses animais, com fins comerciais e regulamentados por uma legislação específica, pode reduzir bastante o risco de extinção de certas espécies. A criação de jacaré em cativeiro tem possibilitado tanto o aproveitamento da carne quanto do couro, diminuindo bastante a pressão predatória e, conseqüentemente, diminuindo também os riscos de sua extinção. A ação do Estado, nesse caso, através da regulamentação adequada, foi providencial e decisiva.

3. Danos Ambientais Causados pela Exploração dos Recursos Naturais

As implicações do aquecimento global nos *processos geomorfológicos* e a sensibilidade dos sistemas a essas mudanças são questões importantes. Uma das questões de maior sensibilidade refere-se aos *impactos potencialmente irreversíveis*, ou, ainda, aos impactos de reversão extremamente difícil, longa e custosa (Thomas e Allison, 1993). Este tema, que tem preocupado os pesquisadores e algumas autoridades, relaciona-se em especial às mudanças ambientais em regiões tropicais, ao uso de água em zonas áridas e semi-áridas, e à *degradação* do ambiente como um todo. Ainda não é bem conhecido como o *efeito estufa* pode interferir com o clima, e conseqüentemente, afetar a qualidade dos solos em várias partes do mundo. Sendo assim, é relevante a necessidade de se desenvolver uma metodologia que possa ser utilizada para o estudo dos impactos das mudanças climáticas sobre a qualidade dos solos (Favis-Mortlock, 1995).

3.1. Danos nas Encostas

As encostas sofrem bastante com a exploração de recursos naturais e com as várias formas de uso que os seres humanos têm dado a elas. Os *solos*, que são a parte mais externa do *relevo*, acumulam toda a sorte de danos, em função de não se levar em conta, na maioria das vezes, os riscos associados à sua utilização, o que se torna crítico, por exemplo, nas relações entre as *encostas* e as *calhas fluviais*. O que acontece numa encosta acaba se refletindo sobre as calhas fluviais, podendo causar, por exemplo, o assoreamento desses corpos líquidos, diminuindo a qualidade e a quantidade de água. Assim, um corte de *encosta* para a construção de uma estrada, por exemplo, precisa levar em conta esses fatores, porque do contrário incorrerá em *custos de manutenção* ou *recuperação* altíssimos, quando mais tarde a encosta vier a desabar por falta de planejamento adequado e diagnóstico preciso. As *características ambientais* locais serão, por fim, internalizadas a um custo muito mais elevado. Um caso conhecido no Sudeste brasileiro é o da Estrada Rio—Santos, onde incontáveis desabamentos ocorrem todos os anos (Cunha e Guerra, 1996).

As *florestas* protegem as encostas contra a ação dos *processos erosivos* e dos *movimentos de massa*. O desmatamento de uma área, com fins de sua utilização agropastoril ou para a expansão de uma cidade, ou ainda para a exploração de um determinado recurso natural, por si só pode ser bastante impactante. As relações existentes entre os condicionantes geológicos e geomorfológicos dos movimentos de massa são bem exemplificadas pela série de deslizamentos ocorridos na cidade do Rio de Janeiro por ocasião dos fortes temporais de fevereiro de 1996. Ficou enfatizado também o papel dos seres humanos na desestabilização das encostas, quando fazem cortes de taludes para construírem casas, ruas, prédios, em especial numa cidade que possui morros em quase toda a sua extensão e um *regime de chuvas* com freqüentes temporais nos meses de verão. A cobertura vegetal não é intocável, no entanto, mas seu corte precisa decididamente ser precedido de um diagnóstico das condições ecológicas, pedológicas, geomorfológicas e geológicas locais; ou seja, é preciso conhecer os *riscos de deslizamento* associados ao uso das encostas (Fernandes e Amaral, 1996).

A cobertura vegetal nas encostas tem um papel preponderante, não só através da proteção contra o impacto direto das gotas de chuva, diminuindo assim a erosão por *splash*, mas também na produção de *húmus* (produto da decomposição parcial dos restos vegetais na primeira camada do solo), que proporciona melhor estrutura para os solos. Contribui também para diminuir as taxas de erosão, porque aumenta a *bioporosidade*, aumentando em conseqüência a *permeabilidade* desses solos; ou seja, graças a isso os *solos florestais* possuem maior *capacidade de infiltração*. As raízes igualmente contribuem para a *infiltração das águas*. Dessa forma, a *remoção das florestas* nas encostas, quer seja para a agricultura, quer seja para a *expansão urbana*, tende a promover uma aceleração dos processos erosivos e dos movimentos de massa, tanto em termos de magnitude quanto freqüência. A *recuperação* de uma área erodida, como temos visto em relação às enxurradas freqüentes ocorridas no Rio de Janeiro, principalmente a última de 1996, resulta num alto custo econômico (despesas dos governos com recuperações emergenciais), social (perdas de lares e áreas de lazer) e ambiental (perdas de plantas, animais e solo); custo este que poderia ter sido evitado se os riscos inerentes houvessem sido considerados no planejamento da ocupação da terra (Goudie, 1992).

3.2. Danos nos Corpos Líquidos

Há abundância de água na superfície terrestre; o problema está na sua disponibilidade no lugar e hora certos. O volume total é algo de colossal: aproximadamente 1,4 bilhão km³. No entanto, 97% dessas águas são salgadas, o que as torna impróprias ao uso nas residências, nos campos e nas usinas. A *água doce* representa apenas 3% do total, e não está toda disponível: mais de 80% dela encontram-se presos nas calotas polares, geleiras e lençóis freáticos muito profundos. Assim, descontando os percentuais de água dos oceanos e das geleiras, menos de 1% está realmente disponível à população mundial através dos rios, lagos, nascentes e águas subterrâneas, o que relativiza bastante a abundância citada acima.

Além disso, o consumo de água ao longo do século XX cresceu num ritmo firme e contínuo, entre 4 e 8% ao ano, em razão do acelerado crescimento econômico de algumas regiões. Por conseguinte, nos países mais ricos o uso industrial da água responde atualmente por mais da metade do consumo, enquanto que, na África, é o uso agrícola que responde por mais de 80% do consumo. De fato, apenas 8% da demanda mundial de água correspondem hoje às utilizações doméstica e municipal. É essa utilização cada vez mais intensiva da água como fator de produção que revela a natureza esgotável de um recurso outrora disponível livremente.

Os corpos líquidos sofrem toda sorte de danos, resultantes da exploração de recursos naturais e da simples ocupação humana em determinadas áreas. O ciclo hidrológico é totalmente alterado, na maioria das vezes através do mau uso da terra, como desmatamento e uso agrícola, ou sobre a área urbana, que resulta em que as águas tendam a se escoar mais na superfície do que se infiltrar, iniciando processos erosivos. Além disso, o *lençol freático* pode diminuir em qualidade e quantidade, bem como ser contaminado através da poluição. Nesse caso, pode haver o risco de contaminação também de mananciais, pois o lençol d'água abastece os mananciais. Sua recuperação é muito difícil, ou mesmo impossível, pois trata-se de água existente em subsuperfície.

Com a redução da quantidade de água nos lençóis freáticos, certamente haverá problemas em relação ao seu *abastecimento*. As áreas em questão acabarão por ser abandonadas, ou, o que é pior, nos países mais pobres a água poluída continuará sendo utilizada. Os riscos de cheias são outro fator que precisa receber atenção, porque essas áreas tendem a sofrer a ação do *escoamento superficial*, e assim um maior volume de água pode inundar as planícies. Durante o período da estiagem o problema de abastecimento de água se agrava, porque o lençol freático não é suficiente para atender à demanda em função de ter tido o seu nível reduzido (McClintock *et al.*, 1995).

A maior fonte das águas subterrâneas são as chuvas que se infiltram no terreno, indo abastecer os lençóis freáticos. Dessa forma, é de fundamental importância que os solos sejam preservados, para que essa água continue a se infiltrar e, conseqüentemente, continue a abastecer as nascentes e os rios. Neste sentido, os recursos líquidos são ameaçados particularmente de três maneiras: (1) desmatamento generalizado, diminuindo a infiltração e aumentando o escoamento; (2) contaminação dos lençóis freáticos, através da poluição dos solos, tanto em áreas urbanas quanto rurais; e (3) em alguns locais, o uso excessivo desses recursos, através do bombeamento para irrigação, ou em grandes empreendimentos industriais, e nas cidades.

A questão da água já é crítica na Europa desde a década de 1990. A agricultura comercial em larga escala e intensiva em fertilizantes e pesticidas, por um lado, demandou volumes crescentes de água, levando ao esgotamento desses lençóis e, por outro, acabou por contaminar aqueles que ainda subsistiam próximos à superfície. O resultado foi a instituição de uma taxa de utilização da água, onde ela não existia, e uma forte elevação do preço onde já se pagava pelo seu fornecimento. Em todos os casos, a definição de um preço é a evidência objetiva da escassez do recurso.

A poluição direta das águas, sejam elas salgadas ou doces, por atividades industriais é outro elemento crucial. Freqüentemente, ocorre uma diminuição drástica da qualidade dos recursos hídricos, a ponto de se fazer necessário um grande investimento financeiro para despoluir lagoas, rios e baías. O caso da Baía de Guanabara é um exemplo atual. Os custos de recuperação são quase sempre muito maiores do que os de preservação, e muitas situações são irreversíveis. Essa realidade tende a se agravar em certos microssistemas, se continuarmos tratando esses recursos como se fossem renováveis, ou seja, na ilusão de que sempre estarão à nossa disposição, mesmo sem um manejo adequado.

3.3. Danos nas Áreas Urbanas

A população mundial tem cada vez mais se urbanizado, em especial no século XX. O crescimento das cidades tem se dado, de maneira geral, da forma a mais desordenada possível, causando naturalmente uma série de impactos ao ambiente. Esses impactos, por sua vez, proporcionam uma gama variada de prejuízos, tanto no que diz respeito ao ambiente urbano, quanto aos próprios habitantes das metrópoles. Na realidade, as cidades têm crescido tanto que, atualmente, possuem seus problemas ambientais particulares, e isso ocorre não só nos países desenvolvidos como também nos países em desenvolvimento (Goudie, 1992). O agravante é que a continuidade do crescimento desordenado, em especial nos países mais pobres, pode acabar por inviabilizar o próprio processo de modernização da sociedade.

Os *danos ambientais* são mais alarmantes nas grandes cidades, onde a *densidade de habitantes* é bem maior. Elas tendem a atrair cada vez mais habitantes de outras cidades menores e do campo e, no Terceiro Mundo, esta expansão tem sido catastrófica. Como conseqüência desse crescimento acelerado e desordenado, uma série de impactos têm sido registrados. Para citar um exemplo, temos os grandes deslizamentos ocorridos no Rio de Janeiro, onde o desmatamento e os cortes indiscriminados dos taludes causam diversos impactos, provocando perdas materiais e de vidas humanas (Fernandes e Amaral, 1996). Além disso, o desmatamento associado às construções de prédios e o surgimento de ruas e avenidas causam uma impermeabilização das encostas, fazendo com que as inundações sejam cada vez mais constantes nessas cidades. São Paulo também sofre com os temporais, que em poucos minutos provocam o *alagamento* de suas ruas e a destruição de casas. O volume de água que cai, não tendo por onde se infiltrar, vai se acumulando exponencialmente.

Uma outra conseqüência grave do *crescimento urbano* desordenado é a *poluição atmosférica*. A propósito disso, a cidade de São Paulo tem adotado, desde 1996, uma medida de restrição da circulação de veículos automotivos, que conforme o final da placa têm permissão de transitar somente em determinados dias. No entanto, é importante observar que esta medida aliviou apenas parcialmente o problema. Isto porque, nas áreas urbanas, os problemas tornam-se mais agudos, não só em função da maior densidade populacional, mas porque esta é acompanhada de maior concentração de atividades industriais.

3.4. Danos nas Áreas Rurais

As *áreas rurais* são bastante afetadas pelos danos ambientais. São aquelas de maior abrangência na transformação do ambiente, pois, via de regra, consomem grandes extensões de terra para as atividades agropecuárias. Isso ocorre, em especial, nos países em desenvolvimento, onde estamos diante de extensas lavouras comerciais voltadas para o mercado externo. Um bom exemplo é a *cultura da soja*, que é praticada no *Planalto Central*. Grandes extensões do *Cerrado* são desmatadas para dar lugar a esta lavoura mecanizada, o que acarreta diversos tipos de danos ambientais; desde a *erosão dos solos*, passando pela contaminação de lençóis freáticos, até o assoreamento de rios. Os custos de recuperação envolvem um volume grande de recursos que, na maioria das vezes, faz com que os proprietários de terra simplesmente abandonem certas fazendas. A recuperação dos rios também torna-se praticamente inviável. Os mesmos têm sido cada vez mais poluídos pelos *defensivos agrícolas*, bem como assoreados pela grande quantidade de sedimentos oriundos dos processos erosivos acelerados, os quais se estabelecem nas encostas.

Vários pesquisadores têm demonstrado os riscos causados nas áreas rurais, em função do desmatamento de grandes extensões de terra, sem levar em conta a suscetibilidade dos solos aos processos erosivos. É bastante discutido o que acontece nos solos com a retirada da vegetação e o uso agrícola, sem levar em consideração estratégias de conservação. Em primeiro lugar, desaparece a proteção dos solos, proporcionada anteriormente pela cobertura vegetal, o que é praticamente inevitável diante da necessidade de se cultivar. Daí ser necessária a prática de uma agricultura em curva de nível, com terraceamento, além da utilização de outras técnicas que diminuam consideravelmente os impactos causados pelas águas das chuvas. Em segundo lugar, a retirada da cobertura vegetal aumenta a ação do *salpicamento* dos agregados dos solos, que se rompem, causando a formação de *crostas* no topo dos solos. Em conseqüência, dificulta a infiltração de água e aumenta o escoamento, o qual, por sua vez, provoca a ação dos processos erosivos (Morgan, 1986; Guerra, 1998).

As características das *encostas* são importantes para os processos erosivos, não apenas quanto à *declividade*, como também quanto ao comprimento e forma. Observa-se que a natureza da vegetação (altura, estrutura e espaçamento) é de extrema relevância no controle dos processos erosivos, reduzindo mais ou menos a quantidade de chuva que chega aos solos, bem como diminuindo correspondentemente o efeito do impacto das gotas de chuva sobre a superfície (Goudie, 1995). Com uma cobertura vegetal natural, há uma menor probabilidade da ocorrência de processos erosivos acelerados, como, por exemplo, as *voçorocas*. São afundamentos que ocorrem quando canalizações naturais de água se formam em subsuperfície, por exemplo, minando a estrutura do solo.

Uma vez estabelecida esta erosão, é necessário que seja feita a sua recuperação, algumas vezes através de obras que envolvem recursos financeiros e tecnologia capazes de não só diminuir o efeito do escoamento, mas também de diminuir o avanço desses fenômenos. Uma solução possível seria através da construção de pequenas barragens, ou diques, dentro das *voçorocas*, de forma a diminuir a ação do *escoamento superficial* e, simultaneamente, provocar assoreamento dentro da voçoroca. Este assoreamento induzido possibilitaria a criação de uma nova superfície, a qual permitiria, com a ajuda de obras de engenharia, recuperar a área degradada. Mas isso por si só poderia não resolver o problema. É importante conter a energia das águas na área que circunda a voçoroca, para que essa não receba um volume muito grande de água. Caso contrário, sua evolução seria difícil de ser controlada, e as obras sugeridas acima não surtiriam os efeitos desejados.

Como vemos, há necessidade de se fazer um *diagnóstico ambiental* de uma área com fins agropastoris. A partir do conhecimento das propriedades físicas e químicas dos solos, bem como das características das encostas e regime de chuvas, é possível fazer um prognóstico do que deverá ocorrer. A partir deste prognóstico é possível estimar os processos erosivos resultantes e as técnicas conservacionistas necessárias para evitar esses processos ou, pelo menos, minimizar seus efeitos.

4. Formas de Degradação Ambiental, Manejo Adequado e Recuperação de Áreas Degradadas

A *degradação ambiental* ocorre em toda parte, com maior ou menor intensidade, dependendo das técnicas utilizadas na exploração dos recursos naturais, e da preocupação local com a conservação desses recursos. Isso tem gerado uma série de danos, não só ao ambiente natural, como aos seres humanos, que têm convivido com toda sorte de riscos.

Para evitar os danos ambientais é preciso que seja feito um manejo adequado da exploração dos *recursos naturais*, bem como das outras atividades econômicas desenvolvidas na superfície terrestre. Esse manejo está relacionado ao planejamento do uso da terra, que deve seguir certas regras básicas, prevenindo danos, ou pelo menos minimizando-os. Antes que qualquer atividade seja realizada deve ser feito um diagnóstico da área, devendo-se prever os impactos ambientais que possam acontecer, como, por exemplo, riscos de inundações, deslizamentos e erosão dos solos (Keller, 1996). Devem também ser levados em conta os objetivos do planejamento. Se a ocupação for de uma *bacia hidrográfica*, por exemplo, o *planejamento* deve incluir os seguintes aspectos: proteção das vidas humanas e propriedades; proteção da qualidade e reservas de água; proteção da vida selvagem e dos ecossistemas; cuidado com o acesso às áreas mais frágeis e gerenciamento das áreas de lazer dentro de uma perspectiva de sustentabilidade do sítio a ser preservado.

Como, na maioria das vezes, os cuidados com o planejamento e manejo ambientais não são seguidos, os danos têm ocorrido cada vez com maior freqüência, e, conseqüentemente, requerem a recuperação das áreas degradadas. Isso envolve, quase sempre, grandes gastos de recursos financeiros para recuperar encostas, rios, baías, lagoas, etc. Os habitantes da cidade do Rio de Janeiro, em particular, e da Região Sudeste do Brasil têm observado isso no seu cotidiano. Por exemplo, centenas de encostas têm sido contidas através de muros de arrimo, construídos tanto nas estradas como nas áreas urbanas.

Durante as três últimas décadas, um grande esforço tem sido feito no sentido de se mensurar as taxas nas quais os vários tipos de movimentos de massa (movimentos de solos e rochas superficiais) operam (Goudie, 1995). Esta mensuração ainda está sendo feita de forma incipiente no Brasil, e por isso ainda não sentimos seus efeitos em termos práticos, ou seja, os modelos de predição de ocorrência desses movimentos estão sendo pouco utilizados pelo Poder Público. As áreas urbanas sempre são as que mais sofrem com esses processos, em especial porque vidas humanas são perdidas, construções são danificadas e ecossistemas são afetados pelos *movimentos de massa*. Sua recuperação envolve obras de engenharia, que demandam um grande volume de recursos financeiros. Mesmo assim, uma vez estabelecido um movimento de massa numa determinada encosta, a cicatriz resultante desse processo é uma área de instabilidade, que pode ser reativada no futuro, mesmo que essa encosta tenha passado por *obras de recuperação*.

A dificuldade intrínseca dos problemas ambientais pode ser claramente percebida nas obras de desassoreamento de rios, lagos e reservatórios, necessárias devido ao grande volume de sedimentos que se depositam nesses corpos líquidos. Em geral, essa deposição é função do desmatamento generalizado das encostas destes corpos, ou das encostas dos rios que os alimentam. Isso sem considerar a poluição que compromete a qualidade da água, da flora e da fauna que vivem nessas áreas. Um bom exemplo é o atual *Projeto de Despoluição da Baía de Guanabara*, que, mesmo restringindo-se a um projeto basicamente de *saneamento*, vai levar quatro anos para ser completado. Se incluísse efetivamente a *despoluição* dos sedimentos no fundo da baía, elevaria seus custos a níveis insuportáveis, e seu tempo de execução a décadas.

As inundações causadas pelas chuvas têm sido cada vez mais freqüentes, em especial nas áreas urbanas de vários países. Devido à ocupação desordenada do solo, pequenas quantidades de chuvas já são suficientes para causar danos ambientais, com perdas de vidas e bens materiais. Isso se deve não só ao desmatamento das encostas, como também à construção em áreas de grande risco, muito próximas aos rios e em áreas de *talude* (terreno instável na base de uma encosta), sem levar em conta os riscos associados. Concluindo, como nos casos anteriores, os custos com obras de recuperação de áreas afetadas por danos ambientais têm sido cada vez maiores e com a tendência de aumentar, a menos que sejam tomadas medidas preventivas e que o planejamento e manejo ambientais sejam seguidos com rigor.

5. Impactos Ambientais de Projetos

Estimar o *impacto ambiental* de uma atividade que se encontra na fase de projeto é, até certo ponto, um jogo de adivinhação, o qual requer do analista conhecimento científico, visão abrangente, bom senso e objetividade. Requer, sobretudo, a consciência de que os modelos usados, embora ferramentas poderosas na avaliação dos fenômenos, são sempre uma imitação pobre da realidade, e devem ser aplicados, e seus resultados interpretados à luz do estado da arte, e dentro das limitações impostas pelos próprios modelos e pelas condições de contorno do problema.

Podemos classificar os danos ambientais causados por um *empreendimento* em dois tipos de fenômenos muito diversos: os impactos advindos da *operação normal* de uma atividade e os impactos advindos de *eventos acidentais*. Estes dois tipos de impactos têm intensidades, durações e freqüências muito diferentes, e portanto conduzem a técnicas, metodologias e modelos radicalmente diversos, sendo por isso tratados em separado.

A importância dos *acidentes* tende a ser sobrevalorizada pelo público em relação aos danos cotidianos, e isso é facilmente explicado pelo impacto que causam na indignação popular os acidentes divulgados na mídia, principalmente se vierem acompanhados de mortes e danos catastróficos. Por outro lado, analisando-se os grandes danos causados à natureza pelas atividades humanas, encontramos florestas derrubadas para agropecuária, rios mortos por poluentes liberados cotidianamente, *atmosfera poluída* por emissões de gases, e todas estas atividades operando dentro de suas condições "normais" de funcionamento. Em síntese, a maior parte da destruição do ambiente natural da Terra pelos humanos tem sua causa primeira na operação normal das atividades humanas (Lima-e-Silva, 1996a).

Assim, seguindo uma *abordagem sistêmica*, esta avaliação deve atentar tanto para os eventos acidentais quanto para os cotidianos. Uma visão abrangente deve integrar as conseqüências da geração de produtos e seus rejeitos associados (sólidos, líquidos e gasosos) dentro do "sistema econômico" e liberados no "sistema natural". E para tanto, a noção de *capacidade de suporte* dos sistemas naturais é crucial para um melhor entendimento da questão.

A geração de produtos e rejeitos associados pelas atividades econômicas não ocorre sob o controle das leis naturais, e portanto tende a superar a capacidade de recuperação do meio. Este limite, a partir do qual o sistema natural não consegue mais manter ou recuperar suas funções por completo, é denominado de capacidade assimilativa ou de suporte. Refere-se à quantidade máxima de agente externo (poluente) que os sistemas naturais de uma certa região conseguem regenerar ou reciclar num dado tempo, sem que haja acumulação ou perturbação danosas para suas funções vitais. Dito de outra forma: a taxa de poluição precisa ser igual ou menor do que a taxa de regeneração do meio e de "metabolização" do poluente. E o volume máximo de poluente transitando no meio natural que manteria tal condição de forma sustentável seria a capacidade de suporte desse meio. *Modelos econômicos* que consideram isso têm sido desenvolvidos, e estão disponíveis na literatura internacional (Van-den-Bergh e Nijkamp, 1991; Hediger, 1991).

A *Avaliação de Ciclo de Vida (ACV)* é a denominação moderna do estudo que abrange os impactos ambientais causados por toda a *cadeia produtiva* relacionada com uma determinada atividade, e será detalhada mais adiante. Inicialmente, esta avaliação focalizava apenas os produtos; mas diversos estudos estenderam-na também para analisar os impactos gerados pelo *ciclo de vida* da própria instalação, fazendo o que em parte está no espírito do *EPIA-RIMA (Estudo Prévio de Impacto Ambiental — Relatório de Impacto no Meio Ambiente)*, que teoricamente estima o impacto da implantação da instalação, porém se restringe apenas ao sítio principal. As instalações, figurativamente, também nascem, crescem e, eventualmente, morrem. Determinados empreendimentos, mormente na indústria de base, causam significativo impacto durante os processos de "nascimento" (implantação, construção) e "morte" (*descomissionamento*, desmontagem).

Neste capítulo, relativo à poluição, por simplicidade denominaram-se de *impacto* as cargas de substâncias tóxicas provenientes de efluentes líquidos, sólidos ou gasosos — as *doses* — e de *danos* os *efeitos nocivos* daí decorrentes (mortes, doenças, etc.). Importante observar que, diferentemente da questão da poluição, o consumo de recursos naturais (queimadas para geração de pasto; "consumo de solos", por utilização inadequada de fertilizantes e agrotóxicos; consumo de água doce, etc.) é simultaneamente impacto porque representa *interferência humana* direta no meio, e danos, porque destrói recursos importantes. Lembramos ainda que, neste capítulo, tratamos apenas da avaliação dos impactos negativos.

5.1. Impactos Ambientais do Ciclo de Vida do Produto

Uma Avaliação de Ciclo de Vida é, basicamente, uma tentativa de inventariar todos os possíveis danos ambientais causados por um produto e sua cadeia produtiva. Daí ser uma análise focalizada no produto, e denominada assim, convenientemente, de análise "do-berço-ao-túmulo", onde consideram-se os impactos ambientais causados desde a obtenção da matéria-prima necessária, passando pela produção em si, pela utilização do produto e, finalmente, os impactos da necessidade de um destino final. Podemos exemplificar essa questão com uma observação sobre o comércio de jóias de ouro. O *impacto ambiental direto* desta atividade é pequeno, mas a consideração da *cadeia completa*, com a contaminação por *mercúrio* causada pelos *garimpeiros*, o desmatamento de florestas, e a modificação do leito dos rios, torna seu impacto total significativo. Análises prévias do impacto ambiental, de caráter abrangente como uma ACV, objetivam exatamente minimizar os danos potenciais que possam ser previstos, minimizando assim o custo social das diversas *atividades econômicas* necessárias ao desenvolvimento da sociedade.

Os usuários têm definido quatro componentes para uma ACV completa: (1) *formulação de escopo e metas*, durante a qual os objetivos e as fronteiras da análise são determinadas; (2) *inventário*, que identifica as entradas (consumo) e saídas (efluentes) de energia e matéria em cada estágio do ciclo de vida; (3) *avaliação de impacto*, que caracteriza e avalia os impactos ambientais — ecológicos e humanos — das entradas e saídas identificadas no inventário; e (4) *avaliação de aprimoramentos*, que estuda oportunidades de medidas mitigadoras daqueles impactos, não restritas a *mitigação* em si, mas abrangendo também oportunidades de negócios, como o aproveitamento econômico da *reciclagem* e uma maior produtividade de tecnologias mais modernas (Todd, 1996).

A ACV tem como uma de suas motivações o fato de que muitos programas de *proteção ambiental* do passado simplesmente transferiam *poluição* de um meio para outro, por exemplo, dos *efluentes líquidos* para os gasosos, ou dos gasosos para os sólidos. A preocupação mais recente com a *prevenção da poluição* tem levado as pessoas na *indústria* a olharem para além de seus muros, tanto para *montante* como para *jusante* do *processo produtivo* — abrangendo todo o ciclo de vida dos produtos e seus constituintes.

Identificam-se três componentes, visualizados na Figura 1, na avaliação de impacto ambiental dentro de uma ACV: (a) *Classificação*: o processo de classificar os dados coletados no inventário segundo um padrão de magnitude e severidade de impactos ambientais; (b) *Caracterização*: a avaliação quantitativa, dentro das possibilidades, dessa magnitude e *severidade* dos impactos potenciais; (c) *Valoração*: o processo explícito de alocar valores relativos, categorizações, ou atribuir pesos através de métodos formais e informais.

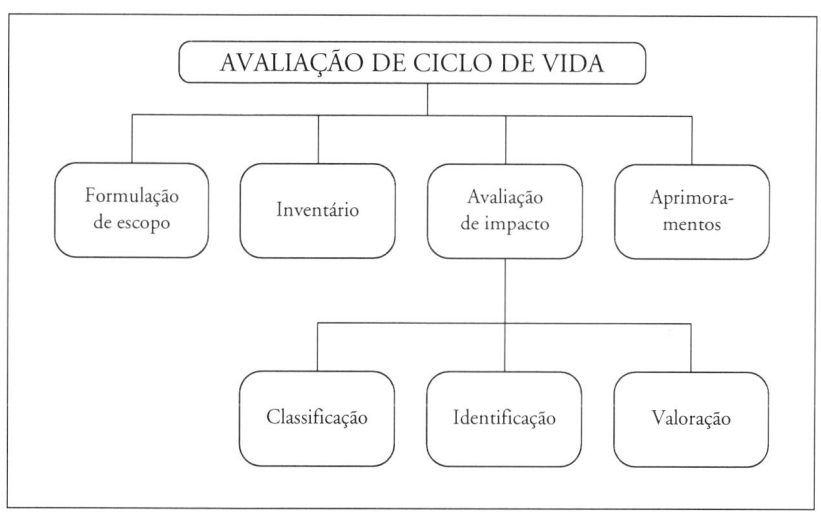

Figura 1 — Componentes de uma Avaliação de Ciclo de Vida, segundo os métodos mais aceitos atualmente.

Uma definição de impacto para os fins de uma ACV é "uma *conseqüência potencial* ou final associada com um processo ou atividade identificada no inventário, a qual pode se manifestar numa mudança no ambiente natural, um efeito na saúde humana, ou uma mudança (possivelmente, uma diminuição) na disponibilidade dos recursos" (EPA, 1995). Esta definição contém duas questões importantes. A primeira, que *avalia-*

ção de impacto ambiental para fins de ACV endereça impactos *potenciais* e não *reais*. A Avaliação de Ciclo de Vida apenas proporciona uma identificação de impactos que poderiam ocorrer, dadas determinadas condições, e não informações que possam ser usadas para avaliar impacto de áreas já afetadas num determinado local e tempo. Segundo, a definição não inclui (embora também não exclua) o conceito de *risco* ou previsão da *probabilidade* de o impacto ocorrer.

As *limitações* de uma ACV não são difíceis de serem percebidas. Esta atividade é altamente consumidora de tempo e recursos. A obtenção de dados para toda a cadeia produtiva é complexa, exaustiva e custosa, e os dados obtidos podem ser pobres em qualidade e quantidade. A *metodologia de avaliação de impacto* não está nem totalmente desenvolvida nem padronizada. Mesmo assim, a ACV é uma ferramenta de uso crescente, e à medida que as técnicas de avaliação de impacto evoluírem, tende a se tornar uma poderosa arma para a melhoria do *desempenho ambiental* de qualquer organização.

5.2. Impactos Ambientais do Ciclo de Vida da Instalação

A avaliação de todos os impactos ambientais de um empreendimento inclui efeitos provenientes de muitas atividades relacionadas com ele. Uma visualização dessa idéia é mostrada na Figura 2.

Uma parte dos efeitos danosos de empreendimentos, freqüentemente relegada a segundo plano pelas partes interessadas, são os danos advindos da implantação ou *construção*, de um lado, e de *descomissionamento*, ou desmontagem e encerramento da atividade, de outro. Implantar uma atividade requer a ocupação de uma área, consumo de recursos naturais e *geração de poluição*, muitas vezes maior do que apenas o funcionamento normal da atividade principal durante sua vida útil.

As usinas geradoras de energia elétrica são um exemplo importante desta questão. Um estudo da *Agência Internacional de Energia Atômica* mostra que, quando o ciclo de vida de uma *usina hidrelétrica* é levado em conta, a *emissão atmosférica total* do *processo de produção* de energia pelo meio hídrico gera um impacto por *poluição atmosférica* usualmente desprezado, porém relevante em comparação com outras formas de geração

SUBSÍDIOS PARA AVALIAÇÃO ECONÔMICA DE IMPACTOS AMBIENTAIS

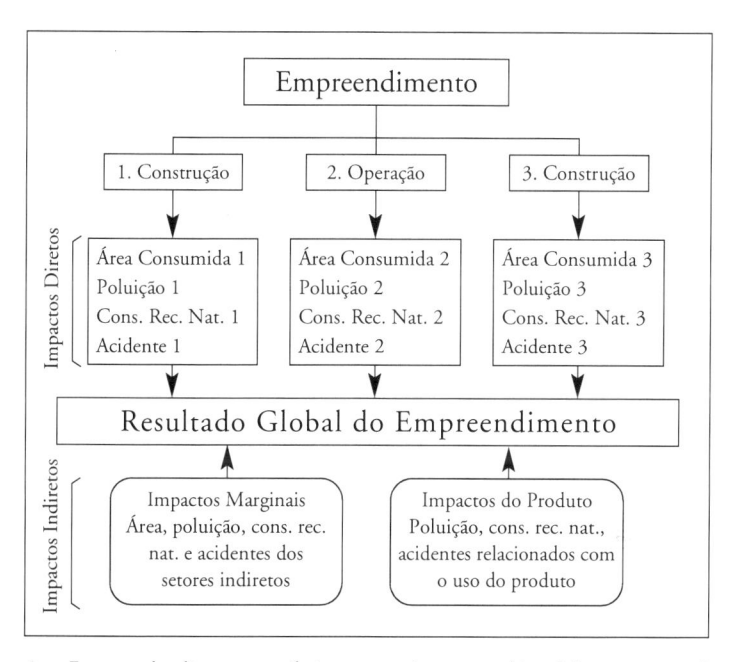

```
                        Empreendimento
            ┌─────────────────┼─────────────────┐
       1. Construção      2. Operação      3. Construção
            │                 │                 │
    ┌───────▼──────┐  ┌───────▼──────┐  ┌───────▼──────┐
    │Área Consumida 1│ │Área Consumida 2│ │Área Consumida 3│
    │Poluição 1    │  │Poluição 2    │  │Poluição 3    │
    │Cons. Rec. Nat. 1│ │Cons. Rec. Nat. 2│ │Cons. Rec. Nat. 3│
    │Acidente 1    │  │Acidente 2    │  │Acidente 3    │
    └───────┬──────┘  └───────┬──────┘  └───────┬──────┘
            └─────────────────┼─────────────────┘
                    Resultado Global do Empreendimento
                        ▲                 ▲
            ┌───────────┴────┐  ┌─────────┴──────────┐
            │Impactos Marginais│ │Impactos do Produto │
            │Área, poluição, cons. rec.│ │Poluição, cons. rec. nat.,│
            │nat. e acidentes dos│ │acidentes relacionados com│
            │setores indiretos │ │o uso do produto    │
            └──────────────────┘ └────────────────────┘
```

(Impactos Diretos / Impactos Indiretos)

Figura 2 — Esquema dos diversos contribuintes para o impacto ambiental de um empreendimento

de energia (AIEA, 1995). Isto se dá porque às emissões de *gases de estufa* pela *represa* formada somam-se as emissões realizadas durante o processo de construção de uma barragem. O cimento fabricado para construir uma *barragem*, assim como o *petróleo* queimado para a enorme movimentação de terras necessária, somam-se, ou deveriam ser somados, num impacto final significativo. Para exemplificar, um quadro comparativo dos equivalentes de CO_2 emitidos por estas atividades pode ser visto na Figura 3. Os números apresentados prestam-se tão-somente a uma comparação, e não representam qualquer unidade física.

A modelagem desses impactos não é simples, mas métodos aproximados já existem em algumas áreas e têm sido estendidos a outras. O modelo DECADES, da AIEA, faz uma avaliação de impacto ambiental contabilizando somente alguns aspectos relevantes, mas altamente pertinentes ao seu objetivo. Este modelo, em especial, é destinado a fazer uma comparação entre as diversas alternativas energéticas de cada região, considerando, ainda que de forma modesta, os impactos ambientais dessas fontes. Como outros modelos de análise de cadeia completa, objetiva fornecer ao

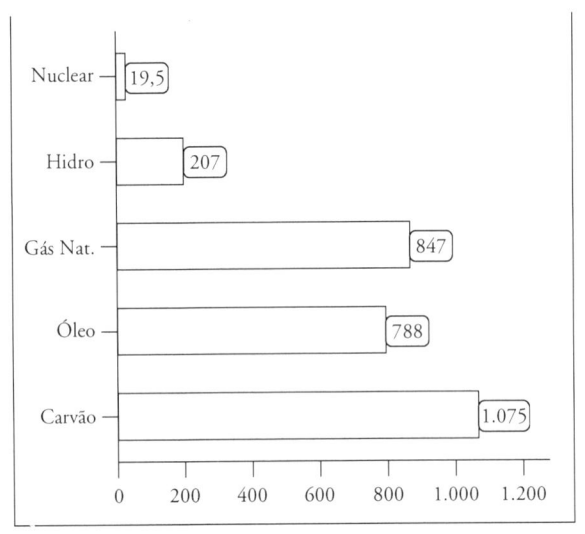

```
Nuclear  19,5
Hidro    207
Gás Nat. 847
Óleo     788
Carvão   1.075
         0  200  400  600  800  1.000  1.200
```

Figura 3 — Emissões de equivalentes de CO_2 por várias fontes, considerando a cadeia produtiva completa (IAEA, 1995).

planejamento energético ferramentas que tornem mais visível a abrangência do impacto global das fontes conhecidas de geração de energia (AIEA, 1995).

5.3. IMPACTOS AMBIENTAIS DE ACIDENTES — PAPEL DA ANÁLISE DE RISCO AMBIENTAL

Uma outra questão relevante sobre a estimativa de impactos potenciais de empreendimentos refere-se à avaliação das conseqüências dos *eventos inesperados*, não-planejados ou indesejados, ou seja, os acidentes. Acidentes são eventos intrinsecamente ruins, porém funcionam como uma força motriz em direção a uma maior segurança pública e cuidados com o ambiente, porque atingem a indignação popular. É nesses momentos que o público toma consciência dos *riscos* que a tecnologia impõe à nossa própria espécie, diretamente, e ao nosso planeta.

Acidentes são aqueles eventos que não estão programados para ocorrer dentro do *processo normal de produção*, e que caracterizam-se por uma seqüência de eventos inicialmente descontrolados, provocados por uma falha qualquer, de equipamento, humana ou externa, e que podem ocasionar *danos inesperados*, expressados tanto como *prejuízos financeiros diretos* (perda de produção, destruição de equipamentos, etc.), quanto danos ambientais, incluídas aí as vidas humanas.

Os *danos acidentais*, provocados pelo *comissionamento* de uma *atividade produtiva* (início de produção ou fornecimento de serviços), podem ser avaliados através de diversas técnicas, e uma das mais utilizadas é a Análise de Risco. Há várias metodologias por detrás dessas palavras, e alguns esclarecimentos são necessários. Em primeiro lugar, estamos nos referindo aqui aos riscos físicos, e não financeiros. Os pesquisadores, em sua maioria, atribuem o conceito de *Análise de Risco Ambiental* à avaliação dos riscos que as atividades humanas impõem ao ambiente; a *Análise de Risco Ecológico* visa aos riscos às espécies ou ecossistemas; a *Análise de Risco Humano*, na área de saúde pública ou na toxicologia, refere-se às probabilidades de efeitos indesejados à saúde humana em função da incorporação de substâncias tóxicas. Existe ainda um quarto conceito de Análise de Risco, muito utilizado na área industrial e militar, usada para avaliar riscos tecnológicos acidentais, denominada aqui de *Análise de Risco Tecnológico Acidental*. Este tipo de análise, utilizado pelas indústrias, restringe-se a avaliar danos humanos. No entanto, uma análise tecnológica poderia ser utilizada como ponto de partida para estimar a *freqüência esperada* de eventos acidentais (*explosões, incêndios, liberação de tóxicos,* etc.) originados em atividades produtivas, e a partir daí os danos ambientais (incluindo os humanos) poderiam ser estimados.

A Análise de Riscos Acidentais é uma *metodologia probabilística* porque trabalha com *variáveis randômicas* que são essencialmente as *probabilidades de falha* dos equipamentos (ou suas freqüências esperadas de falha) e *probabilidades de falha humana*. Essas falhas, quando ocorrem, criam os chamados *eventos iniciadores* com potencial de dano. Eventualmente, uma seqüência de acontecimentos indesejáveis, partindo de um evento iniciador, pode ser interrompida no início, seja porque a falha é inconseqüente, seja porque um operador atento corrige o problema antes que se torne grave. No entanto, existe uma probabilidade de que uma seqüência prossiga num caminho perigoso e, embora as probabilidades de catástrofes sejam baixas, dado um tempo longo de exposição (chance de ocorrer), associado a um número grande de instalações, as catástrofes acontecem.

Exemplos retumbantes disso permeiam toda a história humana. Para citar alguns recentes, tem-se o acidente com o navio *Exxon Valdez* no Alasca, em 24 de março de 1989, que derramou mais de 40.000 toneladas de petróleo no mar, e custou à Exxon mais de US$ 13 bilhões (exemplo de alto impacto financeiro); o da fábrica de pesticidas da *Union Carbide* em *Bhopal*, Índia, em 3 de dezembro de 1984, que matou mais de 4.000 pessoas imediatamente, e mais de 15.000 até hoje, segundo dados não oficiais. Prejudicou, de alguma forma, mais de 500.000 pessoas que abriram processos criminais (exemplo de alto custo em vidas humanas); o de *Chernobyl*, em 26 de abril de 1986, na *Ucrânia*, que inutilizou uma área de 1.200 km^2 por talvez mais de 300 anos para qualquer utilização, além de contaminar os solos e alimentos por uma vasta área de toda a Europa — cerca de 25.000 km^2 estão com níveis de *radioatividade* acima dos limites considerados seguros (exemplo de impacto de grande extensão territorial).

Uma Análise de Risco pode prever uma série de possibilidades acidentais, e, se *medidas mitigadoras* são tomadas, evitar ou minimizar suas conseqüências. Serve assim como uma técnica de aprendizado para os responsáveis pela instalação dos riscos envolvidos. Um método muito usado numa Análise de Risco é a avaliação por *Árvore de Eventos*. Ela começa com a definição e seleção dos eventos iniciadores ("EI" na Figura 4) potencialmente danosos. Qualquer instalação, por mais simples que seja, possui muitas possibilidades de falhas, que podem chegar aos milhares. Os responsáveis pela instalação, junto com os *analistas de risco*, discutem e chegam a um consenso, descartando as possibilidades muito remotas, ou que conduzem a conseqüências nitidamente inócuas e desprezíveis. Após a seleção dos eventos iniciadores, cada um deles é analisado separadamente.

Considere a situação hipotética ilustrada na Figura 4. Uma pequena instalação trabalha com um gás altamente inflamável, presente em tanques e tubulações metálicas. O escapamento deste fluido formará uma pluma (nuvem) de gás que, transportada pelo vento, poderia ter quatro conseqüências: (1) incendiar-se, queimando materiais, vidas, equipamentos, ninhos ou casas porventura em seu caminho; (2) explodir, destruindo tudo; (3) não explodir, nem incendiar-se, por falta de fonte de ignição, e assim prosseguir dispersando-se inofensivamente; (4) explodir ou incendiar-se numa área onde não haja qualquer tipo de vida ou material relevante para ser destruído. A linha pontilhada indica o único dos possíveis

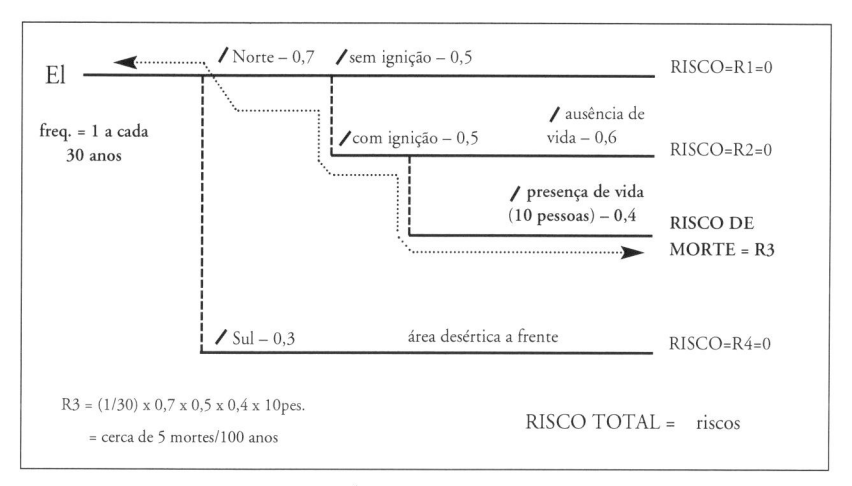

SUBSÍDIOS PARA AVALIAÇÃO ECONÔMICA DE IMPACTOS AMBIENTAIS 245

```
EI ←·········  /Norte – 0,7   /sem ignição – 0,5                          RISCO=R1=0
freq. = 1 a cada                                     / ausência de
   30 anos                     /com ignição – 0,5     vida – 0,6          RISCO=R2=0

                                                 / presença de vida
                                                   (10 pessoas) – 0,4    RISCO DE
                                                                         MORTE = R3

              / Sul – 0,3              área desértica a frente            RISCO=R4=0

   R3 = (1/30) x 0,7 x 0,5 x 0,4 x 10pes.
      = cerca de 5 mortes/100 anos              RISCO TOTAL =   riscos
```

Figura 4 — Exemplo de ramo de uma Árvore de Eventos usada em Análise de Riscos Acidentais.

caminhos neste exemplo que conduziria a um risco relevante. Todos os outros caminhos da árvore conduziriam a riscos nulos ou desprezíveis.

Definido o evento iniciador, associa-se-lhe uma freqüência esperada de ocorrência, através de *análise de confiabilidade* ou *banco de dados* disponível. Por exemplo, no caso do *vazamento* descobre-se que ele pode ocorrer uma vez a cada 30 anos. Daí segue-se pelos ramos da árvore, multiplicando-se a freqüência esperada inicial pelas probabilidades no caminho de cada um dos ramos da árvore. Ao final de cada seqüência obter-se-á uma freqüência esperada ponderada pelas probabilidades daquele caminho. A partir dessa freqüência esperada ponderada, que nesse exemplo simples é

$$(1/30) \times 0{,}7 \times 0{,}5 \times (0{,}4) = \text{cerca de } 5/1.000,$$

pode se estimar a *freqüência do dano*, multiplicando-se a freqüência ponderada deste ramo pelas suas conseqüências. Se a conseqüência desse ramo fosse a morte de 10 pessoas, então teríamos

$$(5/1.000) \times (\text{morte de 10 pessoas}) = 5 \text{ mortes a cada 100 anos},$$

que corresponde a 0,05 mortes/ano, ou, como é mais usado em Engenharia, $5{,}00 \times 10^{-2}$ mortes/ano. Associando cada conseqüência (neste caso a morte de uma pessoa), a um valor monetário, digamos US$ 10 milhões, facilmente chegaríamos ao custo anual dos acidentes gerados por este evento iniciador, que resultariam em:

risco (anual) x custo da conseqüência = custo anual
(0,05 mortes/ano) x (custo da morte, $10 milhões) = US$ 500 mil/ano.

Observe-se que o alto valor obtido neste resultado provém principalmente de duas hipóteses básicas: a de que um único evento provoque a morte de 10 pessoas a cada 30 anos, e que cada morte corresponda ao custo de US$ 10 milhões. Acontece que, se considerarmos o conjunto de eventos acidentais numa dada região industrial, a *Baixada Fluminense*, por exemplo, esse resultado está em razoável acordo com as estatísticas, não considerando as mortes por acidentes de veículos, que fariam estes números aumentarem muito.

Quanto ao valor usado para a vida humana, este varia, segundo as avaliações de riscos em todo o mundo, entre US$ 100 mil e US$ 10 milhões. É evidente, por exemplo, se confirmadas as estimativas sobre o acidente de Bhopal, já citado acima, que matou mais de 4.000 pessoas, os custos para a Union Carbide, somente devidos às mortes, teria sido de mais de US$ 400 milhões, baseando-se no custo mínimo de US$ 100 mil por vida. No entanto, não há notícia sobre a indenização paga pelos mortos. A compensação decidida pela corte indiana de US$ 470 milhões para os reclamantes (vivos até então), distribuiu, teoricamente, cerca de US$ 855 por pessoa, mas não levou em conta todas as conseqüências neurológicas pós-traumáticas da intoxicação, as anormalidades reprodutivas, nem pelas crianças nascidas desde então com problemas relacionados.

Importante considerar que tratava-se de *indianos*, pobres, e com pouca capacidade de reação, além de uma *legislação* frágil de defesa de direitos individuais. Na ocorrência de um acidente equivalente num país desenvolvido, por exemplo, poderíamos esperar uma valoração de vidas humanas muito diferente. Num estudo de riscos realizado em 1995 para a *Petrobrás*, com objetivos de alocação e dimensionamento de detectores de gases em plataformas de petróleo no Brasil, o valor de US$ 10 milhões foi utilizado pela empresa consultora, e o estudo aprovado e adotado pela Petrobrás. Mas é fundamental observar que uma coisa é o valor que se atribui à vida humana num estudo de avaliação prévia, outro bem diferente é o valor atribuído quando da ocorrência de um acidente real, quando a despesa não é apenas uma possibilidade, e a conta terá que ser paga imediatamente.

Ainda sobre este exemplo hipotético, dois comentários importantes devem ser feitos. O primeiro é sobre a simplificação dos eventos iniciadores. Na vida real esses eventos são algo mais complexos. Além disso, o exemplo mostra apenas as consequências de um único evento iniciador. Na realidade, a operação de uma instalação industrial pode conter, e normalmente contém, uma grande variedade de eventos potencialmente catastróficos. Podemos ter, para uma única instalação, diversas árvores de eventos, uma para cada um dos eventos iniciadores selecionados. O risco da instalação será uma soma de somas, isto é, após somarem-se os riscos de todas as sequências de cada árvore, somam-se os subtotais de todas as árvores. Essa soma final resultará no risco imposto pela instalação aos trabalhadores, público e ambiente na sua área de influência.

Mas risco de quê? Os impactos acidentais podem atingir diretamente a *biota* (fauna — incluindo humanos — e flora), assim como os elementos artificiais (construções humanas) e naturais (água, terra, ar e nutrientes no meio) sob sua influência. Estes impactos podem ser, por exemplo: queima, proveniente da emissão de substâncias inflamáveis; destruições físicas por ondas de choque e projéteis, provenientes de explosões; intoxicação e contaminação por substâncias tóxicas; deformação do ambiente por energia térmica e/ou outras formas de energia (radioatividade, eletromagnetismo, etc.).

O segundo comentário refere-se à qualificação e quantificação do risco. O risco de dano, na verdade, não é apenas um, mas diversos. Existem os riscos de extinção de espécies, perdas populacionais, degradação de espécies (incluindo a humana), na medida em que se promove perda de diversidade genética e reprodução de genes defeituosos, de destruição de habitats, de destruição de recursos naturais (como a destruição de uma *fonte de água natural*); na realidade, uma infinidade de riscos, dos quais os mais importantes precisam ser categorizados e selecionados para estudo e avaliação.

Por último, é importante ressaltar uma diferença, em termos de consequências ambientais, entre os acidentes e a operação normal. De uma forma geral, os acidentes impõem uma *dose aguda*, isto é, um efeito pontual no tempo, enquanto a operação normal de uma atividade econômica impõe uma *dose crônica*, ou seja, uma carga tóxica ou fisicamente danosa de caráter contínuo ou bastante freqüente. Em geral, um sistema natural pode suportar uma dose aguda (um evento singular) muito mais alta do que uma crônica (evento cotidiano ou proximamente cotidiano) de um elemento tóxico, porque no primeiro caso ele terá tempo para se recuperar dos efeitos, regenerar suas funções e *reciclar* o tóxico, se for o caso. Isso ocorrerá se os efeitos acidentais não ultrapassarem os limites da capacidade de suporte do ecossistema atingido, ou não consumirem recursos não-renováveis. Em se tratando de impacto ambiental, cada caso é um caso singular.

6. Estimativa das Conseqüências Ambientais

6.1. Critério do Valor Mínimo

A estimativa dos danos ambientais provenientes de atividades humanas é uma tarefa complexa sob diversos aspectos. Não conhecemos as relações entre dose e efeito de todas as substâncias tóxicas (até porque criamos novas substâncias todos os dias), não conhecemos estas relações sequer de uma única substância para todas as espécies (até porque não conhecemos todas as espécies), e não conhecemos todos os efeitos da perda ou diminuição de uma população qualquer sobre os ecossistemas (até porque não conhecemos com precisão sua dinâmica) e, portanto, estamos muito longe de quantificar sequer aproximadamente todos os danos da poluição ao ambiente.

Como citado acima, a elaboração de modelos é uma tarefa complexa, que lida sempre com falta de dados e informações insuficientes. Os *modelos* são imitações pobres da natureza, mas extremamente úteis quando suas limitações são cuidadosamente consideradas, e suas respostas adequadamente interpretadas diante de suas premissas. Começa-se por onde há consenso, e daí em diante as pesquisas fazem o assunto evoluir em direção a resultados mais realistas e complexos. No caso da avaliação de danos futuros, há controvérsias, mas há pleno consenso em relação à existência de danos. E se existem danos, existe um *dano mínimo* em torno do qual podem-se construir consensos.

Por exemplo, existem *curvas dose-resposta* para um número enorme de substâncias poluentes para os humanos, e relações entre poluição atmosférica e *doenças respiratórias* em algumas grandes cidades (Saldiva, 1996). Assim, podemos utilizar estes efeitos conhecidos em humanos, juntos com efeitos nocivos a algumas espécies conhecidas, e quantificar um dano mínimo. Este dano mínimo poderia ser valorado e os resultados utilizados para critérios de licenciamento e normatização. À medida que mais relações espécies-poluentes sejam conhecidas, elas poderão ser agregadas aos modelos, tornando-os cada vez mais precisos em direção a resultados mais realistas.

O *critério do valor mínimo*, proposto por Lima-e-Silva (1996b), baseia-se na idéia de que, até há pouco tempo, nenhum valor monetário era atribuído aos recursos naturais, e assim julgados pela sociedade como sendo nulos. À medida que um valor mínimo lhes seja atribuído, os danos aos recursos naturais passarão a ter um custo associado, e poderão ser reclamados, por exemplo, em ações civis públicas, segundo a legislação atualmente em vigor no Brasil, baseada na Constituição Federal de 1988.

6.2. OPERAÇÕES NORMAIS

Uma avaliação *a priori* dos danos ambientais de um *empreendimento econômico* exige a utilização de modelos de previsão de impacto. Estes, como qualquer modelo que pretenda simular uma realidade complexa, têm seus limites de aplicabilidade, e a validade de suas conclusões estará sempre sujeita a uma análise crítica.

Para avaliar os danos de operações normais é preciso focalizar a taxa de consumo de recursos naturais e de degradação ambiental causadas pelo empreendimento em análise. O consumo *per se* de recursos naturais (água, ar, minérios, recursos não-renováveis, etc.) pode ser obtido diretamente do processo produtivo, e passado para os modelos de valoração. Mas é preciso avaliar os efeitos deste consumo nos ecossistemas de onde foram extraídos. Por exemplo, a exploração de minérios provocará, no mínimo, uma perda de área para o ecossistema de onde foi retirado, com suas conseqüentes perdas de todos os valores associados a isso.

Para os diversos tipos de poluição, os modelos fornecem os valores de exposição para os poluentes na área de influência — *concentrações médias* na atmosfera, solos e águas. Com estes valores podem-se estimar as doses crônicas assimiladas pelo sistema natural da região impactada. Uma matriz poderia então ser montada com as linhas representando cada corpo receptor e as colunas cada poluente previsto. Em cada célula desta *matriz de impacto* (não confundir com as matrizes de EIA/RIMA) podemos colocar as doses estimadas pelos modelos, tal como mostrado na Tabela 1.

Tabela 1 — Matriz Multidimensional de Valoração
de um Impacto Ambiental

LOCAL #1	Poluente			
Espécie	poluente-1	poluente-2	poluente-3	— — —
espécie-1	VALOR#11	VALOR#12	VALOR#13	— — —
espécie-2	VALOR#21	VALOR#22	VALOR#23	— — —
espécie-3	VALOR#31	VALOR#32	— — —	— — —
— — —	— — —	— — —	— — —	— — —

Os modelos geralmente fornecem uma *distribuição de concentrações*, isto é, concentrações que variam espacialmente e, portanto, há necessidade de uma análise de local a local, classificando-os, por exemplo, de LOCAL#1, LOCAL#2, etc. Com o auxílio de curvas dose-resposta para as espécies (relações entre dose e dano), podemos chegar a um valor de perda ou degradação (por exemplo, em termos de uma fração do ecossistema perdido, uma fração da biodiversidade perdida, etc.). É perceptível que não existem relações simples para a avaliação de danos, mas diversos estudos em andamento indicam que algumas relações entre doses e efeitos no ambiente podem e estão sendo derivadas (Römbke, 1995).

A filosofia do dano mínimo também precisa ser aplicada neste caso. Não seria viável avaliar-se perdas nas populações de todas as espécies, até porque não são todas conhecidas, e as curvas dose-resposta só existem para uma pequena fração da fauna e da flora. Assim, espécies relevantes para cada ecossistema, denominadas bioindicadores, fornecem um índice de saúde daquele ecossistema, e podem ser usadas com este objetivo. Para estas existem diversas curvas dose-resposta, e diversas outras estão sendo levantadas. Em relação especificamente aos riscos humanos, existe uma enorme quantidade de relações semelhantes, cujos danos, como doenças e mortes, possuem modelos de valoração bem sedimentados e aceitos pela sociedade. Esses danos podem ser inseridos em modelos e previstos com base na poluição potencial de um empreendimento.

6.3. ACIDENTES

Cada impacto ambiental tem um efeito específico, e diferentes efeitos eventualmente serão avaliados por diferentes modelos de valoração. Quando os efeitos ambientais de um acidente são "apenas" mortes de pessoas, como foi o caso do exemplo hipotético utilizado no item anterior, a avaliação do dano é simples de realizar (deixadas à parte questões éticas e morais). Mas quando esses efeitos incluem a destruição ou *degradação de recursos naturais*, a complexidade de avaliação dos danos de curto, médio e longo prazos cresce exponencialmente. Para fixar a idéia, vamos exemplificá-la com a queima de uma *floresta tropical*, com o impacto — incêndio — e o conseqüente consumo de um recurso natural bastante conhecido em nosso país — as florestas.

Cada tipo de floresta tem determinadas características, baseadas nas quais um incêndio se propagará mais ou menos (o que, só para citar um dos possíveis complicadores, é dependente da direção e velocidade do vento), e no mínimo podemos identificar dois atributos dos danos potenciais: a *extensão do dano*, que estaria relacionada com o tamanho da área queimada; e a *bioabrangência* do dano, ou seja, o quanto da biodiversidade teria sido destruído, que poderia trazer conclusões acerca da capacidade de auto-regeneração do ecossistema.

Em relação à *extensão* do dano, o simples tamanho da área destruída já é um dado para os modelos de valoração em termos de perdas diretas, como a madeira queimada e outras (Oliveira, 1995). As perdas quantitativas na biodiversidade podem se dar tanto de forma indireta — pela perda de área, em cujo caso poderiam ser estimadas com base em modelos como a *Teoria de Biogeografia de Ilha* (Mac Arthur e Wilson, 1967) — quanto de forma direta, pelo modo seletivo com que o fogo destrói a biota e/ou pela resistência das espécies em relação ao fenômeno (Coutinho, 1990). O ecossistema do *Cerrado*, por exemplo, pode resistir a incêndios naturais sem maiores problemas, desde que estes ocorram naturalmente, e não induzidos pelos humanos. Por outro lado, uma clareira aberta no ecossistema da *Mata Atlântica* pode necessitar de 150 anos para se recuperar e, dependendo do tamanho e posição da área, não se recuperar nunca mais.

Estes danos podem ser incorporados a modelos de impacto potencial antes de o empreendimento se concretizar. Neste caso, os danos mínimos podem ser contabilizados em termos de freqüência de áreas destruídas por acidentes, danos irreversíveis a ecossistemas, e por conseguinte às espécies endêmicas contidas neles. As mortes humanas também podem ser contabilizadas e incorporadas ao dano mínimo. À medida que os danos acidentais ao sistema natural forem sendo mais bem conhecidos, os modelos de impactos acidentais serão aprimorados, da mesma maneira que os modelos de impacto de operações normais e, conseqüentemente, uma avaliação mais realista dos bens naturais degradados será progressivamente obtida.

Assim, mesmo problemas muito complexos podem ter solução através do critério de dano mínimo. Os danos diretos, visíveis e consensualmente aceitos, podem ser utilizados para quantificar estes danos mínimos, e a partir daí valorá-los de acordo com modelos disponíveis.

Para finalizar essa análise dos impactos potenciais, é apresentado um quadro que fornece uma proposta de estrutura para aquela parte dos danos ambientais que poderiam ser valorados (Figura 5). Uma vantagem da valoração é que ela permite que os entes valorados sofram uma comparação entre seus custos e seus benefícios, a bem conhecida *análise custo-benefício* da Economia. Assim, de forma sistêmica, esses complexos fenômenos, fatores e efeitos passam a conectar os mundos econômico e ecológico numa estrutura que explicita suas diversas influências anteriormente desprezadas. A complexidade pode ser percebida não apenas devido às suas inúmeras vias de impactos, mas também ao fato de esses impactos provirem de fenômenos essencialmente diversos.

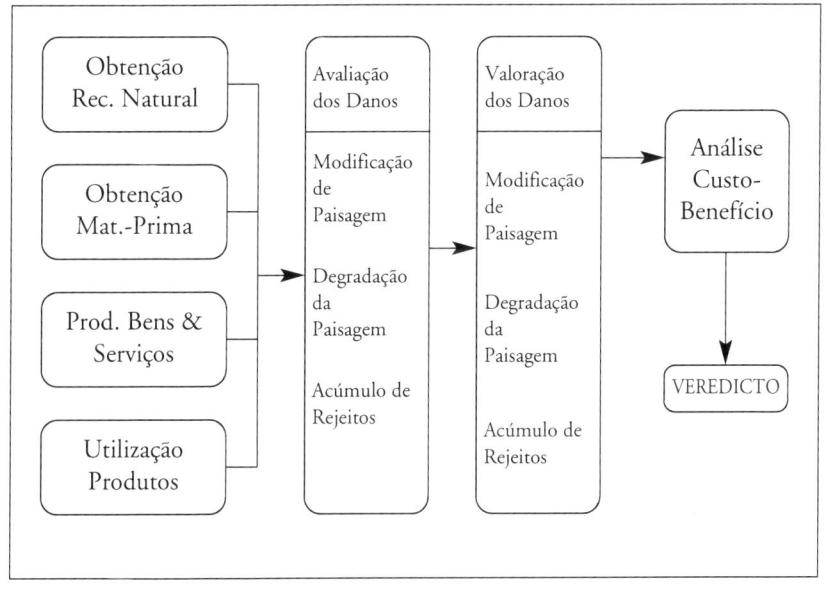

Figura 5 — Proposta de estrutura de análise do impacto ambiental valorável.

7. MODELOS DE VALORAÇÃO

A empreitada de valorar bens naturais não é simples, mas nem por isso menos necessária. Uma boa norma de conduta em *modelagem* é começar estabelecendo modelos simples que, embora não sejam tão abrangentes ou realistas quanto seria desejável, podem ser derivados de início para considerar minimamente a avaliação dos impactos. Modelos assim podem avaliar apenas os danos mais visíveis e óbvios, resultando em valorações subdimensionadas, ou seja, a valores monetários menores do que aqueles intuitivamente percebidos. Mas isso é um avanço em relação à antiga prática de considerar tanto o consumo de recursos naturais quanto a produção de poluição como um custo nulo, e, conseqüentemente, não impondo limites a estas atividades.

Atualmente já existem diversas técnicas de valoração dos recursos naturais, e a literatura está plena de propostas, tanto em relação a técnicas propriamente ditas quanto a mecanismos de governo capazes de sinalizar para a sociedade custos ambientais embutidos no funcionamento das diversas atividades produtivas (Romeiro *et al.*, 1997; May, 1995; Pearce e

Moran, 1995; May e Motta, 1994). A propósito, a década de 1990 tem sido pródiga na produção de artigos e livros sobre o tema da Economia Ambiental, dos quais podemos retirar diversos modelos de valoração úteis, mas que devem ser aplicados considerando-se suas limitações. Dentre estas diversas propostas, serão citados alguns princípios e modelos que vêm sendo postos em prática em áreas relativas às questões ambientais:

a) Princípio do *Poluidor-Pagador*. De acordo com este princípio, deve haver uma taxação sobre os poluidores, proporcional ao custo da poluição gerada por eles. Sua intenção é óbvia; inibir a geração de rejeitos através do incipiente de torná-la uma atividade custosa, tornando visível o custo da degradação ambiental para o poluidor;

b) Modelo da *Disposição-a-Pagar*. É um dos chamados métodos de contingência e estima o preço implícito das coisas através dos conceitos de substituição e complementaridade. É levado a efeito através de consulta popular e tratamento estatístico dos resultados desta consulta. Primeiro, confronta a pessoa com uma situação de ameaça de perda do bem, forçando-a a decidir-se por uma determinada alternativa (uma opção de *contingência*); segundo, a questão é tratada como uma possibilidade (o que está sendo proposto jamais pode tornar-se realidade); terceiro, depende de cada pessoa consultada e do número de pessoas consultadas. Pode ser usado para fornecer a valoração de um bem natural, tal como um bosque onde as pessoas mantêm atividades de lazer. Basicamente, o modelo busca descobrir o quanto as pessoas estariam dispostas a pagar para não deixar de poder usufruir daquele recurso. O somatório do valor indicado por todas as pessoas consultadas (interessadas na área) fornece um valor monetário para o recurso sendo analisado, ou em outras palavras, é possível assim definir a função de demanda do recurso em questão;

c) Modelo da *Disposição-a-Receber*. Semelhante ao anterior, sendo também de contingência. Porém, inverte de certa forma a proposta do modelo acima, buscando descobrir quanto as pessoas exigiriam receber em troca da perda de um determinado recurso natural. Em outras palavras, por quanto uma população "venderia" aquele recurso natural. Por exemplo, poderia ter sido aplicado ao caso do afogamento do Salto de Sete Quedas pela represa de Itaipu;

d) Modelo de *Custo-de-Viagem*. Desenvolvido por Clawson e Knetsch, entre 1964 e 1966, relaciona o custo para se alcançar um sítio com a disposição das pessoas de pagarem pela conservação do mesmo. Assim, quanto mais longa for a viagem supõe-se que maior seria a disposição-a-pagar. Segundo essa idéia, existe uma relação direta entre o prazer oferecido pelo sítio e o valor que a população atribui ao local, o que o faz apropriado, particularmente, para a valoração de sítios com fins recreacionais;

e) Modelo de *Valoração Mercantil*. Ao invés de valorar um sítio pelo todo, este modelo procura estabelecer o valor econômico dele, através da avaliação dos preços de mercado de cada uma de suas partes constituintes. Por exemplo, no caso de uma reserva florestal, seleciona todos, ou a maioria relevante dos bens existentes numa floresta e que possuem valor de mercado, quantificando-os e, em seguida, buscando seus preços de mercado. Uma floresta inclui árvores, que têm valor pela sua madeira, nutrientes fertilizantes, como o fósforo e o nitrogênio, plantas ornamentais, caça que pode ser coletada e vendida, tanto para alimento como para enfeite e troféu, minerais que porventura existam ali, e assim por diante. O somatório de todos estes valores constituiria um valor mínimo para o sítio;

f) Modelo de *Preço Hedônico*. É um método indireto, estatístico, que busca valorar um recurso através do relacionamento de alguns de seus atributos (bela paisagem, alto risco) com o preço da terra ou do trabalho. A partir da diferença nos preços entre bens semelhantes, pode-se inferir estatisticamente o preço de um atributo presente num deles e ausente no outro. Por exemplo, a diferença entre o preço de uma casa com um bosque ao lado e o preço de uma casa semelhante, com um terreno degradado ao lado, pode conduzir a um valor para o bosque;

g) Modelo de *Avaliação Direta*. É um modelo de difícil experimentação, porque precisa de que uma situação real seja criada para que a resposta do público possa ser então avaliada e transformada em valor. É possível, por exemplo, estabelecer uma taxa de cobrança para verificar se o público de uma localidade pagaria a taxa para visitar um sítio natural. Outra aplicação seria, por exemplo, estabelecer em duas cidades próximas uma diferenciação de custos e qualidade da água. Por exemplo, numa cidade poder-se-ia cobrar uma taxa mais alta para fornecer uma água de qualidade bem superior, e em outra, uma água de qualidade inferior por uma taxa mais baixa. A preferência das pessoas por uma ou outra cidade indicaria o quanto elas estariam dispostas a pagar por uma melhor saúde ambiental;

h) *Títulos de Poluição* Ambiental. O *órgão regulador* do ambiente estabelece um limite para determinados poluentes numa região. Emite títulos que correspondem, no seu conjunto, a toda a poluição que seria admissível na região, derivada de estudos de avaliação da capacidade de suporte para aqueles poluentes. Estas "ações" de poluição são negociadas em bolsa. À medida que uma empresa, a qual adquiriu alguns desses títulos para poder poluir, muda sua tecnologia para uma menos poluente, ela pode revender esses títulos para uma outra indústria que esteja se estabelecendo na região. Este procedimento tem duas grandes vantagens: primeira, trabalha com a capacidade de suporte da área, o que guarda uma forte relação com a realidade local, e ainda permite ajustes futuros; segunda, que abre espaço para que entidades de defesa ambiental adquiram parte dos títulos, efetivamente retirando poluição do mercado. Na prática os títulos vão se valorizando com o tempo, porque a tendência é que mais empresas entrem na área aumentando a disputa pelos títulos, e o conseqüente aumento do preço dos títulos tende a inibir a geração de mais poluentes. Já está em uso com sucesso em algumas áreas dos Estados Unidos.

É natural que cada uma dessas técnicas apresente suas falhas, e todas elas são, de uma forma ou de outra, deficientes na captura de um suposto verdadeiro valor atribuído pela sociedade como um todo para um determinado recurso natural. Por exemplo, tanto a disposição-a-pagar quanto a disposição-a-receber têm uma falha óbvia: elas dependem da quantidade de pessoas consultadas, e da quantidade de pessoas interessadas na área específica a ser valorada. Mas não deixam de ser válidos porque são métodos simples que inevitavelmente chegam a um valor, mesmo que não seja de todo preciso.

Existem, no entanto, métodos muito mais sofisticados, que buscam agregar valor através da determinação de um preço-sombra (preço que não emergiu das relações de oferta e procura), e que embute funções que consideram, por exemplo, as limitações impostas pela capacidade de suporte de uma região. Modelos assim ainda estão em plena discussão e desenvolvimento, e ainda têm um longo caminho de testes, validações e viabilidades a ser trilhado. Um exemplo já foi citado no texto acima (Hediger, 1991).

Para finalizar, é importante observar que estes modelos, sofisticados ou simples, mais antigos ou ainda recentes, devem ser amplamente aplicados, tanto para valorar as áreas já impactadas, discutidas no item (2), quanto as áreas a serem impactadas por futuros empreendimentos, previstas por algumas das técnicas apresentadas no item (3).

8. CONCLUSÕES

Os *impactos ambientais*, tanto no que concerne à realidade atual, quanto aos projetos de empreendimentos futuros, foram discutidos de forma a prover uma visão abrangente dessa questão complexa. Alguns *insights* sobre avaliações de impacto ambiental específicas foram fornecidos, e como pontas de um *iceberg* procuraram fornecer alguma visibilidade da enorme tarefa da avaliação econômica dos impactos ambientais que nos aguarda à frente. Mas é uma tarefa que deve ser enfrentada com energia, porque, se não fosse considerada em todas as atividades humanas, sustentaria as previsões catastróficas divulgadas na década de 1970, algumas das quais já dolorosamente transformadas em realidade em alguns lugares deste planeta.

É importante mesmo alertar para o risco de se cair na armadilha de menosprezar as tentativas sérias de previsão do futuro, desde que cientificamente embasadas. Deve-se considerar que catástrofes de fato ocorrem, previstas ou não, e também que, muitas vezes, alertas sobre catástrofes potenciais tornam-se exatamente uma das causas de seu não-acontecimento. É o exemplo clássico inverso da previsão que se torna ela mesma uma *retroalimentação negativa* do sistema, impedindo que este entre num desequilíbrio perigoso. Particularmente na problemática ambiental, não se pode correr o risco de que haja uma pequena mas não desprezível chance de uma catástrofe acontecer, porque as conseqüências de danos irreversíveis podem representar custos infinitos e, na prática, impossíveis. Não custa lembrar que extinção é para sempre.

A discussão da complexidade da avaliação econômica dos impactos ambientais, ao longo deste capítulo, também teve o objetivo de mostrar que uma avaliação precisa, detalhada, abrangente, integrada de toda a imbricada teia de fenômenos naturais não é uma tarefa para poucos, nem para curto prazo. É uma tarefa para os cidadãos da pátria Terra; é uma tarefa para muitas gerações. Mas sua grandiosidade não deve desmotivar os trabalhos individuais, cuja integração sinérgica (onde o todo é maior que a soma das partes) pode "virar o jogo", isto é, reequilibrar nossas relações com o planeta, dando condições a ele de sustentar, simultaneamente, nosso bem-estar econômico e a saúde do *ecossistema planetário*. Há caminhos sendo abertos por pesquisadores, em todo o mundo, sobre uma avaliação mais precisa, consistente e realista dos impactos ambientais das atividades humanas. Alguns desses caminhos foram comentados, sem perda de generalidade para muitas outras técnicas e teorias, atuais e futuras, na busca de soluções para a sustentabilidade.

À medida que um conhecimento maior da extensão dos danos ambientais e de seus mecanismos de atuação for surgindo, os métodos de avaliação e valoração de que tratamos neste capítulo se tornarão mais concretos, precisos, abrangentes e aceitos; uma maior parcela de valores e critérios será progressivamente agregada, fazendo com que o resultado final do "custo ambiental" seja cada vez mais parecido com a realidade percebida do problema, e que, simultaneamente, nossa percepção seja progressivamente mais abrangente. Tudo indica que na área da avaliação dos impactos ambientais caminha-se para uma multidiversidade de critérios, a qual não prescindirá de uma ainda longa e árdua discussão ética e moral sobre o que deve ou não ser valorado monetariamente, e assim considerado adequadamente na *Economia* e no *Planejamento* dos países e das organizações.

Olhando para o passado, parece ser inútil discutir se o culpado pelos danos ambientais foi a Economia, que falhou em não valorá-los corretamente, ou a Engenharia, que falhou em não prevê-los corretamente em seus projetos. Tudo leva a crer que trata-se essencialmente de uma crise de percepção humana (Capra, 1982), incapazes que fomos de atinar para o risco de usar e abusar de um sistema tão complexo quanto o natural, desconsiderando que o *metaequilíbrio* de *Gaia*, conseguido através de longas eras de mudanças-reações-ajustes-ações, não poderia ser abalado sem conseqüências danosas para a biosfera.

Essa falha de percepção pode ser minimizada, entre outras coisas, aplicando-se as mesmas armas que vêm sendo usadas na destruição do ambiente, a *ciência e a tecnologia*, para conservar e preservar o planeta.

Uma avaliação detalhada, cuidadosa e abrangente dos danos ambientais tornará os impactos ambientais mais visíveis para a sociedade, assim como as extensas conseqüências das atividades econômicas. Essa visibilidade deve levar naturalmente a um aumento da pressão sócio-política pela consideração econômica nos diversos níveis decisórios. Esta pressão motivará as diversas áreas do conhecimento a criar novas teorias e metodologias que deságüem em mecanismos que internalizem na vida das sociedades, direta ou indiretamente, a capacidade de suporte dos sistemas básicos de manutenção da vida, os *ecossistemas planetários*.

Esta internalização precisa ocorrer, é importante dizer, na *Política*, na Economia, no Planejamento, tanto nos níveis de governo quanto nos níveis empresariais. Dessa forma a sociedade estará instrumentalizada para regular e controlar sua interação com o ambiente; capacitada a ajustar seu *grau de ingerência* na biodiversidade e evolução das espécies, em última instância, na estabilidade planetária. Enfim, a ter a opção de escolher conscientemente em que tipo de planeta, e sob que condições, deseja trilhar seu caminho em direção ao futuro.

9. BIBLIOGRAFIA

ALLISON, R.J. e THOMAS, D.S.G., The sensitivity of landscapes, *in* Landscape sensitivity, orgs. D.S.G. Thomas e R.J. Allison, 1-5, Wiley and Sons, Inglaterra, 1993.

CAPRA, F., O Ponto de Mutação, Ed. Cultrix, Rio de Janeiro, 445p. (1982).

CONTI, J.B. e FURLAN, S.A., Geoecologia — o clima, os solos e a biota, *in:* Geografia do Brasil, Org. J. L. S. Ross, 69-207, Ed. Universidade de São Paulo, São Paulo, SP, 1996.

COUTINHO, L.M., O Cerrado e a Ecologia do Fogo, *Ciência Hoje*, vol. 12, nº 68, p. 22-30, nov. de 1990.

CUNHA, S.B. e GUERRA, A.J.T., Degradação Ambiental, *in* Geomorfologia e Meio Ambiente, orgs. A.J.T. Guerra e S.B. Cunha, 337-79, Ed. Bertrand Brasil, Rio de Janeiro, RJ, 1996.

EPA, Life-Cycle Impact Assessment: A Conceptual Framework, Key Issues, and Summary of Existing Methods, EPA/452/R-95/002, U.S. Environmental Protection Agency, 1995.

FAVIS-MORTLOCK, D., The Use of Synthetic Weather for Soil Erosion Modelling, *in* Geomorphology and Land Management in a Changing Environment, orgs. D.F.M. McGregor e D.A. Thompson, 265-82, John Wiley and Sons, Inglaterra, 1995.

FERNANDES, N.F. e AMARAL, C.P., Movimentos de Massa: uma abordagem geológico-geomorfológica, orgs. A.J.T. Guerra e S.B. Cunha, 123-94, Ed. Bertrand Brasil, Rio de Janeiro, RJ, 1996.

FORRESTER, J.W., World Dynamics, Wright-Allen Press, Cambridge, 1971.

GERRARD, J., Mountain Environments: An examination of the physical geography of mountains, Belhaven Press, Inglaterra, 317p., 1990.

GOUDIE, A., The Human Impact on the Natural Environment, Blackwell Pub., Oxford, Inglaterra, 388p., 1992.

GOUDIE, A., The Changing Earth — Rates of Geomorphological Processes, Blackwell Pub., Oxford, Inglaterra, 302p., 1995.

GUERRA, A.J.T., Processos erosivos nas encostas, *in* Geomorfologia — Uma atualização de bases e conceitos. orgs. A.J.T. Guerra e S.B. Cunha, 149-209, 3ª edição, Ed. Bertrand Brasil, Rio de Janeiro, RJ, 1998.

GUERRA, A.T., Recursos Naturais do Brasil, Fundação IBGE, 220p., Rio de Janeiro, RJ, 1976.

HEDIGER, W., Environmental Pollution and Assimilative Capacity: Biophysical Limits in an Economic Analysis, *Ecological Physical Chemistry, Proc. of an Int. Workshop — Nov. 1990*, Siena, Italy, Elsevier Science Publishers, Amsterdam, 1967.

IAEA — INTERNATIONAL ATOMIC ENERGY AGENCY, IAEA BULLETIN, vol. 37, nº 4, Vienna, 1995.

KELLER, E.A., Environmental Geology, Prentice Hall, EUA, 7ª edição, 560p., 1996.

LIMA-E-SILVA, P.P., Risk Analysis in Rio: Just Accidents?, *The 7th Conf. on Environmetrics in Brazil*, 6p., The Int. Environmetrics Society, IME-USP, São Paulo, 22-26 July 1996a.

LIMA-E-SILVA, P.P., Impacto Ambiental da Geração de Energia: Uma Revisão, *VI Congresso Geral de Energia Nuclear*, CD-ROM, Associação Brasileira de Energia Nuclear — ABEN, 6p., Rio de Janeiro, out. de 1996b.

MAC ARTHUR, R.H. e WILSON, E.O., The Theory of Island Biogeography, Princeton Univ. Press, 203p., Princeton, New Jersey, 1967.

MAY, P. (org.), Economia Ecológica — Aplicações no Brasil, Ed. Campus, 179p., 1995.

MAY, P. e MOTTA, R.S., Valorando a Natureza, Ed. Campus Ltda, 195p., 1994.

McCLINTOCK, K.A., HARBOR, J.M. e WILSON, T.P., Assessing the Hydrological Impact of Land Use Change in Wetland Watersheds: a Case Study from Northern Ohio, USA, *in* Geomorphology and Land Management in a Changing Environment, orgs. D.F.M. McGregor e D.A. Thompson, 107-19, John Wiley and Sons, Inglaterra, 1995.

MEADOWS, D.H., MEADOWS, D.L. e RANDERS, J., Beyond the Limits, Chelsea Green Pub. Co., 300p., 1992.

MORGAN, R.P.C., Soil erosion and conservation, Longman Group, Inglaterra, 298p., 1986.

OLIVEIRA, R.R., ZAÚ, A.S., LIMA, D.F., RODRIGUES, H.C. e AMORIM, H.B., Formulação de Custos Ambientais no Maciço da Tijuca (Rio de Janeiro, Brasil), *Oecologia Brasiliensis*, vol. I, 557-68p., Rio de Janeiro, 1995.

PAASIVIRTA, J., Chemical Ecotoxicology, Lewis Pub., July 1991.

PEARCE, D. e MORAN, D., The Economic Value of Biodiversity, Earthscan Pub. Ltd., 172p., in assoc. with IUCN, 1995.

RICKLEFS, R.E., A Economia da Natureza, Ed. Guanabara-Koogan, Rio de Janeiro, 3ª edição, 470p., 1996.

ROMEIRO, A.R., REYDON, B.P. e LEONARDI, M.L.A., Economia do Meio Ambiente: teoria, políticas e a gestão de espaços regionais, Instituto de Economia da UNICAMP, Ed. UNICAMP, 384p., 1997.

ROSS, J.L.S., Os fundamentos da geografia da natureza, *in* Geografia do Brasil. org. J.L.S. Ross, 15-65, Ed. Universidade de São Paulo, São Paulo, SP, 1996.

SALDIVA, P., Association Between Air Pollution and Adverse Health Effects in São Paulo, *The 7th Conference on Environmetrics in Brazil*, The Int. Environmetrics Society, IME-USP, São Paulo, 22-26 July 1996.

UDO-DE-HAES, H.A. (ed.), Discussion of General Principles and Guidlines for Pratical Use, *in* The Methodology of Impact Assessment in LCA, Preliminary Report of the SETAC — Europe Working Group on Impact Asessment, SETAC — Society of Environmental Toxicology and Chemistry, November 1995.

VAN-DEN-BERGH, J.C.J.M. e NIJKAMP, P., Operationalizing Sustainable Development: Dynamic Ecological Economic Models, *Ecological Economics*, 4:11-33, 1991.

VIGON, B.W. *et al.*, Life-Cycle Assessment: Inventory Guidelines and Principles, EPA/600/R-92/245, U. S. Environmental Protection Agency, Washington, DC, 1993.

ÍNDICE REMISSIVO

Abastecimento, 229
Abertura de estradas, 25, 28
Abordagem sistêmica, 116, 236
Absorção, 25, 50, 57, 58, 121
Ação civil pública, 109, 190, 194, 195, 198, 201, 203, 249
Ação da gravidade, 28
Ação de responsabilidade civil, 192
Ação governamental, 38, 82
Ação impactante, 90
Ácaros, 66
Acidente de Bhopal, 246
Acidente, 68, 86, 151, 246, 236, 246, 247, 248, 252
Acidez, 53
Ácidos, 40, 50, 52, 58, 62
Aclimatação, 74
Açudes, 43
Adaptação, 37, 38
Administração pública, 71, 104
Adubação, 61, 222
Adubos inorgânicos, 62
Adverso, efeito, 81
Aeração, 62
Aerossóis, 47, 48
Aeróbicas, condições, 59
Aeroportos, 78
Aflotoxinas, 44
África, 52, 229
Agência Internacional de Energia Atômica, 240
Agente contaminante, 61
Agente da natureza, 26
Agente diluidor, 27
Agente geomórfico, 25
Agente poluente, 39, 55, 72, 73
Agente químico, 70
Agente tensoativo, 66, 67

Agricultura, 18, 26, 28, 32, 33, 58. 62, 63, 221, 222, 223, 225, 228, 229, 230, 232
Agropecuária, 28, 222, 223, 224, 236, 232
Agrotóxicos, 237
Água, 18, 20, 25, 26, 27, 28, 29, 30, 31, 33, 34, 43, 50, 53, 57, 59, 61, 62, 65,68, 69, 70, 71, 72, 73, 82, 225, 229, 230, 232, 237, 242, 247, 249, 250
Águas continentais, 67
Águas interiores, 153
Águas rasas, 43
Águas subterrâneas, 24, 25, 26, 68, 71, 229, 230
Águas superficiais, 43, 62, 63
AIA, 82, 83, 89 95, 109
Alasca, 244
Alcalinos, 50, 66
Alcatrão, 48
Álcool, destilarias de 79
Aldeídos, 50, 68
Alemanha, 223
Alergia, 41, 42
Alevinos, 65
Alfafa, 62
Algas, 37, 58, 74
Alimentos, 29, 44,64, 67, 226, 244
Alterações climáticas, 20, 23, 26
Alterações espaciais, 18
Alterações fisiológicas, 59
Alterações, 30
Alternativas locacionais, 85, 86
Altitude, 20, 41, 53
Alto risco, 255
Alumínio, 40, 53, 56, 57, 221
Alvo, efeito de, 163
Amazônia, 34, 35, 36, 217, 222, 223, 225
Ambiental, efeito, 81, 251

Ambiente, 18, 25, 27, 30, 31, 32, 33, 39, 43, 44, 47, 48, 49, 51, 52, 59, 60, 61, 64, 67, 69, 81, 86, 90, 95, 102, 105, 115, 121, 130, 219, 222, 225, 227, 231, 232, 234, 236, 242, 247, 250, 256, 259
América Central, 35
América do Sul, 35, 52
Amônia, 61
Amortecimento, mecanismos de, 129
Amostra, 54
Amplitude de variação, 119
Amplitude taxonomica, 163
Amplitude, 141, 143
Análise ambiental, 19, 116
Análise custo-benefício, 252
Análise de confiabilidade, 245
Análise de conjuntura, 168
Análise de estudos, 106
Análise de multiperspectivas, 170
Análise de Risco Ambiental, 243
Análise de Risco Ecológico, 243
Análise de Risco Humano, 243
Análise de Risco Tecnológico Acidental, 243
Análise de Risco, 243, 244
Análise quantitativa, 91
Análise tecnológica, 243
Animais, 35, 37, 39, 43, 45, 46, 49, 50, 61, 62, 64, 66, 125, 140, 220, 224
Ano, efeito de, 163
Anormalidades reprodutivas, 74, 246
Antiincrustante, 73
Anti-sépticos, 66
Antrópico,
  meio, 92
  ação, 25, 31
  alteração, 25
  atividade, 27, 28, 32, 67
  influência, 18
  interferência, 25
  origem, 47
  vulnerabilidade a ações, 148
  fatores, 40
Aparelho intestinal, 58
Aparelho respiratório, 58
Aproveitamento industrial, 68
Aquáticas, populações, 72
Aquecimento, 43, 74
  da atmosfera, 23
  das águas costeiras, 73
  global, 21, 219, 227

efeito de, 72
Aquicultura, 43
Aquíferos subterrâneos, 27
Aquoso, meio, 58
Ar, 18, 19, 20, 21, 41, 45, 46, 49, 52, 64, 65, 68, 69, 82, 247, 249
Área ameaçada de degradação, 82
Área aquática, 55
Área construída, 20
Área costeira, 27, 65, 67
Área de grande risco, 235
Área de influência, 85, 86, 87, 91, 92, 247, 250
Área de instabilidade, 235
Área de lazer, 228
Área de proteção ambiental, 208, 210
Área de reprodução, 38
Área degradada, 101
Área desmatada, 20
Área destruída, 252
Área geográfica, 95
Área industrial, 71
Área metropolitana, 52
Área montanhosa, 41
Área rural, 20, 220, 232
Área urbana, 25, 51, 220, 229, 230, 231, 234, 235
Areia fina, 40
Areia grossa, 31
Areia vermelha, 40
Areia, 221
Argila, 34, 53, 55, 58, 221
Armazenagem, 20, 24
  de forragem, 61, 62
  na biomassa, 29
Arquivamento de dados, 88
Arraste por correnteza de fundo, 67
Arroz, 35
Arsênico, 56, 57
Articulação entre estrutura e conjuntura, 168
Árvore de Eventos, 244
Árvore ornamental, 41
Árvores, 41, 255
Árvores copadas, 50
Asfixia, 68
Ásia, 35
Aspectos físicos, 88
Aspectos toxicológicos, 67
Assistente técnico, 180, 182, 185, 186
Associação Brasileira de Normas Técnicas, 101

ÍNDICE REMISSIVO

Associações civis, 80
Assoreamento de rios, 232, 227, 233
Ata de audiência, 107
Aterro controlado, 71
Aterro de brejos, 26
Aterro sanitário, 71, 79
Aterros apropriados, 71
Atividade de extração, 57
Atividade de lavra, 104
Atividade de lazer, 254
Atividade de mineração, 101
Atividade econômica, 28, 224, 234, 236, 238, 248, 259
Atividade fisiológica, 46, 47
Atividade florestal, 18
Atividade fotossintética, 65, 68, 72
Atividade humana, 21, 78, 219, 243, 236, 248, 257, 258
Atividade industrial, 41, 57, 230, 232
Atividade mineral, 103
Atividade modificadora do meio ambiente, 102
Atividade multidisciplinar, 87
Atividade pesqueira, 69
Atividade Potencialmente Poluidora, 104
Atividade produtiva, 243, 253
Atividade social, 78
Atividade tectônica, 28
Atividade tóxica, 66
Atividade vulcânica, 47
Atlântico Sul, 52
Atmosfera, 20, 21, 23, 27, 29, 34, 40, 41, 42, 45, 47, 49, 50, 52, 53, 57, 65, 70, 219, 236, 250
Atores, 168
Atributos biológicos, 160
Atributos de impacto, 91, 92
Atributos, 115, 116, 91, 92
Audiência pública, 80, 107, 108, 109, 110
Audiências Públicas Intermediárias, 109
Autor, 205
Auto-regeneração do ecossistema, 251
Autoridades governamentais, 95
Autorização de desmatamento, 100
Autos do processo, 207
Autotóxico, efeito, 127
Avaliação ambiental, 95, 97
Avaliação de aprimoramentos, 238
Avaliação de Ciclo de Vida (ACV), 237, 238, 239, 240

Avaliação de dano, 251, 250
Avaliação de Impacto Ambiental, 80,82, 81, 85, 89, 108, 238, 240, 258
Avaliação de periculosidade de elementos radioativos, 54
Avaliação Direta, Modelo de, 255
Avaliação econômica, 257
Avaliação prévia, 247
Avaliações preliminares, 90
Avanço tecnológico, 18, 24
Aves marinhas, 65, 69
Aves passeriformes, 137
Aves, 36

Babaçu, 224
Bacia de drenagem, 122
Bacia hidrográfica, 91, 117, 122, 234
Bacias de drenagem, 24
Bacias fluviais, proteção das, 38
Baço, 44
Bactérias, 58, 64, 66, 69
Baía de Guanabara, 230
Baías, 27, 230, 234
Baixa estocagem, 30
Baixa mobilidade, 57
Baixa pressão de vapor, 56
Baixa umidade, 41
Baixada Fluminense, 246
Baixas concentrações, 156
Balança comercial, 225
Balanço de nutrientes, 53
Banco da Amazônia, 103
Banco de dados, 245
Banco Interamericano de Desenvolvimento, 103
Banco Mundial, 93
Banco Nacional de Desenvolvimento Econômico e Social, 103
Barragem, 79, 233, 241
Barreiras naturais, 27
Básicos, materiais, 40
Bem-estar das populações, 39, 78, 81
Beneficiamento mineral, 104
Benefícios sócio-econômicos, 86
Bens naturais, 252, 253
Bentônicas, populações, 74
Bentos, 67
Benzopireno, 48, 49
Bhopal, 244
Bioabrangência do dano, 251

Bioacumulação, efeito de, 163
Biocidas, 58, 61, 63, 64, 65, 69, 72
Biodegradação, 66
Biodegradáveis, produtos, 218
Biodiversidade, 157, 223, 250, 251, 259, 36, 37, 38
Bioensaios, 164
Biofísicos, fatores, 92
Biogênicos, elementos, 58
Biogeocenoses, estabilidade das, 123
Biogeocenótico, 124, 125
Bioindicadores, 251
Biologia, 220
Biológico, processo, 21
Biomagnificação, 59
Biomas, 124, 152
Biomassa, 124, 139, 164, 30, 72. 140, 136
Bioporosidade, 228
Bioquímico, efeito, 165
Biosfera, 18, 19, 258
Biota, 31, 39, 58, 62, 78, 158, 247, 252,
Biotérios, 70
Biótica, vulnerabilidade, 147, 148
Bivalvos, 73
Blooms, 73, 74
Borracha, 35, 224
Bosque, 254, 255
Branqueadores, elementos, 66
Brasil, 41, 42, 70, 77, 93, 223, 234, 246, 249,
Briófitas, espécies, 37
Brumas, 40
Burundi, 223

Caça, 224, 226, 255
Cacau, 35
Cadastro Técnico, 82, 104
Cadeia alimentar, 59, 64, 225,
Cadeia completa, 238
Cadeia de reações, 91
Cadeia produtiva, 237, 238, 240
Cadeia trófica, 56, 58, 59, 69, 123, 126
Cádmio, 56, 58, 59, 57
Cal, 32
Calagem, 222
Calcário, 50, 221
Cálcio, 29, 32, 33, 34, 40, 50
Calcita, 66
Calhas fluviais, 227
Calor, 19, 20, 21, 27 , 47
Calotas polares, 229

Camada de ozônio, 17, 22, 37, 51, 219
Cana de açúcar, 35
Canais, 121, 122
Câncer, 44, 48, 50, 54, 66
Capacidade assimilativa, 237
Capacidade autodepurativa das águas, 59
Capacidade limitada, 30
Capim barba-de-bode, 41
Capim, 41
Características ambientais, 83, 227
Características biológicas, 53
Características do projeto, 101
Características físicas, 85
Características sócio-econômicas, 45
Características toxicológicas, 56
Caráter corrosivo, 53
Caráter hidrófobo, 68
Carbono 14, 20, 21, 23, 32, 40, 47, 48, 50, 52, 53, 54, 56, 59, 135, 241
Carburantes fósseis, 56
Carcinogênico, efeito, 61
Carga tóxica, 248
Cargas de sedimentos, 26
Carnaúba, 224
Carne, 226
Carnívoras, espécies, 225
Carotenóides, 51
Carta de pressão urbana, 145
Cartas temáticas, 95
Carvão, 35, 52, 56, 79, 221, 222
Casas, 228
Castanha-do-pará, 224
Catástrofes potenciais, 257
Catástrofes, 243, 257
Catiônicos, elementos, 32
Cativeiro, 226
Cavernas, 19
Célula, 20, 250
Celulose, 35, 53
Cenário, 36, 95, 96, 97, 168,
Centrais elétricas, 71
Centrais nucleares, 71, 72
Centrais térmicas, 72
Central térmica a diesel, 71
Centros endêmicos, 36
Cerrado, 232, 252
Chaparral, 30
Check-list, 90
Chernobyl, 244
Chorume, 71

ÍNDICE REMISSIVO

Chumbo, 56,57, 58, 59, 221
Chuva ácida, 17, 53, 222
Chuva, 41, 49, 63, 66, 70, 230, 233, 235
"Chuvas de sangue", 40
Cianeto, 103
Cianose, 51
Cicatriz, 235
Ciclagem de nutrientes minerais, 29
Ciclídeos, 225, 226
Ciclo biológico, 55, 74
Ciclo de nutrientes minerais, 29, 30
Ciclo de vida, 237, 238, 239
Ciclo do nitrogênio, 24
Ciclo extrativista, 224
Ciclo hidrológico, 24, 26, 29, 229
Ciclo natural, 22
Cidadão, 17
Cidade, 19, 27, 49, 52, 70, 225, 228, 230, 231, 249, 255, 256
Ciência, 258
Ciências Ambientais, 220
Cimento, 221, 241
Cimento, produção de, 57
Cinza, 40, 47, 71
Circulação deficiente, 73
Cisalhamento, forças de, 156
Classificação ambiental, 39
Cláusulas contratuais, 105
Clima, 20, 21, 23, 28, 31, 32, 41, 42, 49, 131, 150, 227
Clímax, 131, 140
Cloro, 40, 53, 63, 72
Clorofila, 51
Clorofluorcarbonos (CFC), 21, 22
Cloroquímicos, 79
Clube de Roma, 218
Coadaptação, 124
Cobalto, 40, 56, 57, 58
Cobertura florestal, 30
Cobertura vegetal, 20, 31, 32, 62, 228, 232, 233
Cobre, 56, 57, 58, 59, 221
Código de Águas, 103
Código de Defesa do Consumidor, 191, 195, 199
Código de Processo Civil, 174, 182, 188, 198
Código Florestal, 103
Coeficiente de impacto, 97
Colêmbolos, 66
Coleta de lixo urbano, 70

Colheitas, 29, 62
Colóides, 55
Combustão, 23, 40, 47, 50, 52, 53, 56 , 57, 70
Combustíveis, 23, 69, 79
Comissionamento, 243
Compactação, 29
Competência técnica, 83
Complexidade do sistema, 120, 121
Complexo aquático, 225
Componentes ambientais, 87
Componentes atmosféricos, 49, 52
Componentes do geossistema, 120
Componentes elétricos, 51
Componentes políticos, 80
Componentes tóxicos, 68, 156
Componentes voláteis, 68
Comportamento fisiológico, 64
Comportamento populacional, 131
Comportamentos ecológicos, 36
Composição química, 21, 31, 56
Composição salina, 34
Compostos nitrogenados, 63
Compostos orgânicos, 50, 64
Compostos organoclorados, 58, 65
Compostos protéicos, 61
Comunidade, 81, 82, 108, 13082
    biológica, 35, 156
    biótica, 37, 39
    bêntica, 69
    bentônica, 56
    de estratégias individuais, 143
    estável, 128
CONAMA, 108
Conceitos de vulnerabilidade, 95
Concentração atmosférica, 57
Concentração de imissão, 45
Concentração Máxima de Emissões (CME), 45
Concentração Máxima de Imissões (CMI), 45
Concentração Máxima Tolerável, 47
Concentrações médias, 250
Concessão de licença, 102
Condensação, 47
Condicionantes geológicos, 228
Confiabilidade, 164
Conhecimento técnico do ambiente, 83
Coníferas, 42
Conjunto de informações, 87
Conseqüência potencial, 239
Conseqüências ambientais, 81, 86

Conseqüências letais, 59
Conservação, 38, 255
　da biodiversidade, 37
　de alimentos, 62
　dos recursos biológicos, 37
　genética, 38
　interna, 30
Consistência arenosa, 40
Constância, 141
Constituição Federal de 1988, 103, 109, 249
Construção, 19, 28, 221, 240
　civil, 25
　de cenários, 96
　humana, 247
Consultoria, 105
Contaminação, 44, 50, 51, 53, 56, 57, 58, 59, 60, 61, 62, 63, 65, 68, 69, 71, 92, 162, 247
Contaminante, 45, 46, 53, 56, 57, 58, 59, 153
Conteúdo técnico, 107
Controle, 82
　ambiental, 98, 99
　da água, 24
　de poluição, 101
　público, 226
Conversão de terras, 218, 222
Copas das árvores, 30
Cor, 19
Corantes, 66
Corpos d'água, 51, 61, 67, 73, 153
Corpos líquidos, 227, 229, 235
Correlação negativa, 218
Corrente sangüínea, 62
Correntes aéreas, 40, 41, 49
Correntes, 67
Cortes de taludes, 228
Cosméticos, 68
Costeiras, modificações, 28
Couro, 226
Creep (reptação), 28
Crescimento desordenado, 231
Crescimento econômico, 229
Crescimento exponencial, 218
Crescimento urbano, 35, 231
Criação extensiva de gado, 35
Cristais de sal, 40
Critério do valor mínimo, 249
Critérios, 88
Criticidade, 91, 92
Cromo, 56, 58, 57, 221
Cromossomos, 55

Cronogramas, 106
Crostas, 232
Crustáceos, 59, 65, 67, 73, 74
Cultivo permanente, 62
Cultura
　de plantas, 217
　de soja, 232
　anual, 35
　de milho, 35
　de arroz, 35
　perene, 35
　cacau, 35
　borracha, 35
　florestas homogêneas, 35
　celulose, 35
Cúpulas de névoa, 43
Cursos d'água, 157
Curva dose-resposta, 251, 249, 250
Custo ambiental, 86, 253, 258
Custo anual de acidentes, 246
Custo econômico, 224
Custo energético da produção, 140
Custo energético da transpiração, 133
Custo social, 222, 238
Custo-de-Viagem, Modelo de, 255
Custos de manutenção, 227
Custos de recuperação, 227
Custos infinitos, 257
Custos operacionais, 106

Dados experimentais, 23
Danos, 61, 222, 227, 229, 234, 237, 252
　mínimos, 249, 250, 252
　à saúde, 60
　acentuados, 54
　acidentais, 243, 252
　ambientais, 19, 71, 102, 188, 190, 204, 213, 219, 220, 221, 231, 232, 234, 235, 236, 238, 243, 248, 258, 259
　ao homem, 64
　cotidianos, 236
　da poluição, 248
　de operações normais, 249
　diretos, 252
　futuros, 248
　humanos, 243
　inesperados, 243
　irreversíveis, 252, 257
　potenciais, 221, 238
　reprodutivos, 61
　extensão dos, 166, 251

ÍNDICE REMISSIVO

Danoso, efeito, 240
Decaimento, 54
Decisões, 94
Declividade, 122, 233
Decomposição, 59, 61, 64, 70
Defasagem de tempo, 91
Defensivos agrícolas, 232
Defesa ambiental, 80, 256
Defesa dos direitos individuais, 246
Defesa, mecanismo de, 226
Deformação do meio ambiente, 247
Deformações estruturais, 59
Defumação, 226
Degradação Ambiental, 31, 77, 69, 103, 104, 192, 207, 220, 234, 249, 254
Degradação física, 32
Degradação, 63, 66, 208, 250
Deletério, efeito, 58, 64
Deliberação CECA 1078, 79
Delimitação das áreas de influência, 87
Demanda bioquímica de oxigênio (DBO) 59
Demanda do recurso, 254
Densidade demográfica, 18, 27, 31, 62, 201, 232, 262
Densidade do ar, 53
Densidade dos materiais, 19
Densidade, 156
Departamento Estadual de Estradas de Rodagem, 104
Departamento Nacional de Estradas e Rodagens, 104
Deposição de sedimentos, 26
Deposição, 26
Depósitos lacustres, 25
Depósitos subterrâneos, 26
Depósitos, 30
Depressões, 26
Derivados de petróleo, 52, 72
Desabamento, 28, 227
Desajuste, 122
Desastre econômico e social, 226
Desastre, 69, 217
Descolonização de costões rochosos, 69
Descomissionamento, 237, 240
Descongelamento, 23
Desempenho ambiental, 240
Desenvolvimento, 37, 38, 81, 82, 218, 220, 224, 238
Desequilíbrio ambiental, 17
Desequilíbrio, 73, 257

Desertificação, 33, 223
Deserto do Saara, 40
Deserto, 18, 30, 31, 40
Desestabilização, 30
 das encostas, 228
 de dunas, 28
Desintegração, 54
Deslizamento, 25, 28, 228 231, 234
Desmatamento, 21, 26, 34, 35, 100, 104, 222, 224, 228, 229, 230, 231, 232, 235, 238
Desmontagem, 240
Desordens fisiológicas, 65
Despejo, 55, 68, 72
 de dragagens portuárias, 56
 de águas aquecidas, 74
 industriais, 55
Desperdício, 221
Despoluição, 235
Dessalinização, 33
Destruição, 251
 de casas, 231
 de ecossistema, 217
 de equipamentos, 243
 de florestas, 102
 de habitats, 247
 de recursos naturais, 247
 de terras agrícolas, 34
Detergentes, 55, 66, 67, 69
Detritos, 61, 62, 225
Diagnóstico ambiental, 85, 87, 90, 95, 233
Diário Oficial da União, 100, 106
Diluição da substância tóxica no ar, 45
Dimensão espacial, 95
Diminuição de produção primária, 73
Diques, 233
Direção dos ventos, 49
Direito Ambiental, 188
Direito Processual Civil, 180, 202
Dispersão, 21, 28, 65, 67, 69
Disponibilidade de recursos, 143, 239
Disposição-a-Pagar, Modelo da, 254, 256
Disposição-a-Receber, Modelo da, 254, 256
Distribuição de concentrações, 250
Distribuição geográfica, 35
Distribuição normal, 118
Distritos industriais, 79
Distúrbios circulatórios, 48
Diversidade biológica, 37, 38
Diversidade específica, 131
Diversidade genética, 37, 38, 223, 247

Diversidade, 140
DNA, 37
DNPM, 104
Documentos técnicos, 98, 101, 104
Documentos, 109
Doenças, 45, 48, 49, 70, 223, 249, 251
Dominância-diversidade, 129
Dose aguda, 248
Dose crônica, 248
Dose de radiação, 55
Dose, efeito de, 162
Doses elevadas de emissões radioativas, 55
Doses letais, 58
Doses mínimas, 69
Doses, 237, 250
Drenagem, 26, 28, 31, 34, 58
Drenalidade, 150
Duração limitada, 91
Dureza, 54

Ecologia, 39, 220, 226
Ecológicas, Condições, 228
Ecológico, efeito, 164
Ecológico, processo, 36, 37, 159
Economia, 219, 220, 254, 258, 259,. 252
Ecossistema, 29, 30, 31, 36, 37, 38, 45, 55, 56, 65, 73, 102, 124, 125, 139, 140, 156, 166, 223, 224, 234, 235, 243, 248, 249, 250, 251, 252, 258, 259
Edemas pulmonares, 51
Edificações, 19, 20
Edital de Concorrência, 105
Educação ambiental 82
Efeito de interviência, 163
Efeito estufa, 20, 21, 22, 23, 37, 152, 227
Eficácia biológica, 144
Efluentes, 57, 58, 73, 237, 238
EIA, 79, 80, 82, 83, 84, 86, 87
EIA/RIMA, 98, 104, 105, 106, 107, 109
Elaboração de estudos, 106
Elasticidade, 141, 143
Elementos componentes, 115
Elementos naturais, 247
Elementos químicos, 53, 54, 56, 156
Eletrólise, 51
Eletromagnetismo, 247
Elevação de temperatura, 72, 73
Embocaduras, 79
Emissão, 45, 53
  atmosférica total, 240
  ácida, 52
  de gases estufa, 22
  de gases, 21, 236
  industriais, 50
  radioativas, 55
Emissário, 73
Emissários de esgotos sanitários, 79
Empreendimento, 80, 85, 86, 87, 90, 91, 92, 93, 94, 95, 96, 98, 99, 100, 101, 103, 104, 105, 109, 236, 237, 240, 251, 257, 249
Empresa consultora, 105
Emulsões, 69
Encostas, 26, 28, 25, 70, 220, 227, 228, 232, 233, 234, 235
Endêmicas, espécies, 252
Energética dos nutrientes vegetais, 136
Energia difusa, circulação de, 25
Energia elétrica, Geração de 102
Energia, 27, 30, 31, 47, 53, 73, 78, 79, 116, 117, 118, 119, 120, 123, 136, 137, 139, 222, 225, 233, 238, 240, 242, 247
Enfraquecimento do organismo, 54
Engenharia, 220, 245, 258
Ensilagem, 62
Entropia, 116, 156
Enumeração de impactos, 89
Enxofre, 40, 47, 50, 52, 61
Enxurradas, 228
EPIA-RIMA (Estudo Prévio de Impacto Ambiental – Relatório de Impacto no Meio Ambiente), 237
Epidemias, 73
Equilíbrio, 27, 39, 50, 121, 123
  biogeocenótico, 123
  da natureza, 125
  de sistemas, 116
  dinâmico, 26, 31, 116, 126, 225
  dos ambientes, 63
  ecológico, 82, 224
  em mosaico, 127
  estável, 126
  hídrico, 133
  químico, 33
  térmico, 27, 52, 133
Equipamento, 243, 244
Equipamentos de refrigeração, 22
Equipamentos, instalação de, 83
Equipe multidisciplinar, 80, 94, 106
Equipe técnica, 106, 107
Erodibilidade, 150

ÍNDICE REMISSIVO

Erosão, 26, 28, 31, 32, 73, 232, 233, 234
Erosivo, processo, 17, 157, 228, 229, 232, 233
Erva-mate, 224
Escala mundial, 18
Escala nominal, 91
Escala temporal, 25, 119, 121, 167
Escalas adequadas, 86, 87
Escassez do recurso, 230
Escavação, 28
Escoamento superficial, 30, 230, 233
Esforço, 28, 30
Esfriamento do planeta, 22
Esgotos, 67, 70
Espaço, 21, 103
Espécie, sensibilidade da, 73, 160
Espécies, 36, 38, 41, 43, 69, 250
Espécies, concentração de, 36
Espécies, degradação de, 247
Espécies, evolução das, 259
Espoliação, 222
Esporos, 40, 41
Espuma, 66
Estabilidade cíclica, 142
Estabilidade das espécies, 132
Estabilidade de trajetória, 142
Estabilidade, 116, 130, 132
Estabilização climática, 38
Estação ecológica, 102
Estação seca, 33
Estações chuvosas, 41
Estações de depuração, 55
Estações do ano, 19, 42
Estado ambiental, 94
Estado de equilíbrio, 120
Estado de estabilidade, 117, 118, 119
Estado de sistema, 116, 121
Estados nominais, 92
Estados patogênicos, 43
Estados transitórios, 120
Estados Unidos, 27, 41, 223, 256
Estatuto da Terra, 103
Estepes, 30
Estéticas, condições, 78
Estiagem, 230
Estômago, 44
Estômatos das folhas, 51
Estoques naturais, 218
Estrada Rio –Santos, 227
Estradas de rodagem, 78
Estradas, 234

Estratégia Mundial de Conservação da Natureza, 37
Estratégias de conservação, 232
Estratosfera, 51
Estrôncio, 54
Estrutura geológica, 25
Estrutura prismática, 32
Estrutura química, 32
Estrutura, 149, 31, 44
Estuários, 26, 72, 74
Estudo ambiental, 100, 83, 89
Estudo de Impacto Ambiental (EIA), 102, 104, 108, 109, 83, 96, 99, 85, 87, 78, 80 105, 82, 89
Estudos sanitários, 39
Estufas, 222
Ética da Conservação, 37
Etileno-bisditiocarbonato, 66
Europa, 230, 244, 40
Eutrofização, 51, 59, 61, 62, 63, 73
Evaporação, 26, 33, 68
Evapotranspiração, 34, 134
Evento iniciador, 246, 243, 244, 247
Evento singular, 248
Eventos acidentais, 236, 246
Eventos inesperados, 242
Everglades (Flórida), 28
Evolutivo, processo, 38
Expansão industrial, 52
Expansão térmica, 23
Expansão urbana, 228
Experimentos, 46
Exploração, 35, 221, 222
Explosão industrial, 44
Explosão populacional, 226
Explosões, 243, 247
Exposição ocupacional, 57
Extensão, 91, 92
Extinção, 21, 35, 36, 37, 38, 45, 224, 226, 257
Extrativismo vegetal, 224
Exxon Valdez, 244

Fábricas de aço, 71
Família, 41
Farmácias, 70
Fases de implantação, 90, 91
Fases de licenciamento ambiental, 105
Fases de localização, 99
Fauna, 36, 52, 58, 65, 67, 68, 158, 159, 224, 225, 235, 247, 250

Favelas, 70
Fenerógamas, 73
Fenil-mercúrio, 66
Fenóis, 68
Fens (Inglaterra), 28
Fermentação, processo de, 62
Ferro, 35, 40, 56, 57, 58, 59, 221
Ferrocromo, produção de, 57
Ferrovias, 78
Fertilidade, 31
Fertilizantes, 24, 29, 32, 53, 57, 61, 62, 63, 255, 221, 230, 237
Fibras sintéticas, 221
Fibras têxteis, 68
Fibras, 41
Filtragem, 53
Fiscalização, 82, 98
Fisiológica, ação, 43, 51, 165
Fitomassa, 124
Fitoplâncton, 43, 65, 72
Fitoplanctônicas, populações, 73
Fitoplanctontoxina, 43
Flexibilidade, 130
Flora, 36, 41, 42, 65, 67, 68, 224, 235, 247, 250
Florações de algas, 43
Flores, 41
Floresta, 18, 30, 31, 32, 34, 35, 40, 151, 217, 224, 226, 228, 251, 255
Flórida, 28
Fluoreto de hidrogênio, 52, 53
Fluoropatita, 53
Fluxo, 120
Fluxo de caixa, 222
Fluxo de um rio, 26
Fogo, 40
Fogueiras, 226
Folhagem, 30
Folhas, 41, 50, 57
Fontes emissoras, 49, 69
Fontes poluidoras, 56
Força animal, 145
Força intragranular, 29
Força motriz, 242
Formas, 116
Formas orgânicas solúveis, 58
Formulação de escopo e metas, 238
Forragens, 62
Fortes temporais, 228
Fosfato, 43

Fosfatos do solo, 62
Fósforo, 29, 32, 62, 135, 255
Fotoquímico, processo, 51
Fotossíntese, 50, 51
Freqüência, 220, 228, 245
Freqüência do dano, 245
Freqüência esperada, 243, 245
Freqüência ponderada, 245
Frutos, produção de, 51
Fuligem, 48
Fumaça, 40, 48, 49
Fumigações, 64
Função populacional, 129
Funções metabólicas vitais, 55
Funções químicas, 43
Fundição, 57
Fundos macios, 55
Fundos rochosos, 55
Fungicidas, 63, 66
Fungos, 37, 40, 41, 42, 44, 44, 63, 66
Futuras gerações, 37

Gado, 43, 50
Galvanoplastias, 57
Garimpeiros, 238
Garimpos de ouro, 35
Gás inflamável, 244
Gases, 21, 22, 23, 40, 45, 50, 51, 53, 241
"Gases-estufa", 21
Gasodutos, 79
Gasolinas, 68
Gastrenterite, 43
Geleiras, 229
Gelo, 18
Gelo polar, 26, 27
Genes, 36, 38, 247
Genéticos, elementos, 38
Geografia, 220
Geologia, 220
Geológicos, fatores, 53
Geometria da rede fluvial, 117
Geomorfologia, 220
Geomorfológico, processo, 25, 227
Geossistema, 121
Gerenciamento ambiental, 95
Gerenciamento dos impactos identificados, 93
Gestão ambiental, 80
Gestão de qualidade, 106
Gestão responsável, 217, 218
Globo terrestre, 22, 49

ÍNDICE REMISSIVO

Gotas de chuva, 53, 228, 233
Gotas de óleo, 69
Governo, 77, 253, 259
Grã-Bretanha, 27
Gradiente ambiental, 126
Gradientes da vida, 34
Gráficos de qualidade ambiental, 94
Grama, 41
Gramíneas, 41
Grandes altitudes, 49, 51
Granulometria, 55, 56
Grau de abertura do sistema, 121
Grau de conectividade, 121
Grau de ingerência, 259

Habilitação legal, 105
Habitantes, 27, 47
Habitats, 35, 37, 38, 56, 69
Halogênios, 47, 50
Hemisfério Sul, 23
Hepatite, 70
Herbicidas, 63, 65, 66
Herbívoras, espécies, 73, 225
Heterogeneidade ambiental, 130
Heterótrofos, 139
Hidrocarbonetos, 47, 50, 55, 56, 58, 67, 68, 69, 70
Hidrogênio, 40, 52
Hidrologia, 26
Hiperespaço, 128
Hipertermia, 66
História paleoclimática, 159
Holanda, 27, 28
Homem, 17, 18, 19, 24, 25, 26, 28, 29, 30, 32, 33, 37, 40, 43, 45, 46, 49, 52, 53, 59, 61, 64, 66, 81, 223
Homogeneização genética, 223
Honorários periciais, 199, 212
Hortoniano, modelo, 121, 123
Hulha, 79
Húmus, 136, 228

IBAMA, 79, 83, 99, 100, 101, 104, 106, 108
Icebergs, 24
Identificação, 166
Identificação de impactos, 87, 90, 93
Ignição, 91, 92, 244
Ilhas de calor, 19
Ilhas, 27
Imissão, 45
Impacto ambiental, 78, 81, 88, 92, 98, 108, 218, 219, 231, 234, 236, 237, 238, 240, 241, 248, 251, 257, 258, 259
Impacto, 27, 30, 72, 81, 83, 91, 97, 217, 231, 236, 247, 252
  acidental, 247
  direto, 85
  do desmatamento, 34, 36
  gerado por projetos, 89
  parcial, 88
  positivo, 86, 90, 92, 98
  potencial, 239, 240, 242
  potencialmente irreversível, 227
  primário, 92
  global, 242
  negativo, 93
  secundário, 92, 93, 94
  total, 88
Impermeabilização de encostas, 231
Implantação de projetos, 85, 87, 90, 91, 94, 105
Importância, 92
Imputs, 116
Incêndio, 243, 251, 252
Incentivos fiscais, 99
Incineração, 65, 70, 71
INCRA, 104
Índia, 244
Indianos, 246
Indicadores de sensibilidade, 158
Indicadores, 88
Índice pluviométrico, 42
Indivíduos, 37
Indústria, 21, 35, 47, 48, 49, 50, 51, 53, 56, 65, 71, 72, 220, 221, 239, 237, 243, 247, 256,
Inércia, 141, 143
Infiltração da água, 20, 228
Infiltração, capacidade de, 149, 228
Influência direta, 85
Influências biológicas, 129
Informação genética, 37
Informações cartográficas, 87
Infra-estrutura, 85, 87
Inglaterra, 28
Inquérito civil, 109, 201, 202, 204
Inseticidas, 63, 64
Insetos, 37, 42, 63, 64, 70
Insolúveis, 69
Inspeção judicial, 183
Instalação, 99
Instituições governamentais, 87
Instruções normativas, 105
Instrumentos econômicos, 219

Insumos, 85
Integração sinérgica, 258
Integrantes, elementos, 115
Inteligência artificial, 94
Intempéries, 19
Intemperismo, 25, 32
Intensidade dos impactos identificados, 90
Intensidade metabólica, aumento de, 72
Intensidade, 91, 92
Interações químicas, 45
Interações, 97
Intercâmbios celulares, 67
Interesse difuso ou coletivo, 195, 196, 199, 201
Interesse ecológico, 95
Interesses sociais, 83
Interferência humana, 18, 25, 225, 237
Interferência, 18
Interpretação do ambiente, 88
Intervalo de tempo, 55
Intervalo de tolerância, 222
Intoxicação, 43, 56, 60, 246, 247
Inundações, 70, 231, 235
Invasoras, espécies, 65, 66
Inventário fotográfico, 87
Inventário, 238, 239
Inverno, 23
Invertebrados, 37, 67
Investimento financeiro, 230
Irradiação de energia solar, 19
Irrigação, 26, 28, 31, 32, 33, 34, 79
Irritação do tecido, 62
Irritação nos olhos, 70
Isótopos, 54
Itaipu, 254
Jacaré, 226
Jardins, 41
Juiz, 181, 182, 186
Juncáceas, 41
Jusante, 26, 239

Laboratórios de pesquisas, 70
Lago Vitória, 217, 225, 226
Lagoas, 26, 225, 229, 230, 234
Lagos, 43, 226
Lagunas, 72, 225
Lançamentos de esgoto, 67, 68
Lapilis, 40
Lapso de tempo, 163
Larvas, 65, 67, 69
Latas, 70
Lático, ácido, 62

Latitudes, altas, 23
Latossolos tropicais, 31
Laudo pericial, 184, 185
Lava, 40
Lavagem, 33
Lavoura, 232
Legislação ambiental, 85, 87, 103, 188
Legislação, 63, 83, 84, 85, 98, 101, 102, 104,
   190, 226, 246, 249
Lei da declividade, 122
Lei das áreas, 122
Lei de número de canais, 121
Lei do comprimento dos canais, 122
Leis de proteção do patrimônio histórico, 103
Leis federais, 102
Leis naturais, 236
Leis Orgânicas Municipais, 103
Leito de um rio, 26
Leito dos rios, 238
Lençóis freáticos, 27, 71, 229, 230, 232
Lençol aqüífero, 26
Lenha, 79
Lesões graves de contato, 66
Lesões nas células nervosas, 62
Letal, efeito, 73
Leucemia, 54
Liberação de tóxicos, 243
Licença ambiental, 80, 97, 98, 101, 108, 109
Licença de Instalação (LI), 80, 99, 100
Licença de Operação (LO), 80, 99, 100, 101
Licença de Pré-Operação, 101
Licença Prévia (LP), 80, 99, 101
Licença, 100, 101
Licenciamento ambiental, 77, 79, 80, 82, 83,
   98, 99, 100, 102, 103, 104, 110, 249
Licitação, 105
Limiar, 120
Limites de mudança, 220
Limpeza, materiais de, 61, 66
Linha metodológica, 90
Linhas costeiras, 25, 27
Linhas de transmissão de energia elétrica, 79
Linhas metodológicas, 88
Lipídios, 69
Líquidos, adição de, 28
Lisossômica, estabilidade, 165, 166
Listagem bidimensional, 90
Listagens (Check-list), 89
Lixiviação, 29, 30, 31, 32, 65, 157
Lixo, 70, 71, 221, 225

ÍNDICE REMISSIVO

Localização geográfica, 108
Lodos 56
Loteamentos urbanos, 104
Lubrificantes, 69
Luz solar, 48, 70
Luz ultravioleta, 64

Macrofauna, 137
Madagascar, 223, 35
Madeira, 35, 52, 70, 79, 224, 251, 255
Madeireiras, 224
Magnésio, 33, 40, 221
Magnitude, 90, 92, 94, 117, 118, 121, 220, 228
Mamíferos, 36, 43, 64
Mananciais, 224, 229
Manchas de uma espécie, 127
Manejo, 166, 230, 234, 235
Manganês, 56, 58, 59, 57, 221
Manufatura de brometos, 57
Manutenção da vida, 219, 259
Mapas de superposição (*Overlay Mapping*), 89, 95
Mapas, 95
Mapeamento espacial, 167
Mapeamento, 87
Máquinas industriais, 68
Mar Aral, 217
Mar, 23, 24, 27, 67, 68, 244
Massa viscosa, 68
Massa, 30
Mata Atlântica, 217, 252
Matas, 40
Matéria, 47, 78, 116, 117, 118, 123, 238
Matéria orgânica, 40, 55, 56, 135, 139,
Materiais plásticos incinerados, 65
Materiais sólidos, 47
Matéria-prima, 71, 238
Matérias fecais, 61
Matriz de impacto, 250
Matriz de Leopold, 90, 92
Matriz de riscos ambientais, 147
Matriz de vulnerabilidade biótica, 146
Matriz, 90, 91, 250
Matrizes de EIA/RIMA, 250
Matrizes de interações (*Check-list*), 89, 90
Mecânico, efeito, 73
Mecanismos migratórios, 74
Média escala, 20
Média global, 23
Medicamentos, 68

Medição de poluentes, 47
Medidas de proteção, 38
Medidas de tendência central, 118
Medidas mitigadoras 80, 93, 244
Meia-vida, 54
Meio ambiente, 17, 18, 78, 82, 98, 104, 109, 192, 194, 200, 218
Meio físico, 25, 92
Meio gasoso, 47
Meio hídrico, 240
Meio natural, 237
Meio receptor, 73
Meio sócio-econômico, 92
Meio, 39, 222
Meios oceânicos, 65
Meios processuais de proteção ambiental, 190
Membranas, 67
Mercúrio, 56, 58, 59, 103, 221, 238
Metabólico, 137
Metabolismo, 50, 74, 129, 225
Metabolização, 237
Metaemoglobinemia, 51
Metaequilíbrio de Gaia, 258
Metaequilíbrio, 225
Metais alcalinos, 56
Metais pesados, 50, 53, 55, 57, 58, 59, 60, 61, 156
Metais, 56, 57, 58, 59, 60, 221
Metalúrgicas, 57
Metano, 23, 52, 70
Meteoritos, 40
Meteorização, 139
Metilmercúrio, 58, 66
Método Batelle, 94
Método de projeção de cenários, 95
Método, 97
Metodologia de avaliação de impacto, 88, 86, 240
Metodologia de listagem (*Check-list*), 89
Metodologia probabilística, 243
Metodologia, 89, 95
Metodologias quantitativas, 89, 93
Métodos de coleta, 98
Metrópoles, 20, 46, 231
Micotoxinas, Portador de, 44
Microalgas, 43
Microclima, 19, 150
Microelementos químicos, 29
Microfilme, 31
Micronutrientes, 157

Microorganismos, 37, 39, 58, 59, 62, 73
Microssistemas, 230
Migratório, processo, 74
Milho, 35, 62
Minas, 26, 57
Mineração, 28, 35, 56, 74, 225
Minerais, 26, 43, 52, 57, 59, 62, 79, 101, 221, 222, 249, 255
Minerodutos, 79
Minhocas, 66
Minimização do impacto ambiental, 100, 101
Minimização dos impactos negativos, 86
Ministério Público, 109, 196, 201
Mitigação dos impactos ao ambiente, 71, 238
Mobilidade, 160
Modelagem de impactos, 241
Modelagem, 253
Modelo, 241
Modelos de impacto, 252
Modelos de previsão de impacto, 249
Modelos de simulação, 89, 94
Modelos de valoração, 249, 251, 254
Modelos econômicos, 237
Modelos matemáticos, 22, 23, 94
Modelos simples, 253
Modelos, 236, 248, 249, 256, 257
Moléculas orgânicas, 58
Moléculas, 68
Molibdênio, 58, 221
Moluscos, 59, 65, 67
Monitorados, indicadores, 98
Monitoramento biológico, 165
Monitoramento dos impactos ambientais, 80, 98
Montanhas, 18
Montante, 24, 26, 239
Morfológico, efeito, 165
Morros, 228
Mortes, 251
Motores de combustão, 51, 53, 68
Movimento capilar, 33
Movimento de massa, 25, 28, 228, 234, 235
Mucosas, inflamação das, 44
Mudança ambiental, 31, 220, 227
Mudanças climáticas, 20, 22, 25,35, 37, 38
Mudanças globais, 21
Mudanças no ciclo biológico, 74
Mudanças regionais, 23
Multidisciplinar, 211
Muros de arrimo, 234

Musgos, esporos de, 40
Mutações ambientais, 19
Mutações, 54

NASA, 52
Nascentes, 229, 230
National Environmental Policy Act, 80
Nativas, espécies, 74
Naturais, condições, 222
Naturais, fatores, 31, 37, 95
Natureza, 17, 36, 38, 220, 223, 236
Natureza argilosa, 56
Natureza do material, 28
Natureza do substrato, 55
Natureza finita, 221
Navios, 68
Neblina, 43, 48
Nebulosidade, 42
"negócios verdes", 218
Nematóideos, populações de, 137
NEPA (*National Environmental Policy Act*), 80
Névoa, 43, 70
Nevoeiros, 40, 49
Nicho, 128
Nicotina, 48
Níquel, 40, 48, 56, 57, 58
Nitrato, 43, 62
Nítrico, ácido, 51
Nitrogênio, 21, 29, 47, 50, 51, 62, 135, 255
Níveis de coerência, 97
Níveis empresariais, 259
Níveis tróficos, 123,124, 125, 126
Nível crítico, 73
Nível global, 17
Nível hidrostático, 27, 33
Nocivo, efeito, 237
Normas específicas, 103
Normas legais, 89
Normatização, 249
Nova Zelândia, 223
Núcleos de condensação, 40
Núcleos urbanos, 20
Nutrientes, 30, 31, 32, 62, 73,135, 156, 247

Obras, 26, 79, 102, 233, 235
Oceano, 23, 25, 27, 40, 52, 65, 68, 229
Ocupação humana, 229
Óleo combustível, 68
Óleo de mamona, 41
Oleodutos, 68, 79

ÍNDICE REMISSIVO 277

Óleos essenciais, 42
Óleos, 68, 69
ONGs, 17
ONU, 218
Opções políticas, 83
Operação, 85, 91, 94, 99, 236, 247, 252
Operação do projeto, 86
Operacional, processo, 81
Operários, 46, 57
Orçamentos prévios, 105
Ordenação hierarquizadora, 91
Orgânicos, materiais, 31, 43, 156
Organismos, 30, 35, 44, 46, 48,54, 55,56, 58, 63, 64, 66, 69, 72, 73, 156, 222
Organismos aquáticos, 58, 68
Organismos incrustantes, 72
Organismos marinhos, 74
Organismos plactônicos, 72
Organismos resistentes, 63
Organismos vegetais, 50
Organização do sistema, 119
Organização Mundial de Saúde, 59
Organoclorados, 63, 64, 65
Organofosforados, 64
Órgão ambiental, 77, 80, 83, 84, 97, 98, 99, 100, 101, 102,103, 104, 106, 107, 108, 109, 110
Órgão estadual florestal, 100
Órgão governamental, 106
Órgão regulador, 256
Órgãos licenciadores, 83, 84
Origem natural, 57
Origem vegetal, 41
Origem vulcânica, 40
Ouro, 221
Ouro, extração de, 103
Output, 119
Ovos de peixes, 73
Oxidação, 31, 51, 61
Óxidos, 56
Oxigênio, 51, 55, 59, 61, 225
Ozônio, 22, 50, 51, 52

Padrões de distribuição geográfica, 36
Padrões de emissão, 23
Padrões de qualidade ambiental, 82, 103
Paisagem, 123, 255
Países Baixos, 223
Países desenvolvidos, 24, 38, 231, 246
Países em desenvolvimento, 77, 231, 232

Países industrializados, 52, 77, 223
Países pobres, 35
Panorama genético, 38
Pantanal mato-grossense, 226
Papel, 70
Papelão, 70
Paradigma, 219
Parafinas, 68
Paralisias fatais, 43
Parâmetro ambiental, 83, 92
Parâmetros, 93
Parasitos, 223
Parecer técnico, 98, 104, 107, 108, 182, 184, 185
Participação pública, 88, 109
Particulados, materiais, 47, 55, 58
Partículas, 40, 42, 49, 56
Partículas coloidais, 48
Partículas finas, 55, 58
Partículas orgânicas, degradação de, 66
Partículas sólidas, 45, 47, 48
Pastagens, 34
Patogênicos, elementos, 40
Patrimônio histórico, 53
Patrimônio público, 82
PCA, 104, 108PCA, 83. 99
Pecuária, 34, 61, 62
Pedidos de licenciamento, 102
Pedra, 221
Peixes, 43, 59, 67, 73,74, 156, 225, 226
Película de óleo, 69
Película, 50, 68
Penetração da luz, 55
Penínsulas, 27
Percepção da sociedade, 220
Percepção humana, 258
Perda d'água, 50
Perda de produção, 243
Perdas populacionais, 247
Perdidas, espécies, 36
Perícia ambiental, 173, 188, 211
Perícia judicial, 174
Perícia, 207
Perigo de contaminação, 70
Periodicidade, 91, 92
Período da seca, 225
Período de estiagem, 55
Perito, 179, 185, 187, 211
Permeabilidade, 228
Permeabilidade das membranas celulares, 51

Persistência, 141
Perturbação contínua local, 127
Perturbações antropogênicas, 148
Perturbações randômicas, 148
Pesca, 225, 226
Pescado contaminado, 43, 59
Pesquisas, 34
Pesticidas, 221, 230, 244
Petrobrás, 246
Petróleo, 35, 56, 67, 68, 69, 78, 79, 221, 222, 241, 244, 246
Petroquímicas, 69, 79
Piche, 69
Piridina, 68
Pisoteio, 25
Planalto Central, 232
Plâncton, 43, 67, 69, 73
Planejadores, 95
Planejamento, 79, 82, 219, 221, 227, 228, 234, 235, 258, 259
Planejamento do uso da terra, 234
Planejamento energético, 242
Planejamento racional, 36
Planeta, 17, 20, 38, 217, 219, 242, 257, 258, 259
Planetária, estabilidade, 259
Planícies, 230, 27
Plano de Controle Ambiental (PCA), 101
Plano de monitoramento ambiental, 83, 86, 100, 161
Plano de Recuperação de Águas Degradadas (PRA), 101
Planos, 89
Planos governamentais, 85, 87
Planos municipais, 99
Plantas fanerógamas, 40
Plantas ornamentais, 255
Plantas, 21, 29, 32, 33, 35, 37, 42, 45, 46, 50, 52, 57, 63, 224, 225
Plantas, distribuição geográfica das, 36
Plasticidade de materiais, 27
Plásticos, 68, 70
Platina, 221
Pluma, 244
  pluvial, 30, 32, 62
  poluíu\, 67, 229
  pura, 47
  aproveitamento de, 33
Pluviosidade, 33
Pó, 48, 49, 50, 53, 55

Poder carcinogênico, 44
Poder de modificação do impacto, 91
Poder espumante, 66
Poder Judiciário, 201
Poder Público, 209, 235
Poeira comum, 40, 49, 50
Polders (Holanda), 28
Pólen, 40, 41
Polibromados, 64
Política ambiental, 81
Política Nacional de Meio Ambiente, 77, 80, 81, 102, 192
Política, 81, 89, 97, 259
Polivinila, cloreto de, 53
Poluente, 45, 47, 52, 53, 54, 55, 59, 72, 153, 166, 218, 236, 237, 249, 250
Poluição, 17, 39, 40, 44, 46, 47, 48, 52, 57, 65, 69, 71, 72, 74, 99, 192, 218, 219, 222, 229, 230, 231, 235, 237, 238, 240, 249, 250, 251, 254
Poluidor pagador, 191
Poluidor, 40, 192, 193, 254
Pontes, 26
Pontos de amostragem, 98
População, 18, 22, 27, 70, 250
População mundial, 19, 217, 229, 231
População nativa, 224
Populacional, crescimento, 19, 218
Populações marinhas, 72
Populações, distribuição de, 39
Populações, estabilidade relativa de, 127
Portos, 78
Potássio, 29, 32, 33, 40
Potencial da produção primária, 73
Potencial de dano, 243
Potencial de fertilidade, 29
Potencial reprodutivo, 160
PRAD, 83, 99, 104 108
Pragas, 64
Praias, 28, 69, 221
Prata, 56
Prática forense, 185, 188
Precipitação, 26, 34, 29, 65
Preço da terra, 255
Preço Hedônico, Modelo de, 255
Preço-sombra, 256
Predação, 74, 128
Predador, 69, 225, 226
Prédios, 228
Prefeitura Municipal, 104

ÍNDICE REMISSIVO 279

Prejuízos financeiros diretos, 243
Premissas, 123
Preservação, 18, 38, 81, 82, 104, 230
Pressão alta, 147
Pressão ambiental, 218
Pressão sobre o meio, 221
Pressão social, 104
Pressão sócio-política, 259
Pressão, 156
Prevenção, 88, 239
Princípio do Poluidor-Pagador, 254
Princípios ecológicos, 37
Probabilidade, 240
Probabilidade de falha, 243
Problemas ambientais, 17, 18, 48, 107, 218, 231, 235
Problemas respiratórios, 53, 70
Problemas sociais, 77
Processo bioquímico, 225
Processo de produção, 239, 240, 242, 249
Processo natural, 28, 32, 51
Processos reprodutivos, alteração dos, 74
Processos-resposta, 117
Produção primária, 55, 72
Produtividade, 37, 38, 53, 65, 72
Produtores primários, 156
Produtos químicos, 78
Prognósticos 86
Programas, 89
Programas de controle ambiental, 93
Programas de manejo, 93
Programas de monitoramento, 93, 163, 167
Programas governamentais, 85
Projeção de cenários, 89, 95, 97
Projeto de Despoluição da Baía de Guanabara, 235
Projetos, 88, 100, 104
Projetos ambientais, 77
Projetos urbanísticos, 79
Propagação do contaminante, 45
Propagação pelo ambiente, 64
Propósitos de cenários, 96
Propostas técnicas, 105
Propriedade rural, 61
Propriedades físicas, 39, 78
Propriedades químicas, 39
Proteção ambiental, 86, 200, 238
Proteção dos ecossistemas, 82
Proteção dos recursos ambientais, 82
Proteínas e saponinas, 43

Proteínas enzimáticas, 55
Prova pericial, 175, 213
Público, 94
Purificação do ar, 45

Qualidade ambiental, 39, 77, 82, 83, 93, 94
Qualidade da água, 59, 235, 255
Qualidade de recursos ambientais, 78
Qualidade de vida, 17, 18, 217, 218
Qualidade do ar, 45, 47, 151
Qualidade do solo, 51, 227
Quantificação da ação impactante, 91
Queima, 251
Queima de carvão, 47
Queima de combustíveis, 21, 47, 52
Queima de óleo, 47
Queima de resíduos, 47, 71
Queimadas, 40, 52
Quesitos, 183, 184
Questionário, aplicação de, 87
Questões ambientais, 77, 254
Questões legais, 105
Química industrial, 21

Radiação, 50
Radiação dos átomos, 54
Radiação infravermelha, 50
Radiação líquida, 134
Radiação natural, 53
Radiação solar, 19, 49, 52, 156
Radiação térmica, 20
Radiações cósmicas, 53
Radiações solares, 50
Radioatividade, 53, 244, 247
Radônio, 53
Raios de energia elevada, 54
Raios solares, 19
Raios ultravioleta, 51
Raízes, 57, 66
Ramos de árvore, 245
Ravinamentos, 20
RCA, 83, 99, 104, 108
Reação de oxidação, 51
Reação secundária, 91
Reações alérgicas, 41
Reações em cadeia, 24
Reações fisiológicas adversas, 67
Reações fotoquímicas, 42, 70
Reações químicas, 52
Readaptação do sistema, 120, 121

Reajuste, 119
Realimentação, 24
Recarga natural, 26
Reciclagem, 71
Reciclagem das águas, 34
Reciclagem do vapor d'água, 34
Reciclagem, 31, 238
Recife, 41
Recolonização, 69
Reconstituição ambiental, 88
Recreação, 28
Recuperação, 82, 88, 99, 220, 228, 229, 230, 232, 234, 237
Recursos, 22, 73, 74, 79, 82, 84, 85, 89, 95, 103, 104, 106, 192, 220, 221, 222, 224, 230, 249
Recursos naturais, 37, 208, 218, 219, 220, 221, 222, 227, 228, 229, 234, 237, 240, 249, 251, 253, 254, 256
Rede de drenagem, 117, 121
Rede de escoamento das águas, 70
Rede de interações (*networks*), 89, 92
Redes, 93
Redução da visibilidade, 70
Refinamento, 57
Refinarias, 69, 71
Refino, 56, 57
Reflorestamento, 217
Refrigeração, 71
Regeneração da floresta, 224
Regeneração do sistema, 24
Região, 19, 28, 52, 57, 256
Região árida, 33
Região costeira, 71
Região impactada, 72, 250
Região industrial, 49, 246
Região semi-árida, 25, 34
Região temperada, 49
Região terrestre, 45
Região tropical, 35, 41, 227
Região úmida, 32, 33
Regime de chuvas, 228, 233
Regime sedimentológico, 156
Regolito (movimento de massa), 28
Regulamentação, 226
Rejeitos, 218, 220, 236, 254
Relação de bifurcação, 121
Relação de causa e efeito, 90, 91
Relação homem-natureza, 17
Relações causais, 167

Relações de força, 168
Relatório de Impacto Ambiental (RIMA), 78, 79, 99, 102, 108, 109
Relatório Meadows, 218
Relatório técnico de vistoria, 101
Relatórios, 104, 106
Relatórios de Monitoramento Ambiental, 97, 98
Relatórios de Qualidade Ambiental, 82
Relevantes, espécies, 250
Relevo, 25, 27, 227
Remoção das florestas, 228
Represas, 24, 43, 241
Reptação, 28
Reserva florestal, 255
Reservas, 222
Reservas de água, 234
Reservas de genes, 38
Reservatórios, 26, 235
Reservatórios naturais de águas, 71
Residência urbana, 221
Resíduos, 69, 70, 79
Resinas, 42
Resolução CONAMA 001, 78, 80, 83
Resolução CONAMA 001/86, 99, 102, 106
Resolução CONAMA 005/88, 102
Resolução CONAMA 006/86, 100, 102
Resolução CONAMA 006/87, 102
Resolução CONAMA 008/88, 103
Resolução CONAMA 009/90, 101, 103
Resolução CONAMA 010/87, 102
Resolução CONAMA 010/90, 103
Resolução CONAMA 011/86, 102
Resolução CONAMA, 45, 103
Respiração, 50, 51, 52
Responsabilidade objetiva, 191
Restolho, 29, 30
Restos de alimentos, 70
Restos vegetais, 228
Retenção hídrica, capacidade de, 62, 149
Retificação de cursos d'água, 79
Retroalimentação negativa, 257
Réu, 205
Reversibilidade, 163
Revolução tecnológica, 223
RIMA, 79, 82, 84, 80, 83, 86, 87, 106, 107 110
Rins, 44
Rio-92, 22, 218
Rio de Janeiro, 78, 79, 228, 231, 234
Rios, 25, 26, 28, 41, 65, 68, 224, 225, 229, 230, 234, 235

ÍNDICE REMISSIVO

Riqueza, distribuição de, 218
Riquezas naturais, 224
Risco ambiental, 128
Risco de contaminação, 63
Risco de dano, 247
Risco de esterilização, 57
Risco de extinção de espécies, 221, 225, 226, 247
Risco de instalação, 247
Risco relevante, 245
Riscos ambientais, 146, 147, 219
Riscos de cheias, 229
Riscos de inundações, 234
Riscos físicos, 243
Riscos humanos, 251
Riscos tecnológicos acidentais, 243
Riscos, 222, 227, 242, 244, 247
Rochas, 221
Roedores, 70
Rotas metabólicas, 58
Ruas, 49, 70, 228
Ruptura de equilíbrio, 121
Ruptura de peróxidos, 51

Sabão, 66
Sais de metais pesados, 72
Salinização, 33, 34
Salpicamento, 232
Salsagem marinha, 74
Salto de Sete Quedas, 254
Saneamento, 70, 79, 235
São Paulo, 231
Saprófitos, 137
Saúde, 22, 39, 46, 49, 51, 70, 78, 81, 239, 243, 251, 256
Secreção, 48
Sedimentação, 26, 28, 49, 59, 67, 232, 235
Segmentos ambientais, 93
Segunda Guerra Mundial, 53
Segurança, 39, 78, 82, 242
Seiva de vegetais, 64
Seleção natural, 64
Sementes, 41, 224
Sensibilidade, 148
Sensibilidade do sistema, 30, 227
Seqüências ambientais, 247
Ser humano, 18, 32, 43, 44, 53, 63, 70, 220, 222, 226, 227, 228
Seres marinhos, 72
Seres vivos, 18, 46, 47, 65

Séries neftênicas, 68
Séries oleofínicas, 68
Séries parafínicas, 68
Setorização do território, 88
Sideritos, 40
Siderúrgicos, 79
Sigilo industrial, 109
Significado ecológico, 163
Sílica, teor de, 40
Silicatos, 40, 56
Silício, 66
Silicose, 49
Silos, 61, 62
Silte, 58
Simbiose, 128
Simulações, 23, 34, 35
Sinergia, 69, 73, 91, 163
Sintomas, 56
SISNAMA, 79
Sistema, 29, 97, 115, 116, 118, 119, 121
Sistema agrícola, 222
Sistema de licenciamento, 77, 78
Sistema de Planificação Ecológica, 95
Sistema de redes, 93
Sistema Nacional de Meio Ambiente (SISNAMA), 79
Sistema natural, 85, 236, 237, 248, 250, 252
Sistema nervoso central, 64
Sistema terrestre, 27
Sistemas ambientais, 39, 88, 95, 115, 117, 118
Sistemas biológicos, 23, 34
Sistemas de controle ambiental, 100, 101
Sistemas de drenagem, 26
Sistemas de Informações Geoambientais, 95
Sistemas de irrigação, 24
Sistemas de licenciamento, 101
Sistemas físicos, 85
Sistemas hidrológicos, 26, 24
Sistemas marinhos, 65
Sítio natural, 255
Situação ambiental, 85, 87, 94, 95, 104
Situações catastróficas, 225
Situações emergenciais, 86
Smog, 43, 70
Sobrevivência, 17, 18, 37, 129, 225
Sociedade, 24, 38, 222, 249, 251, 253, 256, 259
Sociedade-natureza, 17
Sócio-econômicas, condições, 88

Sódio, 33, 34, 40
Sol, 51
Soldadura, 57
Soldas elétricas, 51
Sólidos, extração de, 28
Solos, 18, 19, 20, 24, 26, 28, 29, 30, 31, 32, 33, 34, 38, 49, 53, 57, 62, 63, 66, 68, 82, 84, 85, 95, 149, 157, 228, 230, 232, 233, 250
Solução, 66
Solventes, 69
Splash, 228
Steady state, 116, 118
Subletal, efeito, 67
Subnutrição, 74
Subsidência, 28, 29
Subsistema, 92, 117, 121
Subsistência, 226
Subsolo, 28, 82
Substâncias, 43
  nocivas, 45, 46
  radioativas, 54
  tóxicas, 44, 45, 46, 47, 49, 71, 237, 247, 248
  fundidas, 47
  gasosas, 49
  inflamáveis, 247
  inorgânicas, 62
  orgânicas, 58
  organoalogenadas, 65
  organocloradas, 65
  químicas, 44
  solúveis, 68
  tensoativas, 66
Substrato, 44
Subsuperfície, 229, 233
SUDAM, 103
Sudeste, região, 227, 234
SUFRAMA, 103
Sulfato de amônio, 32
Sulfatos, 59
Sulfetos, 52, 59
Sulfúrico, ácido, 53, 61
Superfície, 24, 33, 34, 69
Superfície das águas, 68
Superfície terrestre, 23, 49, 51, 220, 229, 234
Suporte dos sistemas, capacidade de, 236, 237, 256, 259
Sustentabilidade, 37, 218, 234, 258

Taiga, 30

Talude, 25, 28, 231, 235
Taxa de consumo, 249
Taxa de crescimento, 67, 218
Taxa de desmatamento, 35
Taxa de emissão, 57
Taxa de erosão, 228
Taxa de expansão demográfica, 19
Taxa de extinção, 35, 36
Taxa de mudança, 220
Taxa de poluição, 237
Taxa de regeneração do meio, 237
Taxa de taurina, 165
Taxa de transferências, 30
Taxa de utilização de água, 230
Técnicas, 243
Técnicas cartográficas, 95
Técnicas conservacionistas, 233
Técnicas de controle ambiental, 98
Técnicas de valoração, 253
Técnicas Delphi, 94
Tecnologia, 19, 24, 82, 85, 226, 233, 242, 258
Tecnologia, absorção de, 83
Teia de fenômenos naturais, 257
Teias alimentares, 58
Temperatura, 20, 21, 22, 27, 30, 41, 42, 49, 53, 57, 64, 67, 72, 73, 74, 156
Tempestades, 51, 55
Tempo, 26, 31, 90, 103
Tempo de readaptação, 120
Tempo de residência, 156
Tempo de vida, 54
Tempo seco, 41
Tempos de reação, 120
Tendencias, indicadores de, 95
Tensao de vapor, 42
Tensoativo, produto, 66, 69
Teoria de Biogeografia de Ilha (MacArthur e Wilson), 252
Teoria Geral dos Sistemas, 219
Terceiro Mundo, 231
Terminais de minério, 78
Termo de Referência, 83, 105
Terra, 21, 25, 28, 36, 37, 51, 220, 236, 247, 258
Terra, camada de, 71
Terra, ocupação da, 228
Terra, uso da, 229
Terraceamento, 232
Terraplenagem, 25
Terras irrigadas, 34

ÍNDICE REMISSIVO

Terreno degradado, 255
Terrenos, 28
Terrenos baldios, 70
Tetracarboníquel, 48
Textura, 19, 149
Tifo, 70
Tintas, 51
Tipos de equilíbrio, 126
Titânio, 221
Títulos de Poluição Ambiental, 256
Tomada de preços, 105
Tomadas de decisão, 98
Topo dos solos, 232
Topografia, 28, 31
Tório, 53
Tóxica, ação, 50, 59
Toxicidade dos bivalvos, 73
Tóxico, 45, 52, 69, 248
Toxicologia, 243
Toxidez das substâncias, 45
Toxicidade, 50, 56, 58, 64, 69
Toxina, 43, 74
Trabalhos de campo, 87
TRACE-A (Transporte Atmosférico e Químico na Região do Atlântico Junto ao Equador), 52
Trajetórias de sistema, 96
Transferência, mecanismos de, 30
Transformações fotoquímicas, 51
Transmissão, 45
Transpiração, 51
Transporte, 25, 29, 48, 51, 65, 68, 221
Transposição de bacias e diques, 79
Tratamento de sementes, 66
Tratamento estatístico, 254
Tratamento probabilístico, 116
Tratamentos minerais, 56
Troca de gases, 50, 51, 68
Tropicais, espécies, 74
Trópicos, 23, 37, 41
Tundra, 30, 31
Turbidez da água, 55, 73
Turbinas, 71
Tutela ambiental, 189

Ucrânia, 244
Umidade, 20, 30, 34, 41, 42, 50, 64
Umidificação, 34
União Internacional para a Conservação da Natureza e Recursos Naturais (IUCN), 37
Unidade de impacto, 94
Unidades de conservação, 82, 103
Unidades industriais, 79
Unidades morfológicas, 123
Union Carbide, 244, 246
Urânio, 221
Usina hidrelétrica, 35, 240
Usinas de geração de eletricidade, 79
Uso racional dos recursos ambientais, 82

Vala de drenagem, 33
Valas, 71
Valor de perda, 250
Valor econômico, 255
Valor mínimo, 255
Valor monetário, 246, 249, 254
Valoração, 92, 239, 246, 252, 254, 255, 258
Valoração Mercantil, Modelo de, 255
Valorações subdimensionadas, 253
Valores críticos, 43
Valores monetários, 253
Vanádio, 58
Vantagem competitiva, 127
Vantagem reprodutiva, 127
Vapor d'água, 20, 21, 40, 45, 49
Vapores, 50, 71
Variabilidade climática, 19, 22
Variáveis, 92, 95
Variações ambientais, 38
Variações regionais, 23
Variáveis biológicas, 163
Variáveis do sistema, 116
Variáveis geométricas, 123
Variáveis internas, 116
Variáveis qualitativas, 94
Variáveis randômicas, 243
Variável temporal, 117
Variedade dos impactos, 87
Variedade genética, 37, 38
Vasculares, espécies, 37
Vazamento, 245
Vazão, 25, 26, 156
Vegetação, 28, 32, 34, 57, 134, 156, 232, 233
Vegetais inferiores 21, 35, 37, 43, 51, 53, 57, 62, 63, 64, 65, 68, 158, 220, 222
Veículos, 21, 47, 50, 56, 70, 231
Velocidade do vento, 251
Vento "Siroco", 40
Ventos, 40, 41, 42, 67, 244
Vênus, 20
Verão, 74

Vertebrados, 37, 64
Via aquática, 59
Via oral, fitoplantoxinas ingeridas, 43
Viabilidade do empreendimento, 86
Vias públicas, 49
Vias respiratórias, 49, 50, 62
Vida aquática, 53
Vida humama, 82, 243, 246, 247
Vida média, 53
Vida selvagem, 234
Vida, 21, 37, 82
Vidro, 221
Vidros, 70
Vistoria, 98, 100
Vital, processo, 38
Voçorocas, 26, 200, 290
Vulcânicos, ,materiais, 40
Vulnerabilidade ambiental, 144
Vulnerabilidade, 147

Xisto, 79

ZEI, 79
Zinco, 32, 56, 57, 58, 221
Zona de *dumping*, 55, 56
Zona polar, 52
Zona subtropical, 52
Zona tropical, 52
Zonas áridas, 227
Zonas de microlugares, 126
Zonas estaurinas, 72
Zonas estritamente industriais, 79
Zonas intertropicais, 73, 74
Zonas residenciais, 20
Zonas temperadas, 42
Zoneamento, 82, 95
Zoobentos, 156
Zoomassa, 124
Zooplâncton, 58, 65, 72, 74, 156

Este livro foi impresso no
Sistema Digital Instant Duplex da Divisão Gráfica da
DISTRIBUIDORA RECORD DE SERVIÇOS DE IMPRENSA S.A.
Rua Argentina, 171 - Rio de Janeiro/RJ - Tel.: (21) 2585-2000